REINHARD BÖTTCHER

Die politische Treupflicht der Beamten und
Soldaten und die Grundrechte der Kommunikation

Schriften zum Öffentlichen Recht

Band 46

Die politische Treupflicht
der Beamten und Soldaten und
die Grundrechte der Kommunikation

Von

Dr. Reinhard Böttcher

DUNCKER & HUMBLOT / BERLIN

Alle Rechte vorbehalten
© 1967 Duncker & Humblot, Berlin 41
Gedruckt 1967 bei Buchdruckerei Bruno Luck, Berlin 65
Printed in Germany

Vorwort

Die Arbeit ist eine Dissertation, die der juristischen Fakultät in München im Frühjahr 1966 vorgelegt worden ist. Sie wurde von meinem verehrten Lehrer, Herrn Professor Dr. Lerche, durch vielfältige Anregungen gefördert. Dafür möchte ich ihm auch an dieser Stelle danken.

Dank schulde ich auch Herrn Ministerialrat a. D. Dr. J. Broermann, der die Aufnahme der Arbeit in die Reihe ‚Schriften zum öffentlichen Recht' großzügig ermöglicht hat.

Reinhard Böttcher

Inhaltsverzeichnis

Erstes Kapitel

Ausgangspunkt und Fragestellung der Arbeit   13

Zweites Kapitel

Das Problem der politischen Treupflicht in der Geschichte des deutschen Berufsbeamtentums und Militärs   21

I. Die politische Treupflicht in der Geschichte des deutschen Berufsbeamtentums 21
    a) bis zur Weimarer Republik 21
    b) in der Weimarer Republik 25
    c) im Dritten Reich 28
    d) nach 1945 30

II. Die politische Treupflicht in der Geschichte des deutschen Militärs   30
    a) bis zur Weimarer Republik 30
    b) in der Weimarer Republik 32
    c) im Dritten Reich 33
    d) nach 1945 34

Drittes Kapitel

Der verfassungsrechtliche Ausgangspunkt: die freiheitliche demokratische Grundordnung und die Grundrechte der Kommunikation   35

I. Der Begriff der freiheitlichen demokratischen Grundordnung 35
II. Die Bedeutung der freien Kommunikation für die freiheitliche Demokratie — Einzelfragen der Kommunikationsgrundrechte 37
III. Insbesondere: die Freiheit zur Kommunikation von Meinungen, die nicht auf dem Boden der freiheitlichen Demokratie stehen 44

Viertes Kapitel

Das Berufsbeamtentum im Grundgesetz — die Kommunikationsrechte im Beamtenverhältnis. Verfassungsrechtliche Grundlagen für das Verständnis der §§ 52 Abs. 2 BBG, 35 Abs. 1 Satz 3 BRRG   50

I. Die grundsätzliche Geltung der Grundrechte im Beamtenverhältnis   50

- II. Beschränkungen der Grundrechte im Beamtenverhältnis und die ausdrücklichen Gesetzesvorbehalte und Grundrechtsschranken des Grundgesetzes 53
- III. Beschränkungen der Grundrechte im Beamtenverhältnis und die „hergebrachten Grundsätze" des Art. 33 Abs. 5 GG 55
- IV. Beschränkungen der Grundrechte im Beamtenverhältnis und die Freiwilligkeit dieses Verhältnisses 58
- V. Beschränkungen der Grundrechte im Beamtenverhältnis und die institutionelle Anerkennung des Berufsbeamtentums in Art. 33 Abs. 4 und 5 GG 64
- VI. Die Beschränkungen der Grundrechte im Beamtenverhältnis und Art. 19 Abs. 2 GG 69
  - a) Art. 19 Abs. 2 GG als Garantie eines substantiellen Minimums 71
  - b) Art. 19 Abs. 2 GG als Verankerung eines generellen Erforderlichkeitsgebots für Grundrechtsbeschränkungen 74
- VII. Beschränkungen der Grundrechte im Beamtenverhältnis und die Gebote der Erforderlichkeit und Verhältnismäßigkeit 74
- VIII. Beschränkungen speziell der Kommunikationsgrundrechte im Beamtenverhältnis und der Entscheidungsvorbehalt des Bundesverfassungsgerichts nach Art. 18 Satz 2 GG und Art. 21 Absatz 2 Satz 2 GG 78
  - a) Die konstitutive Wirkung der Entscheidung des Bundesverfassungsgerichts nach Art. 18 GG 78
  - b) Die konstitutive Wirkung der Entscheidung des Bundesverfassungsgerichts nach Art. 21 Abs. 2 GG 80
    - α) Die Auffassung des Bundesverwaltungsgerichts 81
    - β) Die Rechtsprechung des Bundesverfassungsgerichts zu Art. 21 Abs. 2 GG 82
    - γ) Eigene Lösung 84
- IX. Das Verfassungsrechtliche Modell für die Bestimmung des Verhältnisses von Kommunikationsfreiheit und Beamtenrecht: der Begriff der „allgemeinen Gesetze" im Sinn des Art. 5 Abs. 2 GG 90
  - a) Die Lehre von Häntzschel und Rothenbücher 91
  - b) Die Lehre Smends 95
  - c) Die „allgemeinen Gesetze" in der Rechtsprechung des Bundesverfassungsgerichts 97
  - d) Der Begriff der „allgemeinen Gesetze" bei Bettermann 102
  - e) Die Definition Lerches 104
  - f) Die Definition des Verfassers 108
- X. Lehren aus der Auslegung des Art. 5 Abs. 2 GG für die Bestimmung des Verhältnisses von Beamtenrecht und Kommunikationsgrundrechten 112

Fünftes Kapitel

Folgerungen für das Bestehen einer politischen Treupflicht der Beamten — der zulässige Inhalt der §§ 52 Abs. 2 BBG, 35 Abs. 1 Satz 3 BRRG — 116

I. Die Unzulässigkeit von Propagandapflichten 116

II. Der zulässige Inhalt der politischen Treupflicht 120

   a) Politische Treupflicht und das Verhalten des Beamten im Dienst 122

   b) Politische Treupflicht und das Verhalten des Beamten außerhalb des Dienstes 124

   c) Die Schranken für die außerdienstliche politische Kommunikation des Beamten im einzelnen — die politische Loyalitätspflicht des Beamten 130

      α) Die Erforderlichkeit durchgehender Merkmale für das Vorliegen einer Vertrauensstörung 131

      β) Die Erfordernisse der Publizität und der Dezidiertheit 132

      γ) Gibt es ein Schweigerecht des Beamten? 138

      δ) Gibt es ein allgemeines Recht des Dienstherrn, politische Loyalitätserklärungen von seinen Beamten zu verlangen? .. 141

      ε) Die politische Loyalitätspflicht des Beamten und die Unantastbarkeit des Wahlrechts 144

      ζ) Die politische Loyalitätspflicht des Beamten und die Informationsfreiheit (Art. 5 Abs. 1 Satz 1 GG 2. Halbsatz) 144

      η) Zusammenfassung — sind die §§ 52 Abs. 2 BBG, 35 Abs. 1 Satz 3 BRRG nichtig, oder ist eine verfassungskonforme Auslegung möglich? 146

      ϑ) Die politische Loyalitätspflicht des Beamten und der Verschuldensgrundsatz im Disziplinarrecht 147

Sechstes Kapitel

Das Militär im Grundgesetz und die politische Treupflicht der Soldaten — 149

I. Verfassungsrechtliche Grundlagen. Das Militär im Grundgesetz — die Kommunikationsgrundrechte im Soldatenverhältnis 149

   1. Art. 17 a GG und die institutionelle Anerkennung des Soldatenverhältnisses durch das Grundgesetz 149

   2. Die konstitutive Bedeutung des Art. 17 a GG 151

      a) Art. 17 a GG und die Meinungsfreiheit des Art. 5 Abs. 1 Satz 1 GG 153

b) Art. 17 a GG und die Versammlungsfreiheit des Art. 8 GG .. 155

c) Art. 17 a GG und die Vereinigungsfreiheit des Art. 9 GG 156

II. Folgerungen für das Verständnis des § 8 SoldG — die politische Loyalitätspflicht der Soldaten 158

1. Die Unzulässigkeit von Propagandapflichten des Soldaten 158

2. Die politische Loyalitätspflicht des Soldaten 160

a) Die politische Loyalitätspflicht der Berufssoldaten und Soldaten auf Zeit 160

b) Die politische Loyalitätspflicht des Wehrpflichtigen 163

α) Die politische Loyalitätspflicht und das Verhalten des Wehrpflichtigen im Dienst 164

β) Die politische Loyalitätspflicht und das Verhalten des Wehrpflichtigen außer Dienst 166

Literaturverzeichnis 171

Abkürzungsverzeichnis

a. A.	anderer Auffassung
ALR	Allgemeines Landrecht für die preußischen Staaten vom 1. 6. 1794
Anm.	Anmerkung
AöR	Archiv für öffentliches Recht
Art.	Artikel
AS	Amtliche Sammlung
BArb.G	Bundesarbeitsgericht
BArb.GE	Entscheidungen des Bundesarbeitsgerichts
Bay (bay.)	Bayerisch
Bay. BtZ	Bayerische Beamtenzeitung
BBG	Bundesbeamtengesetz vom 14. 7. 1953 (BGBl. I, 551)
BDH	Bundesdisziplinarhof
BDHE	Entscheidungen des Bundesdisziplinarhofs mit einem Anhang von Entscheidungen der Dienststrafhöfe der Länder
BGH	Bundesgerichtshof
BGHSt.	Entscheidungen des Bundesgerichtshofs in Strafsachen
BGHZ	Entscheidungen des Bundesgerichtshofs in Zivilsachen
BGBl.	Bundesgesetzblatt
BRD	Bundesrepublik Deutschland
BRRG	Rahmengesetz zur Vereinheitlichung des Beamtenrechts (Beamtenrechtsrahmengesetz) vom 1. 7. 1957 (BGBl. I, 667)
BT	Bundestag
BVerfG	Bundesverfassungsgericht
BVerfGG	Gesetz über das Bundesverfassungsgericht vom 12. 3. 1951 (BGBl. I, 243)
BVerfGE	Entscheidungen des Bundesverfassungsgerichts (amtliche Sammlung)
BVerwG	Bundesverwaltungsgericht
BVerwGE	Entscheidungen des Bundesverwaltungsgerichts (amtliche Sammlung)
DBG	Deutsches Beamtengesetz
DDR	Deutsche Demokratische Republik
DJT	Deutscher Juristentag
DöD	Der öffentliche Dienst
DÖV	Die Öffentliche Verwaltung
DVBl.	Deutsches Verwaltungsblatt
G	Gesetz
GG	Grundgesetz für die Bundesrepublik Deutschland vom 23. 5. 1949 (BGBl. S. 1)
Giacometti-Festgabe	Demokratie und Rechtsstaat — Festgabe für Zaccaria Giacometti 1953

Gem.Min.Bl.	Gemeinsames Ministerialblatt des Bundesministers des Innern und der Bundesminister für Vertriebene, für Wohnungsbau, für Gesamtdeutsche Fragen, für Angelegenheiten des Bundesrates
Hess. (hess.)	Hessisch
h. L.	herrschende Lehre
Hirths Annalen	Annalen des Deutschen Reichs für Gesetzgebung, Verwaltung und Statistik, begründet von H. Hirth
i. d. F.	in der Fassung
i. S.	im Sinne
i. V.	in Verbindung
JöR	Jahrbuch des öffentlichen Rechts
JW	Juristische Wochenschrift
JZ	Juristenzeitung
Komm.	Kommentar
LVG	Landesverwaltungsgericht
MDR	Monatsschrift für Deutsches Recht
MRK	Europäische Konvention zum Schutz der Menschenrechte und Grundfreiheiten
NF	Neue Folge
NJW	Neue Juristische Wochenschrift
n. w. Min. Bl.	Ministerialblatt des Landes Nordrhein-Westfalen
OLG	Oberlandesgericht
OVG	Oberverwaltungsgericht
Pr.	Preußisch
Pr.Min.Bl.	Ministerialblatt für die gesamte innere Verwaltung in den königlich-preußischen Staaten
PrOVG	Entscheidungen des Preußischen Oberverwaltungsgerichts
RDH	Reichsdisziplinarhof
RG	Reichsgericht
RuPrVBl.	Reichsverwaltungsblatt und Preußisches Verwaltungsblatt
StGB	Strafgesetzbuch
Verw.Rspr.	Verwaltungsrechtsprechung in Deutschland. Sammlung oberstrichterlicher Entscheidungen aus dem Verfassungs- und Verwaltungsrecht, herausgegeben von G. Ziegler
Verf.	Verfassung
VerfGH	Verfassungsgerichtshof
VO	Verordnung
VVDtStRL	Veröffentlichungen der Vereinigung der Deutschen Staatsrechtslehrer
WRV	Weimarer Reichsverfassung
Z.	Zeitschrift
ZBR	Zeitschrift für Beamtenrecht

Erstes Kapitel

Ausgangspunkt und Fragestellung der Arbeit

Unter der politischen Treupflicht der Beamten und Soldaten wird heute verstanden und soll auch hier verstanden werden die in § 52 Abs. 2 Bundesbeamtengesetz, § 35 Abs. 1 Satz 3 Beamtenrechtsrahmengesetz, § 8 Soldatengesetz ausgesprochene Verpflichtung der Beamten und Soldaten auf die freiheitliche demokratische Grundordnung im Sinne des Grundgesetzes. Der Begriff bezeichnet also nicht allgemein die Pflichten, die den Beamten und Soldaten in politischer Hinsicht auferlegt sind. Weder die heute in § 53 Bundesbeamtengesetz, § 35 Abs. 2 Beamtenrechtsrahmengesetz formulierte Pflicht der Beamten zu politischer Zurückhaltung noch die besonderen Pflichten, die den sogenannten politischen Beamten auferlegt sind, sind gemeint; sondern mit der politischen Treupflicht sind nur die Beschränkungen für die politische Aktivität der Beamten und Soldaten angesprochen, die sich daraus ergeben, daß der Beamte, wie es in § 52 Abs. 2 BBG, § 35 Abs. 1 Satz 3 BRRG heißt, sich durch sein gesamtes Verhalten zur freiheitlichen demokratischen Grundordnung im Sinne des Grundgesetzes bekennt und für deren Erhaltung eintreten muß[1], und der Soldat nach § 8 Soldatengesetz die Pflicht hat, die freiheitliche demokratische Grundordnung im Sinne des Grundgesetzes anzuerkennen und für deren Erhaltung einzutreten[2].

Es bedarf keiner weiteren Erläuterung, daß es sich bei diesen Bestimmungen nicht um eine technische Regelung des Statusrechts handelt, sondern daß hier eine Frage angeschnitten ist, die in unmittelbarem Zusammenhang mit der allgemeinen und grundsätzlichen Frage steht, wie Beamtentum und Militär in das System der Verfassung einzuordnen sind[3].

---

[1] Diese Bestimmungen sind in Zusammenhang zu sehen mit denen der §§ 7 Abs. 1 Ziff. 1 BBG, 4 Abs. 1 Ziff. 2 BRRG, wonach in das Beamtenverhältnis nur übernommen werden darf, wer die Gewähr dafür bietet, daß er jederzeit für die freiheitliche demokratische Grundordnung im Sinn des Grundgesetzes eintritt.

[2] Hierzu § 37 Abs 1. Ziff. 2 SoldG.

[3] Freilich sind politische Treupflichten in diesem Sinn heute keine Besonderheit des Beamten- und Soldatenrechts. Nach § 8 Abs. 1 Satz 1 des Bundesangestelltentarifvertrags vom 23. 2. 1961 (Gem.Min.Bl. 1961, 138) müssen sich

Die Grundrechte der Kommunikation sind die Grundrechte, die die Teilnahme des einzelnen an dem Prozeß der öffentlichen und privaten Kommunikation und damit in einem bestimmten, hier nicht zu untersuchenden Umfang, diesen Prozeß selbst gewährleisten[4]. Dazu gehören Art. 4 Abs. 1 Grundgesetz (Bekenntnisfreiheit), Art. 5 Abs. 1 Satz 1 Grundgesetz (Meinungsäußerungsfreiheit und Informationsfreiheit), Art. 8 Grundgesetz (Versammlungsfreiheit), Art. 9 Grundgesetz (Vereinigungsfreiheit) und in Verbindung damit Art. 21 Grundgesetz[5]. Die Lehrfreiheit, Art. 5 Abs. 3 Grundgesetz, wird als Sonderfall ausdrücklich ausgeklammert.

Nachdem heute allgemein davon ausgegangen wird, daß den Beamten und Soldaten die Grundrechte grundsätzlich ebenso zustehen wie jedem anderen Staatsbürger[6], stellt sich die Frage nach dem Verhältnis der politischen Treupflicht zu diesen. Soweit es die Kommunikationsrechte betrifft, soll dieses Verhältnis im folgenden untersucht werden.

Wenn das Verhältnis der politischen Treupflicht nur zu diesen Grundrechten untersucht wird und insbesondere nicht zur allgemeinen Handlungsfreiheit des Art. 2 Abs. 1 Grundgesetz, so liegt darin eine Beschränkung, die dem Verfasser vor allem deswegen notwendig scheint, um die Problematik einer „Widerstandspflicht" des Beamten und Soldaten auszuklammern. Man kann durchaus die Frage stellen, ob sich für Beamte und Soldaten in den extremen Situationen einer tatsächlichen Gefähr-

---

auch die Angestellten des Bundes durch ihr gesamtes Verhalten zur freiheitlichen demokratischen Grundordnung im Sinn des GG bekennen und entsprechendes gilt für die Arbeiter des Bundes und der Länder (Gem.Min.Bl. 1960, 265 und NW.Min.Bl. 1959, 170).

Darüber hinaus wäre es politisch denkbar, daß auch in Tarifverträge mit privaten Unternehmern, etwa solchen, die wichtige Rüstungsaufträge durchführen, politische Treuklauseln aufgenommen würden. Vgl. zu der amerikanischen Praxis in den fünfziger Jahren *Löwenstein,* Amerikanisches Verfassungsrecht, S. 563.

Die Zuverlässigkeit dieser nicht gesetzlichen politischen Treupflichten bzw. ihr zulässiger Umfang wird im folgenden nicht erörtert. Da man sich aber nicht vorstellen kann, daß der Staat in seinen Anforderungen an Angestellte und Arbeiter weitergehen kann als in den klassischen Staatsdienerverhältnissen des Beamten und Soldaten, haben die hier gefundenen Ergebnisse auch Bedeutung für die Auslegung dieser auf Vertrag beruhenden politischen Treupflichten.

[4] Zum Begriff der Kommunikationsgrundrechte vgl. *Lerche,* „Grundrechte des Soldaten" in „Die Grundrechte" Bd. IV, 2. Halbband, S. 465 und *Ridder* „Meinungsfreiheit" in „Die Grundrechte" Bd. II, S. 246/248 mit Hinweis auf Art. 11 der Deklaration von 1789 („libre communication des pensées et des opinions"). Lerche und Ridder versuchen, die Kommunikationsrechte als selbständige Gruppe in einem System der Freiheitsrechte zu konstruieren.

[5] Das Petitionsrecht des Art. 17 GG ist in diesem Sinn kein eigentliches Kommunikationsrecht und bleibt deshalb für diese Arbeit außer Betracht.

[6] Dazu ausführlich unten.

dung der freiheitlichen Demokratie — interessant ist insbesondere der Fall einer Gefährdung durch innere Ereignisse und hierbei wiederum besonders der Fall einer Gefährdung durch „Mißbrauch von Hoheitsbefugnissen"[7] — nicht aufgrund der politischen Treupflicht eine Pflicht zum aktiven, evtl. sogar militärischen Verteidigen der freiheitlichen Demokratie ergibt, wodurch im Fall eines Staatsstreichs schwere Friktionen mit der Gehorsamspflicht unausbleiblich wären[8]. Aber diese außerordentlichen Anwendungsfälle der politischen Treupflicht könnten nicht ohne Bezug zu den anderen Rechtsfolgen dieser Grenzsituation des staatlichen Lebens, dem „allgemeinen Widerstandsrecht"[9], dem Recht auf politischen Streik und dem Notstandsrecht allgemein behandelt werden. Damit würde die Arbeit weit über den angemessenen Umfang hin anschwellen. Im normalen staatlichen Leben sind vor allem die Konflikte zwischen politischer Treupflicht und den Kommunikationsrechten aktuell; für die insoweit täglich auftretenden Fragen sollen Grundsätze der Lösung gefunden werden.

Eine solche Untersuchung ist um so dringender, als der Wortlaut der §§ 52 Abs. 2 BBG, 35 Abs. 1 Satz 3 BRRG, 8 SoldG außerordentlich vage ist und zu Mißdeutungen geradezu herausfordert[10]. Vor allem die Wendung dieser Gesetzesbestimmungen, daß Beamter und Soldat „für die Erhaltung der freiheitlichen demokratischen Grundordnung einzutreten haben", läßt sich dem Wortsinne nach uferlos weit auslegen. Unter dem speziellen Gesichtswinkel der politischen Kommunikation könnte man insbesondere eine Verpflichtung der Beamten und Soldaten zu hemmungsloser Propaganda darunter subsumieren. Wenn man von den Beamten und Soldaten verlangen würde, zur Stärkung freiheitlich demokratischer Gedanken im öffentlichen Bewußtsein Zeitungsartikel zu schreiben, Flugblätter zu verteilen, Reden zu halten, an Kundgebungen teilzunehmen, ja selbst wenn man private Werbegespräche von ihnen fordern würde, so ließe sich das alles auf den Wortsinn der §§ 52 Abs. 2

---

[7] Vgl. etwa Art. 115, i, Ziff. 4 GG in der Fassung des am 24. 1. 1963 vom Bundestag in erster Lesung behandelten Notstandsgesetzes.

[8] Vgl. dazu etwa *Evers*, Festgabe für Herrfahrdt, S. 24, S. 25, der sogar die Hauptbedeutung der politischen Treupflicht darin sieht, daß sie Handlungen des Beamten legalisiert, die sonst Ungehorsam und Widerstand wären, nämlich Gehorsamsverweigerung und Widerstand gegenüber Befehlen, die zu einer Verletzung oder Gefährdung der freiheitlich demokratischen Grundordnung führen würden. Er schreibt: „Das Amtsgeheimnis endet, Befehlsverweigerung, Obstruktion, Flucht in die Öffentlichkeit, Streik und Verschwörung könnten, je nach den Notwendigkeiten der konkreten Situation, erforderliche und daher gerechtfertigte Abwehrmaßnahmen sein" (a. a. O., S. 25).

[9] Dazu *Schneider* AöR 89, S. 1 f.

[10] Nicht erkannt etwa bei Hildegard *Krüger*, ZBR 1956, 312 oder *Wertenbruch*, ZBR 1960, 245. Vgl. andererseits *Grabendorff*, DÖV 1951, 489, ders. in DÖV 1951, 550 f. und vor allem *Kröger*, Das Recht der freien Meinungsäußerung der Beamten im politischen Bereich, S. 157, 158.

BBG, 35 Abs. 1 Satz 3 BRRG, 8 SoldG stützen. Es ist offenbar, daß ein solches Verständnis der politischen Treupflicht grundrechtswidrig wäre, und natürlich hat der Gesetzgeber bei Erlaß dieser Vorschriften auch an dergleichen nicht gedacht[11]. Welches aber wirklich der zulässige Inhalt der gesetzlichen Bestimmungen ist, ist weitgehend ungeklärt und muß im Hinblick auf die Kommunikationsrechte erst noch bestimmt werden.

Die bisherigen Stellungnahmen zu dem Problem sind sehr uneinheitlich und beschränken sich regelmäßig auf Einzelfragen:

a) Die einzige Ausführungsbestimmung, die bisher auf Bundesebene[12] zu der gesetzlichen Regelung der politischen Treupflicht ergangen ist, ist der Beschluß der Bundesregierung vom 19. 9. 1950[13] mit ergänzendem Erlaß des Bundesministers des Innern vom selben Tage[14]. Der Beschluß hat folgenden Wortlaut:

„Die Gegner der Bundesrepublik verstärken ihre Bemühungen, die freiheitliche demokratische Grundordnung zu untergraben. Jede Teilnahme an solchen Bestrebungen ist unvereinbar mit den Pflichten des öffentlichen Dienstes. Alle im unmittelbaren oder mittelbaren Bundesdienst stehenden Personen haben sich gemäß § 3 des vorläufigen Bundespersonalgesetzes durch ihr gesamtes Verhalten zur demokratischen Staatsauffassung zu bekennen. Wer als Beamter, Angestellter oder Arbeiter im Bundesdienst an Organisationen oder Bestrebungen gegen die freiheitliche demokratische Grundordnung teilnimmt, sich für sie betätigt oder sie sonst unterstützt, wer insbesondere im Auftrag oder im Sinne der auf Gewalthandlungen abzielenden Beschlüsse des 3. Parteitags der kommunistischen SED und des sogenannten „Nationalkongresses" wirkt, macht sich einer schweren Pflichtverletzung schuldig.

Zu den Organisationen, deren Unterstützung mit den Dienstpflichten unvereinbar ist, gehören insbesondere:

1. die Kommunistische Partei Deutschlands mit allen ihren Unterorganisationen,
2. die Sozialdemokratische Aktion,
3. die Freie Deutsche Jugend (FDJ),
4. die Vereinigung der Sowjetfreunde,
5. die Gesellschaft zum Studium der Kultur der Sowjetunion,
6. der Kulturbund zur demokratischen Erneuerung Deutschlands,
7. der Gesamtdeutsche Arbeitskreis für Land- und Forstwirtschaft,

---

[11] Vgl. die unten zitierten Äußerungen des Beamtenrechtsausschusses des Bundestags sowie die Stellungnahme des Bundesministers des Innern im Bundestag (BT-Drucksache, 9436 ff.).
[12] Für die Länder vgl. etwa die Bekanntmachung der Bayer. Staatsregierung vom 25. 4. 1961, Staatsanzeiger 1961, Nr. 19.
[13] Allerdings noch zu § 3 des Bundespersonalgesetzes vom 17. 5. 1950, in dessen Ziffer 1 es hieß: „Die im Dienste des Bundes stehenden Personen müßten sich durch ihr gesamtes Verhalten zur demokratischen Staatsauffassung bekennen."
[14] Gem.Min.Bl. vom 20. 9. 1950. Dazu ergänzende Mitteilungen des Bundesministeriums des Innern in Gem.Min.Bl. 1951, S. 9 und Gem.Min.Bl. 1954, S. 114.

8. das Komitee der Kämpfer für den Frieden,
9. das Komitee der jungen Friedenskämpfer,
10. die Vereinigung der Verfolgten des Nazi-Regimes (VVN),
11. die Sozialistische Reichspartei,
12. die sogenannte „Schwarze Front" (Otto-Strasser-Bewegung),
13. die „Nationale Front" (Dachorganisation).

Die Bundesregierung ersucht die Dienstvorgesetzten, gegen Beamte, Angestellte und Arbeiter, die ihre Treupflicht gegenüber der Bundesrepublik durch Teilnahme an solchen Organisationen oder Bestrebungen verletzen, die erforderlichen Maßnahmen zu ergreifen. Gegen Schuldige ist unnachsichtlich die sofortige Entfernung aus dem Bundesdienst, und zwar bei Beamten auf Lebenszeit durch Einleitung eines förmlichen Dienststrafverfahrens unter gleichzeitiger vorläufiger Dienstenthebung und Gehaltseinbehaltung, bei Beamten auf Widerruf durch Widerruf, bei Angestellten und Arbeitern durch fristlose Kündigung herbeizuführen.

Die Bundesregierung empfiehlt den Länderregierungen, sofort entsprechende Maßnahmen zu treffen."

Der ergänzende Beschluß des Bundesministers des Innern vom gleichen Tag erläuterte diesen Beschluß dahin, daß mit der Unterstützung verfassungsfeindlicher Organisationen auch die Mitgliedschaft in ihnen untersagt sei, denn bereits die geldliche Unterstützung einer Organisation durch den Beitritt unterfalle dem Beschluß.

Die Verfassungsmäßigkeit dieses Beschlusses der Bundesregierung wurde mehrfach bestritten. Ein von der Heidelberger Gesellschaft zur Wahrung der Menschenrechte erstattetes Gutachten hielt eine Sonderbehandlung der Beamten in politischer Hinsicht unter dem Grundgesetz überhaupt für unzulässig[15]. Andere hielten den Beschluß jedenfalls insoweit für verfassungswidrig, als er die Beschränkung der parteiorientierten Aktivität des Beamten nicht von einem vorherigen Urteilsspruch des Bundesverfassungsgerichts nach Art. 21 Abs. 2 Grundgesetz abhängig machte[16]. Obwohl der Beschluß also die, wie sich zeigen wird, noch am wenigsten bedenklichen Folgerungen aus der gesetzlichen Regelung der politischen Treupflicht zieht, besteht nicht einmal insoweit eine einheitliche Auffassung.

b) Die Beamtenrechtskommentare[17] und die Kommentare zum Soldatengesetz[18] beschränken sich bei Erörterung der politischen Treu-

---

[15] „Politische Treupflicht im öffentlichen Dienst" S. 8 f.
[16] Ule, DVBl. 1951, 341 und „Öffentlicher Dienst" in „Die Grundrechte" Bd. IV, 2. Halbband, S. 537 f., S. 604, 605; ferner Hans Julius *Wolff*, Verwaltungsrecht II, S. 321, *Hamann*, Grundgesetz, Art. 21, Anm. B 8 c und *Beyer*, NJW 1956, S. 768.
[17] *Bochalli*, Bundesbeamtengesetz, zu § 51 Abs. 2; *Fischbach*, Bundesbeamtengesetz, Anm. 2 zu § 52; *Plog-Wiedow*, Bundesbeamtengesetz, Anm. 4 zu § 52; *Klinkhardt*, Bundesbeamtengesetz, Anm. zu § 52.
[18] *Scherer*, SoldG, Anm. 3 zu § 8; *Rittau*, SoldG, zu § 8; *Hamelbeck*, SoldG, Anm. 1 zu § 8 SoldG.

pflicht im wesentlichen darauf, das wiederzugeben, was der Beamtenrechtsausschuß des Bundestags seinerzeit bei Erörterung des § 52 Abs. 2 BBG bemerkt hat. Im Bericht des Beamtenrechtsausschusses heißt es:

„Das Eintreten (für die freiheitliche Grundordnung) muß sich der jeweiligen Lage anpassen, in der es erforderlich wird, es muß aber auch im öffentlichen Leben erkennbar sein. Das Eintreten verpflichtet demnach nicht nur zu einem passiven, sondern auch zu einem aktiven Verhalten. Der Beamte muß mindestens aus Protest eine Veranstaltung verlassen, auf der Angriffe gegen die freiheitliche demokratische Grundordnung im Sinne des Grundgesetzes erfolgen; er muß unter Umständen das Wort zu ihrer Verteidigung ergreifen; er muß für eine Unterrichtung der zuständigen Behörde über solche Angriffe oder über bestehende Gefahren sorgen. Die Verwirklichung dieser Pflicht hängt auch von der amtlichen Stellung des Beamten ab. Er darf das Ansehen seines Amtes nicht gefährden. Im Ausschuß wurde empfohlen, daß der Beamte in besonderen Fällen einen Bericht über die Vorgänge und sein Verhalten zu den Akten geben soll, mit dem er seine Verpflichtung erfüllt hat[19]."

Und im Nachtrag zu dem schriftlichen Bericht des Beamtenrechtsausschusses ist ausgeführt:

„Eintreten heißt nicht bloß sich fernhalten von allen Bestrebungen, die diese Grundordnung zu lockern oder verächtlich zu machen suchen, sondern, wenn die Gelegenheit sich dazu bietet, solchen Tendenzen, auch wenn sie sich in privaten Kreisen zeigen, mit Entschlossenheit entgegenzutreten[20]."

Damit ist zwar eine Vielfalt von Einzelproblemen der Auslegung angeschnitten, aber offenkundig eine zusammenfassende Ableitung und Rechtfertigung der politischen Treupflicht nicht geboten.

c) An neueren Stimmen vertritt etwa Lerche ein recht weites Verständnis der politischen Treupflicht, wenn er davon ausgeht, es sei zulässiger Inhalt der §§ 52 Abs. 2 BBG, 35 Abs. 1 Satz 3 BRRG, 8 SoldG, daß der Beamte (Soldat) als „selbstverantwortliche Einzelperson den Kommunikationsprozeß in bestimmter Richtung zu beeinflussen und die Gehalte der freiheitlichen Demokratie in diesen einzuführen habe"[21]. Zurückhaltender äußert sich Scheuner[22], der, entgegen seiner eigenen früheren Stellungnahme[23], neuerdings sogar in Frage stellt, ob den Beamten wirklich schon die einfache Mitgliedschaft in verfassungsfeindlichen Organisationen verboten werden könnte.

Wenn gegenüber diesen verschiedenartigen Auffassungen ein neuer Versuch unternommen werden soll, den zulässigen Umfang der politi-

---

[19] Bericht S. 13088 (zitiert bei *Bochalli*, zu § 52 Abs. 2 BBG.)
[20] Bundestagsdrucksache Nr. 4266, I. Wahlperiode, 1949, S. 8.
[21] Grundrechte des Soldaten, a. a. O., S. 482, 483, 485.
[22] „Erfahrungen und Probleme des geltenden Beamtenrechts für die politische Stellung des Beamten", Heft 4 der beamtenpolitischen Schriftenreihe „Deutsches Beamtentum", S. 15 f., S. 32.
[23] „Politische Treupflicht im öffentlichen Dienst" S. 78.

schen Treupflicht im Hinblick auf die Kommunikationsgrundrechte zu bestimmen, so muß, wie schon angedeutet, davon ausgegangen werden, daß eine Lösung von der Verfassung her erfolgen muß. Dies kommt bisher nicht in allen Lösungsversuchen klar zum Ausdruck[24]. Es ist eine Frage des Verfassungsrechts, inwieweit Beamte und Soldaten für die freiheitliche demokratische Grundordnung im Sinne des Grundgesetzes in Anspruch genommen werden können (oder müssen). Auf der einen Seite steht es keineswegs im Belieben des einfachen Gesetzgebers, welchen Umfang er der politischen Treupflicht der Beamten und Soldaten geben will. Auf der anderen Seite fragt sich, ob sich eine politische Treupflicht für Beamte und Soldaten nicht allein schon aus der Verfassung ergibt, ohne Rücksicht darauf, ob eine Regelung durch den einfachen Gesetzgeber erfolgt ist oder nicht. Dabei ist es für den prinzipiell verfassungsrechtlichen Rang der Frage natürlich gleichgültig, ob eine verfassungsrechtliche Untersuchung im Ergebnis zu greifbaren Ergebnissen führt.

Die Bewältigung der Aufgabe setzt voraus Klarheit über den grundgesetzlichen Begriff der freiheitlichen demokratischen Grundordnung, an den die Regelung der §§ 52 Abs. 2 BBG, 35 Abs. 1 Satz 3 BRRG, 8 SoldG anknüpft, über die Bedeutung der Kommunikationsgrundrechte im System des Grundgesetzes, über die Behandlung, die Beamtentum und Militär im Grundgesetz gefunden haben sowie schließlich über das verfassungsrechtliche Verhältnis zwischen dem Bereich der freien Kommunikation einerseits, Beamtentum und Militär andererseits und über die Rechtssätze, die sich aus diesem Verhältnis entwickeln lassen. Diese Fragen sind zu einem großen Teil nicht geklärt, und so ist es notwendig, sie, die eigentlich nur Vorfragen sind, verhältnismäßig breit zu behandeln. Anders läßt sich ein einigermaßen gesicherter Grund für die Entscheidung konkreter Fragen aus dem Recht der politischen Treupflicht von Beamten und Soldaten nicht gewinnen.

Die Arbeit gliedert sich wie folgt:

Nach einem kurzen Blick auf die Geschichte des Problems wird der Begriff der freiheitlichen demokratischen Grundordnung dargestellt. Anschließend wird die Bedeutung der Kommunikationsgrundrechte für die freiheitliche Demokratie bzw. für das System des Grundgesetzes im allgemeinen erörtert, wobei besondere Aufmerksamkeit auf die Frage verwandt wird, inwieweit auch der einfache Staatsbürger zugunsten einer Erhaltung der freiheitlichen Grundordnung in seiner Kommunikationsfreiheit verfassungsrechtlich eingeschränkt ist (Art. 9 Abs. 2 Grundgesetz, Art. 18 Grundgesetz, Art. 21 Abs. 2 Grundgesetz). Es folgt

---

[24] Vgl. die angeführten Kommentare des Beamten- und Soldatenrechts.

eine Darstellung des Verhältnisses von Grundrechtsgürtel einerseits, Beamtentum und Militär andererseits und der hieraus zu entwickelnden Rechtssätze. Hier liegt, ungewollt, ein Schwerpunkt der Arbeit, da gerade hier die Ansatzpunkte und Lösungsvorschläge in Lehre und Rechtsprechung stark voneinander abweichen, zum Teil auch schlechterdings unhaltbar sind und es deshalb großer Anstrengungen bedarf, um einen zuverlässigen Grund für die folgende Untersuchung über den verfassungsmäßig zulässigen Inhalt der politischen Treupflicht zu legen. Bei der Entscheidung konkreter Fragen aus dem Bereich der politischen Treupflicht wird auf Lösungen Bezug genommen, die andere traditionell demokratische Länder wie vor allem die Schweiz zu dieser Frage entwickelt haben.

Trotz des nahezu identischen Wortlauts, den die gesetzliche Regelung der politischen Treupflicht für Beamte und Soldaten aufweist, wird die Untersuchung für Beamte und Soldaten getrennt geführt, wobei natürlich in dem nachfolgenden soldatenrechtlichen Teil zahlreiche Verweise auf die Darlegungen im beamtenrechtlichen Teil möglich sind. Diese Trennung rechtfertigt sich einmal aus der Tatsache, daß, wie sich zeigen wird, bezüglich des zulässigen Umfangs der politischen Treupflicht ein Unterschied zwischen beiden Dienstverhältnissen besteht, indem zwar die politische Treupflicht der Berufssoldaten und Soldaten auf Zeit der der Beamten entspricht, nicht aber die der Wehrpflichtigen, die weniger weit reicht. Darüber hinaus soll diese Trennung in der Behandlung darauf hinweisen, daß es sich bei der Annäherung der politischen Treupflicht der Soldaten an die der Beamten durchaus nicht um eine hergebrachte Selbstverständlichkeit handelt, sondern um eine Neuerung, die einerseits mit dem Schicksal beider Institute im Dritten Reich, andererseits mit der neuartigen Konzeption der Bundeswehr in der Bundesrepublik zusammenhängt („Staatsbürger in Uniform"). Bezüglich der Beamten wird nur die politische Treupflicht der Bundesbeamten untersucht; das kann um so eher geschehen, als § 35 Abs. 1 Satz 3 BRRG die Regelung des § 52 Abs. 2 BBG wörtlich übernommen hat.

Zweites Kapitel

Das Problem der politischen Treupflicht in der Geschichte des deutschen Berufsbeamtentums und Militärs

I. Die politische Treupflicht in der Geschichte des deutschen Berufsbeamtentums

a) bis zur Weimarer Republik

Eine erste Voraussetzung dafür, daß das in der Arbeit gestellte Problem auftauchen konnte, war gegeben, als die deutschen Verfassungen Gewährleistungen des Rechts auf freie politische Kommunikation in sich aufnahmen. Das geschah erstmals[1] in den Verfassungen des Frühkonstitutionalismus, dem Patent von Nassau[2], in den Verfassungen von Bayern, Baden, Württemberg und Hessen[3] aus den Jahren 1818—1820 und dann, nach der Juli-Revolution von 1830, in den Verfassungen von Kurhessen und Braunschweig[4]. Aber obwohl in diesen Verfassungen die

---

[1] Vgl. etwa noch Art. 8 der Bayer. Hauptlandespragmatik vom 1. 1. 1805 (zitiert bei *Köttgen*, Berufsbeamtentum, S. 21).

[2] Vom 1. und 2. 9. 1814, abgedruckt bei H. A. *Zachariä*, Die deutschen Verfassungsgesetze, S. 748 f.

[3] Verfassungsurkunde für Bayern vom 26. 5. 1818, Titel IV, §§ 1 f. (abgedruckt bei *Zachariä*, a. a. O., S. 112 f.); Verfassungsurkunde für Baden vom 22. 8. 1818, §§ 7 f., insbesondere §§ 17, 18 (abgedruckt ebenda, S. 332 f.); Verfassungsurkunde von Württemberg vom 25. 9. 1819, §§ 19 f., insbesondere § 24 (abgedruckt ebenda, S. 229 f.); Verfassungsurkunde für Hessen vom 17. 12. 1820, §§ 12 ff. (abgedruckt ebenda, S. 402 f.).
Während in der bayerischen Verfassung die „Freiheit der Meinungen" nur in der Präambel erwähnt wird — Titel IV der Verfassung führt lediglich Gewährleistungen der Gewissensfreiheit sowie der Freiheit der Presse und des Buchhandels auf (§§ 9 und 11); die Freiheit der Meinungsäußerung wurde jedoch als Innominatsrecht der persönlichen Freiheit des § 8 verstanden, *Pölzl*, Lehrbuch des bayerischen Verfassungsrechts, S. 79, — ist z. B. in der württembergischen Verfassung den Bürgern die „Denkfreiheit" ausdrücklich gewährleistet (§ 24). Darunter wurde nicht nur die Freiheit des Denkens verstanden, sondern auch die Freiheit, Gedachtes zu äußern (Rudolf *von Mohl*, Staatsrecht des Königreichs Württemberg, S. 352 f. und *Zickler*, Das Associationsrecht der Staatsbürger, S. 59).

[4] Verfassung von Kurhessen vom 5. 1. 1831, § 39 (abgedruckt bei *Pölitz-Bülau*, Die Verfassungen des deutschen Staatenbundes, S. 613 f., S. 618); Landschaftsordnung für Braunschweig vom 12. 10. 1832, § 30 (abgedruckt bei *Zachariä* a. a. O., S. 695 f.).

Beamten von der Teilhabe an den Kommunikationsrechten nicht ausgeschlossen wurden, die Vorstellung des preußischen Allgemeinen Landrechts, daß der Staatsdiener-Stand ein Glied der bürgerlichen Gesellschaft sei[5], vielmehr Allgemeingut der damaligen Staatsrechtslehre war[6], wurde zu diesem Zeitpunkt die Frage, wie sich die Kommunikationsrechte des Beamten zu seiner Treubildung an den Monarchen[7] verhielten, in ihrer umfassenden Bedeutung noch nicht erkannt. Lediglich zu der Sonderfrage, ob der Beamte als Abgeordneter in der Ständeversammlung dieselbe Redefreiheit genieße wie jeder andere Abgeordnete, finden sich Stellungnahmen[8], und hier wurde allerdings schon der Grundsatz entwickelt, der die ganze spätere Erörterung der politischen Treupflicht durchziehen sollte, der Grundsatz nämlich, daß der Beamte sich zwar nicht jeder Opposition gegen das „bestehende Ministerium" enthalten müsse[9], andererseits aber in seiner Opposition nicht so weit gehen dürfe, daß er die dauernden Grundprinzipien der Staats- und Gesellschaftsordnung angriffe[10]. Über diesen Sonderfall hinaus wurde der mögliche Konflikt zwischen den Kommunikationsrechten des Beamten und seiner Treupflicht aber noch nicht erkannt.

Im Zuge der Revolution von 1848 wurde eine Gewährleistung der Kommunikationsrechte, insbesondere der Meinungsfreiheit, in fast alle deutsche Verfassungen aufgenommen[11]. Dadurch, wie durch den Über-

---

[5] ALR, § 6, I, 1.

[6] Vgl. *Zachariä*, Deutsches Staats- und Bundesrecht, Teil II, S. 40, Anm. 11 und *Gönner*, Der Staatsdienst aus dem Gesichtspunkt des Rechts und der Nationalökonomie, S. 206.

[7] Zur Treupflicht vgl. *Heffter*, Beiträge zum deutschen Staats- und Fürstenrecht, S. 131 f.; *Zachariä*, Deutsches Staats- und Bundesrecht, Teil II, S. 39 f.; F. J. *Stahl*, Die Philosophie des Rechts, Bd. II, 2. Abteilung, S. 249. Die Besonderheit der Treueverpflichtung des Beamten nach der damaligen Auffassung ist, daß sie nur als Sonderfall der allgemeinen, alle Untertanen treffenden, staatsbürgerlichen Treupflicht angesehen wurde; vgl. C. F. *von Gerber*, Über öffentliche Rechte, S. 49: „Das Recht des Staatsoberhaupts auf Gehorsam und Treue ist ein durchaus staatsrechtliches... es ist... die staatliche Herrschaft, das Recht zu fordern, daß sich alle Untertanen als Glieder des Staatsorganismus fühlen und das Bewußtsein dieser Stellung im Gehorsam gegen den Monarchen betätigen."

[8] Übersicht bei E. *Hubrich*, Die parlamentarische Redefreiheit und Disziplin, S. 248 f.

[9] H. *Schulze*, Das Preußische Staatsrecht, S. 318; L. *von Rönne*, Das Staatsrecht der Preußischen Monarchie, S. 311, Anm. 10; *Bluntschli*, Allgemeine Staatslehre, S. 625; *Zöpfl*, Grundsätze des allgemeinen und des constitutionellen Staatsrechts, S. 276.

[10] *Schulze*, a. a. O., S. 319; *Bluntschli*, a. a. O., S. 432; *von Rönne*, a. a. O., S. 311 Anm. 10.

[11] Neben der Frankfurter Reichsverfassung vom 28. 3. 1849, §§ 143, 144 ff., 161, 162 (abgedruckt bei E. R. *Huber*, Quellen zum Staatsrecht der Neuzeit, Bd. 1, S. 241 f.) und der Erfurter Unionsverfassung vom 28. 5. 1859, §§ 143, 144 ff. (abgedruckt ebenda S. 268 f.) enthalten Gewährleistungen der Kommunika-

I. Die politische Treupflicht und das deutsche Berufsbeamtentum

gang zum konstitutionellen Staat mit seinem Gegenüber von Krone und Parlament allgemein, kam das Problem in der Folgezeit jedenfalls der Praxis klar zum Bewußtsein. Die preußische Regierung versuchte als Reaktion auf die Revolution zunächst, die Beamten in ihrer politischen Betätigung eng auf die Regierungspolitik auszurichten. Bekannt ist die Verordnung vom 11. 7. 1849, die in § 20 Abs. 2 bestimmte,

„wenn der Beamte die Pflicht der Treue verletzt oder den Mut, den sein Beruf erfordert, nicht betätigt, oder sich einer feindseligen Stellungnahme gegen die Staatsregierung schuldig macht, so ist er aus dem Dienst zu entlassen[12]."

Diese Regelung wurde zwar nicht in das Disziplinargesetz vom 21. 7. 1852[13] aufgenommen, sie läßt aber die politische Grundtendenz der preußischen Regierung erkennen[14] und zeigt, daß das Problem der politischen Treupflicht der Beamten erkannt war.

---

tionsgrundrechte insbesondere folgende neu erlassenen Landesverfassungen:
Verfassung von Preußen vom 31. 1. 1850, Art. 12, 27, 29, 30 (abgedruckt bei Zachariä, Die deutschen Verfassungsgesetze, S. 76 f., S. 79).
Verfassung von Luxemburg vom 9. 7. 1848, Art. 25 (abgedruckt ebenda S. 456 f. [461]).
Verfassung von Anhalt-Bernburg vom 28. 2. 1850, § 29 (abgedruckt ebenda S. 960 f.)
Verfassung von Kurhessen vom 13. 4. 1850, § 28 (abgedruckt ebenda S. 360 f.).
Verfassung von Coburg-Gotha vom 3. 5. 1852, § 43 (abgedruckt ebenda S. 652 f.)
Verfassung von Oldenburg vom 22. 11. 1852, Art. 46 (abgedruckt ebenda S. 900 f.)
Verfassung von Bremen vom 21. 2. 1854, § 13 (abgedruckt ebenda S. 1188).
Die Verfassungen des Norddeutschen Bundes vom 16. 4. 1867 (bei E. R. *Huber*, Quellen, S. 317 f.) und des Deutschen Reichs vom 16. 4. 1871 (ebenda) enthielten keine Grundrechtskataloge; dazu *Eckhardt*, Die Grundrechte vom Wiener Kongreß bis zur Gegenwart, S. 129 f. und *Giese*, Die Grundrechte, S. 210 f.

[12] Abgedruckt in „Neue Sammlung preußischer Gesetze und Verordnungen", Bd. 5 (1845—1849), S. 475 f. (477).

[13] In § 2 dieses Gesetzes hieß es vielmehr lediglich:
„Ein Beamter, welcher
1. die Pflichten verletzt, die ihm sein Amt auferlegt,
2. sich durch sein Verhalten in und außer dem Amt der Achtung, des Ansehens oder des Vertrauens, die sein Beruf erfordert, unwürdig zeigt, unterliegt den Vorschriften dieses Gesetzes."
(Abgedruckt ebenda, Bd. 9, S. 227 f.) Ebenso schon die Preußische Beamtendisziplinarordnung vom 11. 7. 1849 (Pr.GS. S. 271) und später das Reichsbeamtengesetz von 1873, das ebenfalls keine besonderen Bestimmung über die politische Treupflicht enthielt.

[14] Vgl. *Scheuner*, Erfahrungen und Probleme, a. a. O., S. 15. Außer der zitierten Verordnung siehe auch Zirkularerlaß des Innenministers Graf von Westphalen vom 1. 1. 1851, wonach *ein* Geist, *ein* Wille die gesamte Administration beleben müsse (Pr.Min.Bl. 1851, S. 1), den Aufruf des Innenministers Graf Eulenburg vom 24. 9. 1863, wonach, wer als Beamter dem König Treue und Gehorsam geschworen habe, „dieses Eids weder als Wähler noch als Gewählter entbunden sei" (Pr.Min.Bl. 1863, S. 190 f.) und Allerhöchste Botschaft vom 4. 1. 1882, wonach jedenfalls die politischen Beamten (Landräte) die Regierungspolitik auch bei den Wahlen zu vertreten hätten (zitiert bei *Köttgen*, Berufsbeamtentum, S. 26).

Dies zeigt sich auch in der damaligen Disziplinarrechtsprechung. Sie verhielt sich freilich zurückhaltender in der Annahme einer politischen Treubindung des Beamten. Das Preußische Oberverwaltungsgericht und der Kaiserliche Disziplinarhof entwickelten in ständiger Rechtsprechung den Grundsatz, daß es eine Verletzung der Dienstpflichten sei, wenn der Beamte „Bestrebungen, welche grundsätzlich gegen die bestehende Rechts- und Staatsordnung kämpfen", fördere oder unterstütze[15]. Als staatsfeindliche Bestrebung in diesem Sinn galt insbesondere die Sozialdemokratische Partei[16].

Die Beschränkungen des Beamten hinsichtlich solcher politischer Richtungen gingen recht weit. So hat der Kaiserliche Disziplinarhof unter anderem entschieden, daß schon der auffällige Verkehr mit SPD-Delegierten in der Öffentlichkeit ein Dienstvergehen sei[17]; dagegen galt, das muß wegen der heute noch bestehenden Aktualität dieses Ergebnisses besonders hervorgehoben werden, als Unterstützung einer staatsfeindlichen Bestrebung in keinem Fall die Stimmabgabe bei der Wahl. Eine dogmatische Begründung, die über allgemeine Hinweise auf die Treubindung des Beamten an den Monarchen hinausging, gab die Rechtsprechung nicht.

Diese Aufgabe ist auch von der konstitutionellen Staatsrechtslehre nicht geleistet worden. Äußerungen überhaupt zur Frage der Kommunikationsrechte des Beamten, wie speziell zur Frage der politischen Treupflicht, sind selten[18]. Die, soweit ersichtlich, einzige ausführlichere Auseinandersetzung stammt von Piloty[19]. In einem gegen Ende der konstitutionellen Epoche veröffentlichten Gutachten trat er den Ergebnissen der Disziplinarrechtsprechung bei mit der Begründung, es könne dem Beamten deshalb nicht erlaubt sein, sich gegen die Grundlagen der Verfassung politisch zu betätigen, weil auf diesen sein eigenes Amt beruhe;

---

[15] PrOVG 14, 404 f. (407); PrOVG 55, 467 f. (473); PrOVG 56, 447 f.; PrOVG in Pr.Min.Bl. 1888, S. 33 f. (35); PrOVG in Pr.Min.Bl. 1889, S. 84.

[16] PrOVG 58, 447 und PrOVG in Pr.Min.Bl. 1889, S. 84.

[17] Amtliche Sammlung, herausgegeben von *Schulze*, S. 50.

[18] Vgl. die knappen Äußerungen bei v. *Rönne*, a. a. O., Bd. 3, S. 473, Anm. 5; *Bluntschli*, a. a. O., S. 432; *Laband*, Das Staatsrecht des Deutschen Reiches, Bd. 1, S. 466; *von Gerber*, Grundzüge des Staatsrechts, S. 117 Anm. 5; *Meyer*, Lehrbuch des deutschen Staatsrechts, S. 420 Anm. 1; *Rehm* in „Hirths Annalen" 1885, S. 86.
Der tiefere Grund für diese Uninteressiertheit mag die damals herrschende Theorie des juristischen Positivismus sein. Wenn diese Lehre das Recht einseitig als Abgrenzung von Willensbefugnissen sah, dann konnte ein Begriff wie der der politischen Treupflicht leicht in den Hintergrund treten. Tatsächlich hat *von Calcker* im Jahr 1917 die Eliminierung des Begriffs der Treupflicht aus dem deutschen Staatsrecht konstatiert (in Festgabe für Otto Mayer, S. 138).

[19] AöR 33 (1915) S. 1 f.

I. Die politische Treupflicht und das deutsche Berufsbeamtentum 25

der Beamte habe aber im Amt und in bezug auf das Amt, also auch außer Amt, alles zu unterlassen, was sein Amt schädigen würde[20]. Bei allen seinen irgendwie an die Öffentlichkeit tretenden Lebensäußerungen bestehe für ihn die oberste Rücksicht auf seine Stellung als Beamter und sein innegehabtes Amt[21].

Jedenfalls für heutige Vorstellungen ist damit keine zureichende Begründung der politischen Treupflicht gegeben. Es scheint zwar der wichtige Gedanke auf, daß eine politische Treupflicht nur gerechtfertigt werden kann, wenn es gelingt, sie gedanklich mit dem „Amt", das ist den herkömmlichen sachlichen Beamtenaufgaben zu verbinden; die Anerkennung einer Generalklausel dahin, daß der Beamte alles unterlassen müsse, was sein Amt schädigen könne, befriedigt jedoch heute ebensowenig, wie wenn Piloty an anderer Stelle ausführt, der im allgemeinen Untertanenverhältnis geltende Grundsatz, daß die Freiheit die Regel sei und jede Beschränkung der Freiheit die Ausnahme, die besonderer Begründung bedürfe, erfahre im Beamtenverhältnis eine Umkehrung in dem Sinne, daß das Primat auf der Pflicht ruhe[22]. Hier zeigen sich die Spuren der in der zweiten Hälfte des 19. Jahrhunderts entwickelten Lehre vom besonderen Gewaltverhältnis mit seiner Annahme einer nur durch den „öffentlichen Zweck" des Verhältnisses begrenzten Subjektion[23]. Der weiterweisende Ansatz Pilotys konnte sich ihnen gegenüber nicht entfalten.

b) in der Weimarer Republik

War die politische Treupflicht der Beamten in der Monarchie eine Angelegenheit der Praxis, die ohne besondere gesetzliche Grundlage die oben geschilderten Grundsätze entwickelte, so griff die Weimarer Reichsverfassung an diesem Punkt selbst ein. Sie gewährleistete in Art. 130 Abs. 2 den Beamten die Freiheit der politischen Gesinnung und die Vereinigungsfreiheit[24]. Übereinstimmend wurde diese Bestimmung so verstanden, daß damit nicht nur die Freiheit der im Inneren vorhandenen

---

[20] a. a. O., S. 23.
[21] a. a. O., S. 10.
[22] a. a. O., S. 10.
[23] Vgl. *Laband*, a. a. O., Bd. 1, S. 404 f.; Otto *Mayer*, Deutsches Verwaltungsrecht, Bd. 2, S. 101 f., S. 145; derselbe, AöR, Bd. 3, S. 52 f.; *Rehm*, a. a. O., S. 125, 153 f.; *von Gerber*, Staatsrecht, S. 46, S. 115; *Rosin* in „Hirths Annalen" 1883, S. 165 f., S. 199; Georg *Jellinek*, System der subjektiven öffentlichen Rechte, S. 179, S. 209 f.; *Thoma*, Der Polizeibefehl im badischen Recht, Bd. 1, S. 18 f.; *Fleiner*, Institutionen des deutschen Verwaltungsrechts, S. 155 f.
[24] Ebenso Art. 67 der Bayer. Verfassung vom 14. 8. 1919 — vgl. VerfGH, DVBl. 1965, S. 876.

Gesinnung geschützt werde, sondern auch das Recht, diese Gesinnung auch nach außen hin zu bekennen[25].

Damit war bewußt eine Abwendung von der früheren Rechtsprechung beabsichtigt, eine Abwendung, die im Hinblick auf das „offene System"[26] der Weimarer Reichsverfassung außerordentlich folgerichtig war. Art. 76 WRV wurde von der damals absoluten herrschenden Auffassung so verstanden, daß inhaltlich keine Sperren für Verfassungsänderungen bestünden, daß jedes politische Programm, gleich welchen Inhalts, durchgesetzt werden könne, wenn hierbei nur die formalen Erfordernisse des Art. 76 WRV eingehalten würden[27]. Mit dieser Offenheit gegenüber allen politischen Systemen hätte es sich tatsächlich schlecht vertragen, wenn man die Beamten hinsichtlich bestimmter politischer Richtungen besonderen Schranken unterworfen hätte[28]. Dementsprechend sah man eine *inhaltliche* Schranke für die politische Kommunikation des Beamten lediglich darin, daß er sich nicht für politische Richtungen einsetzen durfte, die auch im Sinne des Art. 76 WRV nicht mehr legal waren, das heißt, die auf einen gewaltsamen Umsturz der bestehenden Staatsordnung hinarbeiteten[29].

Die Liberalität des Weimarer Systems ging aber noch weiter. Auch zugunsten solcher politischer Bestrebungen, die im Sinn des Art. 76 WRV verfassungswidrig waren, war den Beamten durchaus nicht jede Kommunikation verboten. Man sah es als Inhalt des Art. 130 Abs. 2 WRV an, daß den Beamten jedenfalls persönliche Bekenntnisse zu solchen politi-

---

[25] PrOVG 77, 395; PrOVG, JW 1927, 2867; PrOVG 85, 45; PrOVG 86, 436; *Giese*, Reichsverfassung, S. 278 f.; *Holstein*, AöR NF 13, 201 f.; *Brand* in „Die Grundrechte (Nipperdey), Bd. 2, S. 237 f.; kritisch zu Art. 130 Abs. 2 WRV *Köttgen*, Berufsbeamtentum, S. 70, 108, 113, 118.

[26] Ausdruck von *Thoma*, HdBdStR, Bd. 2, S. 153, 154.

[27] *Thoma* ebenda; *Anschütz*, Reichsverfassung, S. 402, 403 mit Nachweisen.

[28] Sie also, wie *Fourrier*, la liberté d'opinion des fonctionnaires, S. 133 es nennt, einer „stérilisation relative" unterworfen hätte.

[29] *Anschütz*, Reichsverfassung, S. 402, 403 und derselbe in „Zeitschrift für badische Verwaltung" 63. Jg. S. 4 mit Nachweisen. Die Lage wird in einer für den heutigen Betrachter schmerzhaften Weise deutlich in dem Urteil des PrOVG vom 18. 10. 1932 (PrOVG 89, 391 f.). Das Preußische Staatsministerium hatte mit Beschluß vom 25. 6. 1930 (Min.Bl. für die innere Verwaltung 1930, S. 599) den Beamten die Mitgliedschaft in der KPD und der NSDAP, sowie die Betätigung für diese Parteien oder ihre sonstige Unterstützung untersagt. Ausgehend von Hitlers Erklärung im Ulmer Reichswehrprozeß, er wolle seine Ziele nur noch auf legalem Weg verwirklichen, erklärte das Gericht diesen Beschluß, die NSDAP betreffend, für verfassungswidrig:

„Daß die NSDAP in ihrem Programm als eines ihrer Parteiziele die Änderung der durch die Reichsverfassung geschaffenen verfassungsrechtlichen Zustände bezeichnet, kann ihr verfassungsmäßig gewährleistetes Recht und kann ihr so lange nicht verwehrt werden, als sie sich bei dem Hinarbeiten auf das von ihr erstrebte „Dritte Reich" im Rahmen der für Verfassungsänderungen gesetzlich festgelegten Bahnen hält" (a. a. O., S. 394).

I. Die politische Treupflicht und das deutsche Berufsbeamtentum

schen Richtungen nicht untersagt werden können[30]. Nur „die unmittelbare Beteiligung an Handlungen, die politische Parteiziele auf ungesetzlichem Wege zu verwirklichen suchen" galt als unvereinbar mit der Bekleidung eines öffentlichen Amtes[31]. Entsprechend der politischen Situation in der Weimarer Republik mit den Massenparteien, hier der KPD, dort der aufkommenden NSDAP, entspann sich ein großer Streit, ob unter „unmittelbarer Beteiligung" in diesem Sinn auch die einfache Mitgliedschaft in den entsprechenden Parteien falle. Das Preußische Oberverwaltungsgericht ließ die Frage offen[32]. Giese[33] und Walter Jellinek[34] hielten die einfache Mitgliedschaft auch in diesen Parteien für zulässig. Poetzsch-Heffter[35] äußerte sich unbestimmt. Häntzschel[36] und der erwähnte Beschluß des Preußischen Staatsministeriums vom 25. 6. 1930 hielten die Mitgliedschaft für unzulässig. Brecht[37] und ihm folgend Anschütz[38] vertraten eine differenzierende Mittelmeinung. Auf diese Frage konzentrierten sich die Kräfte. Die heute angesichts der §§ 52 Abs. 2 BBG, 35 Abs. 1 Satz 3 BRRG gestellte Frage, wieweit es zulässig ist, die Beamten zugunsten bestimmter politischer *Inhalte* in Anspruch zu nehmen bzw. sie entsprechenden Einschränkungen zu unterwerfen, stand angesichts der Art. 76, 130 Abs. 2 WRV nicht zur Diskussion.

Daran änderte sich auch nichts, als durch das mit verfassungsändernder Mehrheit beschlossene Republikschutzgesetz vom 21. 7. 1922 in das grundsätzlich weitergeltende Reichsbeamtengesetz von 1873 der § 10 a eingeführt wurde. Der Wortlaut dieser Bestimmung bot zwar einige Ansatzpunkte für eine politische Treupflicht im heutigen Sinn wie im Sinne des konstitutionellen Staates. Im Hinblick auf die grundsätzliche Anlage des Weimarer Systems kam man aber nicht auf den Gedanken, dieser Möglichkeit nachzugehen[39].

---

[30] PrOVG 78, 455.
[31] Ebenda; weitere Nachweise bei *Anschütz*, Zeitschrift für badische Verwaltung, 63. Jg., S. 4 und *Eichler*, Politische Rechte und Beamtenpflichten, Diss. S. 52, Anm. 131; insbesondere RDH, *Schulze-Simons*, Bd. 1, S. 211 und Bd. 2, S. 132.
[32] PrOVG 78, 455; auch später hat sich das PrOVG, wie *Anschütz*, Zeitschrift für badische Verwaltung, 62. Jg., S. 180 f. nachgewiesen hat, über diese Frage nicht ausgesprochen.
[33] Reichsverfassung S. 279.
[34] Verwaltungsrecht S. 358, 371.
[35] Reichsverfassung S. 439.
[36] Reichs- und Preußisches Verwaltungsblatt 1930, S. 512.
[37] Bei *von Brauchitsch*, Verwaltungsgesetze für Preußen, Bd. II, 2. Halbband, S. 326, 327 mit zahlreichen Nachweisen.
[38] Zeitschrift für badische Verwaltung, 63. Jg., S. 4; dazu *Glockner*, ebenda, S. 25.
[39] § 10 a RBG hatte folgenden Wortlaut:
„Der Reichsbeamte ist verpflichtet, in seiner amtlichen Tätigkeit für die verfassungsmäßige republikanische Staatsgewalt einzutreten.
Er hat alles zu unterlassen, was mit seiner Stellung als Beamter der Republik nicht zu vereinen ist. (!) Insbesondere ist ihm untersagt

c) im Dritten Reich

Mit der Machtergreifung durch die Nationalsozialisten und dem Gesetz zur Sicherung der Einheit von Partei und Staat vom 1.12.1933 verloren die Lehren der Weimarer Zeit ihre tatsächlichen Voraussetzungen. Nachdem § 4 des Gesetzes zur Wiederherstellung des Berufsbeamtentums vom 7. 4.1933 schon bestimmt hatte, daß Beamte, die „nach ihrer bisherigen politischen Betätigung nicht die Gewähr dafür bieten, daß sie jederzeit rückhaltlos für den nationalen Staat eintreten", entlassen werden konnten, versuchte das neue Regime nach der Konsolidierung die Beamten Schritt für Schritt in das System des Dritten Reiches einzugliedern[40]. Die Entwicklung fand ihren Höhepunkt im Deutschen Beamtengesetz vom 26. 1. 1937. So wie die Präambel dieses Gesetzes das Beamtentum konzipierte —

„ein im deutschen Volk wurzelndes, von nationalsozialistischer Weltanschauung durchdrungenes Berufsbeamtentum, das dem Führer des Deutschen Reiches und Volkes, Adolf Hitler, in Treue verbunden ist" —

bestimmte der § 3 Abs. 2 im einzelnen:

„Der Beamte hat jederzeit rückhaltlos für den nationalsozialistischen Staat einzutreten und sich in seinem gesamten Verhalten von der Tatsache leiten zu

1. sein Amt oder die ihm kraft seiner amtlichen Stellung zugänglichen Einrichtungen für Bestrebungen zur Änderung der verfassungsmäßigen republikanischen Staatsform zu mißbrauchen,
2. bei Ausübung der Amtstätigkeit oder unter Mißbrauch seiner amtlichen Stellung über die verfassungsmäßige republikanische Staatsform, die Reichsflagge oder über die verfassungsmäßigen Regierungen des Reichs oder eines Landes zur Bekundung der Mißachtung Äußerungen zu tun, die geeignet sind, sie in der öffentlichen Meinung herabzusetzen,
3. bei Ausübung der Amtstätigkeit oder unter Mißbrauch seiner amtlichen Stellung auf die ihm unterstellten Beamten, Angestellten und Arbeiter, Zöglinge oder Schüler im Sinne mißachtender Herabsetzung der verfassungsmäßigen Regierungen des Reichs oder eines Landes einzuwirken,
4. Handlungen nach Ziff. 1—3 bei dienstlich unterstellten Personen, sofern sie im Dienst begangen werden, zu dulden.

Dem Reichsbeamten ist weiterhin untersagt, in der Öffentlichkeit gehässig oder aufreizend die Bestrebungen zu fördern, die auf Wiederherstellung der Monarchie oder gegen den Bestand der Republik gerichtet sind, oder solche Bestrebungen durch Verleumdung, Beschimpfung oder Verächtlichmachung der Republik, oder von Mitgliedern der im Amte befindlichen Regierung des Reichs oder eines Landes zu unterstützen."
Dazu etwa *Arndt*, Reichsbeamtengesetz, Anm. 2 f. zu §§ 10 a, 10 b RBG.

[40] Runderlaß des Reichsministers des Innern vom 11. 7. 1933 über die Verbreitung des Gedankenguts der nationalsozialistischen Bewegung in der Beamtenschaft (*Stuckart-Hoffmann*, S. 241); Runderlaß des Reichs- und Preußischen Ministers des Innern vom 22. 1. 1935 über die Verwendung des Deutschen Grußes (ebenda, S. 243); Runderlaß des Reichs- und Preußischen Ministers des Innern vom 3. 12. 1935 über den Bezug der nationalsozialistischen Presse durch die Beamten (ebenda S. 243); Runderlaß des Reichs- und Preußischen Ministers des Innern vom 17. 11. 1935 über den Beitritt von Kindern der Beamten zu den Jugendorganisationen der NSDAP (ebenda S. 247).

I. Die politische Treupflicht und das deutsche Berufsbeamtentum

lassen, daß die Nationalsozialistische Deutsche Arbeiterpartei in unlösbarer Verbundenheit mit dem Volk die Trägerin des deutschen Staatsgedankens ist. Er hat Vorgänge, die den Bestand des Reiches oder der Nationalsozialistischen Deutschen Arbeiterpartei gefährden können, auch dann, wenn sie ihm nicht vermöge seines Amtes bekanntgeworden sind, zur Kenntnis seiner Dienstvorgesetzten zu bringen[41]."

Mit dieser Regelung war weit mehr geschehen als eine Wiederaufnahme der unter der Monarchie geltenden Grundsätze. Entsprechend dem Wesen des Dritten Reiches als eines totalen Staates wurde hier der Versuch unternommen, die Beamten zur völligen Identifikation mit dem Regime und dem Staatsdogma zu zwingen[42]. Das wird deutlich, wenn man sieht, wie der uferlose Wortlaut des § 3 Abs. 2 DBG von der Lehre ausgelegt wurde. Nach dem Standardwerk von Heyland[43] bedeutete § 3 Abs. 2 DBG negativ, daß der Beamte sich weder in noch außer dem Amt staatsfeindlich betätigen durfte, wobei staatsfeindlich und parteifeindlich ausdrücklich gleichgesetzt wurden. Ferner, daß der Beamte alles vermeiden mußte, was auch nur den Anschein einer staatsfeindlichen Betätigung oder Gesinnung hervorrufen konnte und schließlich, daß der Beamte in und außer dem Amt der jeweiligen Politik des Führers und der Reichsregierung ebenso wie den geschriebenen und ungeschriebenen (!) Grundsätzen der Partei in keiner Weise entgegenarbeiten durfte. Darüber hinaus bedeutete § 3 Abs. 2 DBG aber positiv, daß der Beamte in und außer dem Amt alles zu tun hatte, um von dem Führer, dem Reich und der Partei Schaden abzuwehren und daß er für die jeweilige Politik des Führers und der Reichsregierung aktiv einzutreten hatte und sich zu diesem Zweck nach Maßgabe seiner Fähigkeiten mit den Grundsätzen der nationalsozialistischen Staatsführung und dem Geistesgut der NSDAP vertraut machen mußte[44].

---

[41] Vgl. dazu die Verordnung zur Durchführung des DBG vom 29. 6. 1937 (*Stuckart-Hoffmann* S. 75) und Runderlaß des Reichs- und Preußischen Ministers des Innern vom 9. 9. 1937 (ebenda S. 247).

[42] Man kann nicht zweifeln, daß dieser Versuch nur teilweise gelungen ist. Im einzelnen kann dies in diesem Zusammenhang dahingestellt bleiben. Vgl. die Kontroverse, die sich um das Beamtenurteil des Bundesverfassungsgerichts, BVerfGE 3, 58 f., entsponnen hat, so etwa H. J. *Wolff*, Verwaltungsrecht II, S. 315 und *Grabendorff*, ZBR 1957, 153 f. (mit Nachweisen).

[43] Deutsches Beamtenrecht, S. 167, 168.

[44] Aus der Rechtsprechung des Reichsdisziplinarhofs:
RDHE, Bd. 2, S. 69: Der Beamte verstößt gegen § 3 Abs. 2 DBG, wenn er in jüdischen Geschäften einkauft.
RDH, DJ, 1938, S. 1394: Der Beamte verstößt gegen § 3 Abs. 2 DBG, wenn er bei einem Juden ein Darlehen aufnimmt.
RDH, *Schulze-Simons-Förster*, 1937, S. 66 f.: Der Beamte verstößt gegen § 3 Abs. 2 DBG, wenn er sich an „Wahlen" nicht beteiligt.
RDH, *Schulze-Simons-Förster*, 1935, S. 82 f.: Dienstvergehen, wenn der Beamte den „Deutschen Gruß" nicht anwendet.
RDH, *Schulze-Simons-Förster*, 1935, S. 41 f.: Dienstvergehen, wenn der Beamte sich nur passiv, nicht aktiv am NSWHF beteiligt.
Weitere Angaben BVerfGE 3, 102.

So wie hiermit die Treupflicht ihrem Gegenstand nach von den Grundlagen der Verfassung auf die jeweilige Politik der Reichsregierung bis hin zu den geschriebenen und ungeschriebenen Grundsätzen der Partei ausgeweitet wurde, so wurde, was die Intensität der Treupflicht betrifft, der Unterschied zwischen negativen Treupflichten (Störungsunterlassungspflichten) und positiven Propagandapflichten weggewischt. Beides zusammen kommt einer völligen Aufhebung der politischen Kommunikationsrechte des Beamten gleich.

d) nach 1945

Nach dem Zusammenbruch kam es zunächst naturgemäß zu Regelungen des Beamtenrechts nur auf Länderebene. Über die Zwischenstufe des bizonalen Beamtengesetzes vom 15. 3. 1949, das in § 27 bestimmte:

„Der Beamte ist verpflichtet, innerhalb und außerhalb des Dienstes für die demokratische Ordnung zu wirken."

kam es mit § 3 Abs. 2 des Deutschen Beamtengesetzes, Bundesfassung, vom 17. 5. 1950 (Bundespersonalgesetz § 3 Ziff. 1) zur ersten Regelung für den Bund:

„Die im Dienste des Bundes stehenden Personen müssen sich durch ihr gesamtes Verhalten zur demokratischen Staatsauffassung bekennen."

Daran knüpft das am 1. 9. 1953 in Kraft getretene Bundesbeamtengesetz an, wenn es in § 52 Abs. 2 bestimmt:

„Der Beamte muß sich durch sein gesamtes Verhalten zu der freiheitlichen demokratischen Grundordnung im Sinne des Grundgesetzes bekennen und für deren Erhaltung eintreten."

und dies in § 7 Abs. 1 Ziff. 1 dahin ergänzt, daß in das Beamtenverhältnis nur berufen werden darf, wer die Gewähr dafür bietet, daß er jederzeit für die freiheitliche demokratische Grundordnung im Sinn des Grundgesetzes eintritt.

II. Die politische Treupflicht in der Geschichte des deutschen Militärs

a) bis zur Weimarer Republik

Entsprechend der Sonderstellung, die die königliche Armee in den deutschen konstitutionellen Staaten des 19. Jahrhunderts einnahm[45], ist die Problematik einer politischen Treupflicht für die Soldaten, anders als

---

[45] Dazu Gerhard *Ritter*, Staatskunst und Kriegshandwerk, Bd. 1, S. 207 f. mit ausgedehnten Nachweisen.

II. Die politische Treupflicht und das deutsche Militär

für die Beamten, unter der Monarchie kaum ins Bewußtsein getreten. Auch wenn die Soldaten nicht durch ausdrückliche Verfassungsbestimmung aus dem gesellschaftlich-politischen Kommunikationsprozeß so weitgehend herausgelöst wurden, wie dies in den Artikeln 38 und 39 der Preußischen Verfassung vom 31.1.1850 geschehen[46], bewirkte die mehr oder minder in allen deutschen Staaten verwirklichte besondere Zuordnung der Armee zur Krone, ihre dadurch bewirkte Sonderstellung im Verfassungsstaat[47], daß ein Konflikt zwischen den dem Grundsatz nach bestehenden Kommunikationsrechten des Soldaten und seiner Treueverpflichtung nicht als ein zu bewältigendes Problem erkannt wurde.

Die Situation wird schlaglichtartig beleuchtet durch die Vorfälle im Hessischen Verfassungskonflikt von 1850. Aufgrund Art. 156 der Kurhessischen Verfassung von 1831 hatten Offiziere, Unteroffiziere und Mannschaften der Kurhessischen Armee nicht nur den üblichen Treueid gegenüber dem Landesherrn zu leisten, sondern darüber hinaus auch einen Eid auf die Verfassung. Unter Berufung darauf wandten sich Offiziere im Verfassungskonflikt gegen verfassungswidrige Maßnahmen des Landesherrn. Daraufhin wurde der Verfassungseid in der Kurhessischen Armee abgeschafft[48].

Das Reichsmilitairgesetz vom 2.5.1874 hat in § 49 Abs. 2 den Standpunkt der Preußischen Verfassung von 1850 aufgenommen, wenn es bestimmte:

„Theilnahme an politischen Vereinen und Versammlungen ist den zum aktiven Heer gehörigen Militairpersonen untersagt."

Zusammengefaßt wird man für die Soldaten der monarchischen Zeit, ohne daß die Grenzen hier exakt bestimmbar wären, von einer sehr weitgehenden politischen Treupflicht ausgehen müssen, einer Treupflicht, die erheblich über das hinausging, was von dem Beamten der Monarchie

---

[46] Art. 38:
„Die bewaffnete Macht darf weder in noch außer dem Dienst berathschlagen oder sich anders als auf Befehl versammeln. Versammlungen und Vereine der Landwehr zur Berathschlagung militairischer Einrichtungen, Befehle und Anordnungen sind auch dann, wenn dieselbe nicht zusammenberufen ist, untersagt."
Art. 39:
„Auf das Heer finden die in Artikeln 5 (= persönliche Freiheit), 6 (= Unverletzlichkeit der Wohnung und der Korrespondenz), 29 (= Versammlungsfreiheit), 30 (= Vereinigungsfreiheit), 32 (= Petitionsrecht) enthaltenen Bestimmungen nur insoweit Anwendung, als die militairischen Gesetze und Disziplinarvorschriften nicht entgegenstehen."
Vgl. E. R. *Huber*, Quellen zum Staatsrecht der Neuzeit, Bd. I, S. 400.

[47] Dazu *Ritter*, a. a. O., S. 159 f., besonders S. 199 f.

[48] Armeebefehl des Kurfürsten Friedrich Wilhelm vom 12.12.1850 und die landesherrlichen Verordnungen vom 8.2.1851 und vom 26.6.1851 — Nachweise bei E. R. *Huber*, a. a. O., S. 490, 491.

diesbezüglich verlangt wurde, die gleichzeitig aber weniger als die beamtenrechtliche mit den heutigen Vorstellungen über eine politische Treupflicht verglichen werden kann, weil sie rechtlich weniger ausgeformt war und ihrer Gesamttendenz nach nicht auf die Erhaltung bestimmter politischer Prinzipien (wenn man von dem monarchischen absieht), sondern auf die lebendige Person des Monarchen und seinen Willen ausgerichtet war.

b) in der Weimarer Republik

Hatte die Weimarer Reichsverfassung in Art. 130 Abs. 2 für die Beamten eine überaus liberale Auffassung gezeigt, so bestimmte sie in Art. 133 Abs. 2 kurz und knapp:

„Die Wehrpflicht richtet sich nach den Bestimmungen des Reichswehrgesetzes. Dieses bestimmt auch, wieweit für Angehörige der Wehrmacht zur Erfüllung ihrer Aufgaben und zur Erhaltung der Manneszucht einzelne Grundrechte einzuschränken sind."

Von dieser Ermächtigung machte das Wehrgesetz vom 23. 3. 1921 in bezug auf die politischen Kommunikationsrechte Gebrauch, indem es, unter Aufrechterhaltung der früheren Regelung, in § 36 Wehrgesetz den Soldaten jede politische Tätigkeit, die Zugehörigkeit zu politischen Vereinen und die Teilnahme an politischen Versammlungen verbot[49].

Freilich, ob man diese Regelung mit dem Begriff der politischen Treupflicht erfassen kann, muß zweifelhaft sein. Anders als in der Monarchie, wo eine Herauslösung des Soldaten aus der Parteipolitik notwendig zu einer engeren Bindung an die Krone führen mußte, handelte es sich hier primär nicht um eine politische Bindung, sondern um eine Herauslösung des Soldaten aus allen politischen Bindungen[50], eine Neutralisierung. Und ob man die dadurch vielleicht geschaffene einseitige Bindung des Soldaten an die Wehrmacht selbst und die von ihr verkörperten Gehalte als politische Treuebindung bezeichnen kann, ist doch fraglich. Jedenfalls kann man von einer politischen Treupflicht im heutigen Sinn als einer spezifischen Bindung des Soldaten an den, von der Verfassung als solchen bezeichneten Kernbereich der Verfassung, noch entschieden weniger sprechen als unter der Monarchie.

An dieser Lage änderte sich auch nichts, als aufgrund Art. 2 des Republikschutzgesetzes die Geltung der §§ 10 a, 10 b RBG auch auf die Soldaten erstreckt wurde[51]. Denn die Bestimmung des § 10 a RBG bot zwar

---

[49] Dazu *Raesch*, Wehrverfassung, S. 70 f.
[50] Vgl. etwa *Brecht*, bei *von Brauchitsch*, a. a. O., S. 329.
[51] Vgl. *Schmidt-Leonhardt* in „Handbuch des Deutschen Staatsrechts" Bd. II, S. 89.

ihrem Wortlaut nach Ansatzpunkte für eine politische Treupflicht im heutigen Sinn[52]. Diesen wurde aber in der Weimarer Zeit nicht nachgegangen.

c) im Dritten Reich

So blieb die Einführung einer politischen Treupflicht für die Soldaten, die der beamtenrechtlichen entspricht, dem Dritten Reich vorbehalten.

Gemäß Hitlers Versprechen gegenüber Hindenburg, die Armee als unpolitisches Instrument des Reiches zu erhalten[53], hielt zwar das neue Wehrgesetz vom 21. 5. 1935 die Neutralität der Wehrmacht ausdrücklich aufrecht. § 26 Abs. 1 Satz 1 lautete:

„Die Soldaten dürfen sich politisch nicht betätigen."

Und da Neutralität in einem Staatsparteienstaat nur heißen konnte: Distanzierung von eben dieser Staatspartei, bestimmte § 26 Abs. 1 Satz 2 auch folgerichtig:

„Die Zugehörigkeit zur NSDAP oder einer ihrer Gliederungen oder zu einem der ihr angeschlossenen Verbände ruht auf die Dauer des aktiven Wehrdienstes."

Schon in den Anfängen scheint aber der Druck der tatsächlichen Verhältnisse zu stark gewesen zu sein, als daß sich diese Regelung hätte voll durchsetzen können. So kommentiert Dietz den § 26 Wehrgesetz (1935) dahin, er besage, daß der Soldat nicht an Wahlversammlungen teilnehmen dürfe (was ja nur Wahlversammlungen der NSDAP sein konnten). Aber dann fährt er, sich gleichsam entschuldigend, fort:

„Dieses Verbot ist aus Gründen der Mannszucht notwendig. Es bedeutet nicht, daß die Soldaten nicht politisch denken und in den großen vaterländischen Aufgaben aufgehen sollten ... die Zeit der „Überparteilichkeit" ist für die heutige Wehrmacht vorbei. Heute sind Partei und Staat eins geworden und die Wehrmacht wurzelt in demselben Boden. Zum soldatischen Denken gehört nationalsozialistische Weltanschauung ...[54]."

Diesem Ausgangspunkt gemäß kommt er zu einer seltsamen Definition des Begriffs „politische Betätigung" in § 26 Abs. 1 Satz 1 Wehrgesetz (1935):

„Wer als Soldat für Staat und Partei eintritt, Angriffe gegen sie, ihre Einrichtungen, Maßnahmen usw. angemessen abwehrt, wer sich und andere politisch bildet durch lesen, vorlesen von Zeitungen, Büchern, Meinungsäußerun-

---

[52] Siehe oben.
[53] Vgl. *Dietz*, Wehrgesetz, S. 179 mit Verweis auf Hitlers Reichstagserklärung vom 13. 7. 1934.
[54] *Dietz*, ebenda, S. 180; zurückhaltender *Semler-Senftleben*, Wehrgesetz, Anm. 1 zu § 26.

gen und Austausch von Meinungen, durch Besuch von Veranstaltungen der Partei, ihrer Gliederungen, kurz gesagt, wer im Geiste des Führers und der nationalsozialistischen Weltanschauung an sich und anderen tätig arbeitet, handelt als rechter deutscher Mann und Soldat, eingedenk dessen, daß auch die Wehrmacht als Volksordnung mit Staat und Partei eins ist. Wohl aber betätigt sich politisch, wer mit dem Ziel, andere zu beeinflussen, den Staat, die Partei, ihre Einrichtungen, innen- und außenpolitische Maßnahmen angreift, herabsetzt („agitiert") ... [55]."

Damit ist durch die Hintertür eine echte politische Treupflicht in die Wehrmacht eingeführt, freilich entschieden weniger weitreichend als die des § 3 Abs. 2 DGB (1937).

Die Novelle vom 24. 9. 1944 paßte den Wortlaut des Wehrgesetzes den politischen Verhältnissen an. § 26 lautete nunmehr:

„Die Angehörigen der Wehrmacht haben die Pflicht, dienstlich und außerdienstlich im Sinn nationalsozialistischer Weltanschauung zu wirken und sich jederzeit für sie einzusetzen. Es ist eine der wesentlichen Aufgaben aller Offiziere, Unteroffiziere und Wehrmachtsbeamten, ihre Untergebenen nationalsozialistisch zu erziehen und zu führen.

Die Mitgliedschaft in der NSDAP, ihren Gliederungen und den angeschlossenen Verbänden bleibt für die Dauer des Wehrdienstes in Kraft."

So erscheint zum ersten Mal in der Geschichte des Militärs eine rechtlich ausgeformte, der beamtenrechtlichen vergleichbare politische Treupflicht. Obwohl auch hierbei gegenüber der Regelung des § 3 Abs. 2 DBG (1937) eine bemerkenswerte Zurückhaltung festzustellen ist, reicht der Wortlaut der Bestimmung, dem Wesen des Regimes entsprechend, doch so weit, daß er jede Inanspruchnahme für dieses deckte.

d) nach 1945

Für die Bundeswehr bestimmt nunmehr § 8 Soldatengesetz:

„Der Soldat muß die freiheitliche demokratische Grundordnung im Sinne des Grundgesetzes anerkennen und durch sein gesamtes Verhalten für ihre Erhaltung eintreten."

Ergänzend bestimmt § 37 Abs. 1 Ziff. 2 des Soldatengesetzes, daß in das Dienstverhältnis eines Berufssoldaten oder eines Soldaten auf Zeit nur berufen werden darf, wer die Gewähr dafür bietet, daß er jederzeit für die freiheitliche demokratische Grundordnung im Sinne des Grundgesetzes eintritt.

---

[55] Erheblich zurückhaltender *Semler-Senftleben*, a. a. O., Anm. 3 zu § 26 Wehrgesetz.

Drittes Kapitel

Der verfassungsrechtliche Ausgangspunkt: die freiheitliche demokratische Grundordnung und die Grundrechte der Kommunikation

I. Der Begriff der freiheitlichen demokratischen Grundordnung

Die gesetzliche Regelung der politischen Treupflicht knüpft an an den grundgesetzlichen Begriff der freiheitlichen demokratischen Grundordnung. Das Grundgesetz gebraucht diesen Begriff in den Artikeln 18, 21 und 91 Abs. 1. Es ist anerkannt, daß er in allen diesen Bestimmungen denselben Inhalt hat[1]. Er umschließt das ideologische und politische Leitbild des Grundgesetzes[2], zu dessen Schutz das Grundgesetz in Art. 18 das Institut der Grundrechtsverwirkung und in Art. 21 Abs. 2 die Möglichkeit eines Parteiverbots geschaffen hat.

Die Elemente dieses Begriffs hat Leibholz in seinem grundlegenden Aufsatz entwickelt[3]. Insbesondere hat er dargetan, warum das Grundgesetz den Begriff „demokratische Grundordnung" um das Merkmal „freiheitlich" erweitert hat. Zutreffend geht er davon aus, daß den Vätern des Grundgesetzes die Tatsache vor Augen stand, daß die Demokratie, wenn sie nicht auf der persönlichen Freiheit des einzelnen im hergebrachten westlich-liberalen Sinn besteht, auch nicht in der Lage ist, dem Gesetz, unter dem sie angetreten ist, zu entsprechen, nämlich dem der größtmöglichen Beteiligung des Volkes an der Staatswillensbildung. Die Erfahrung mit dem Faschismus, wie mit den kommunistischen Diktatoren zeigt, daß in Staaten ohne die herkömmlichen Garantien persönlicher Freiheit die Entwicklung, allen Programmen zum Trotz, zu einem totalitären System führt, das für das Freiheitsbewußtsein jedenfalls der westlichen Industrienationen unerträglich ist[4]. Hier hat sich das Grundgesetz für die traditionelle westliche Demokratie entschieden.

---

[1] Vgl. *Maunz-Dürig*, Anm. 114 zu Art. 21 GG.
[2] *Echterhölter*, JZ 1953, S. 657.
[3] DVBl. 1951, S. 554 f.
[4] *Leibholz*, a. a. O., S. 556. Zum Verhältnis von Freiheit und Gleichheit weiter: *Leibholz* in „Strukturprobleme der modernen Demokratie" S. 151, *Hesse*, AöR 77, S. 192 f., *Scheuner* in „Recht, Staat, Wirtschaft", III, S. 129. Allgemein

Ausgehend hiervon hat das Bundesverfassungsgericht den Begriff der freiheitlichen demokratischen Grundordnung wie folgt umschrieben:

> „Eine Ordnung, die unter Ausschluß jeglicher Gewalt und Willkürherrschaft eine rechtsstaatliche Herrschaftsordnung auf der Grundlage der Selbstbestimmung des Volkes nach dem Willen der jeweiligen Mehrheit und der Freiheit und Gleichheit darstellt. Zu den grundlegenden Prinzipien dieser Ordnung sind mindestens zu rechnen: die Achtung vor den im Grundgesetz konkretisierten Menschenrechten, vor allem vor dem Recht der Persönlichkeit auf Leben und freie Entfaltung, die Volkssouveränität, die Gewaltenteilung, die Verantwortlichkeit der Regierung, die Gesetzmäßigkeit der Verwaltung, die Unabhängigkeit der Gerichte, das Mehrparteiensystem und die Chancengleichheit für alle politischen Parteien mit dem Recht auf verfassungsmäßige Bildung und die Ausübung einer Opposition[5]."

Diese Definition wird ganz überwiegend anerkannt[6]. Von ihr wird ausgegangen, wenn im folgenden das Verhältnis von politischer Treupflicht und Kommunikationsrecht untersucht wird.

Es ist dabei noch auf folgendes hinzuweisen: Das Bundesverfassungsgericht gibt keine abschließende Aufzählung der Prinzipien, die zusammen den Begriff der freiheitlichen demokratischen Grundordnung ausmachen. Es sagt: Zu den grundlegenden Prinzipien dieser Ordnung sind mindestens (!) zu rechnen ... Tatsächlich erscheint eine erschöpfende Definition schwierig, wenn man auch annehmen kann, daß das Bundesverfassungsgericht den Kernbereich der freiheitlichen demokratischen Grundordnung abschließend bestimmen und sich mit der Formulierung „mindestens" nur die Möglichkeit von Randberichtigungen offenhalten wollte. Im Hinblick darauf könnte man fragen, ob der Begriff der freiheitlichen demokratischen Grundordnung hinreichend bestimmt ist, um Dienstpflichten und damit disziplinarrechtliche Sanktionen daran zu knüpfen. Wenn eine Strafnorm an eine solche Bestimmung anknüpfen würde, müßte man das wohl verneinen[7]. Für den Bereich des Dis-

---

zum Verhältnis von Demokratie und Rechtsstaat *Kägi*, Giacometti-Festgabe, S. 132 und derselbe in „Verhandlungen des Schweizerischen Juristenvereins" Heft 4, S. 777 a f.

[5] BVerfGE 2, 1 f. (S. 12, 13); bestätigt in BVerfGE 5, S. 85 f. (S. 140).

[6] Vgl. etwa *Ridder*, a. a. O. S. 258 und *Maunz-Dürig* Anm. 52 und 56 zu Art. 18 GG; ebenso *Evers*, a. a. O., S. 38; etwas abweichend *Schmitt* DÖV 1965, S. 433 f., der alle in Art. 79 Abs. 3 GG garantierten Prinzipien in den Begriff der freiheitlichen demokratischen Grundordnung aufnehmen will. Demgegenüber betont *Dürig* in *Maunz-Dürig*, Anm. 48, 49, 57 zu Art. 18 GG zutreffend, daß in den Begriff der freiheitlichen demokratischen Grundordnung nicht mehr aufgenommen werden darf, als was zur Abwehr wirklich totalitärer Bestrebungen notwendig ist.
Dieser Gesichtspunkt ist im Zweifel bei Auslegung der Formel des Bundesverfassungsgerichts heranzuziehen.

[7] Deshalb gibt § 88 StGB eine minuziöse Aufzählung der geschützten Verfassungsgrundsätze; dazu *Schafheutle*, JZ 52, S. 612 und *Dürig*, JZ 1952, 513 f.

ziplinarrechts, das ohnehin durch die Generalklausel bestimmt ist[8], bestehen Bedenken nicht.

II. Die Bedeutung der freien Kommunikation für die freiheitliche Demokratie — Einzelfragen der Kommunikationsgrundrechte

Es ist der Ausgangspunkt der Demokratie, daß alle Menschen in einem Kernbereich gleich sind. Es ist ihr Ziel, daß allen dieselben Rechte zustehen. Es ist die Erkenntnis der freiheitlichen Demokratie, daß dieses Ziel auch nur annäherungsweise nicht erreicht werden kann ohne Garantien der persönlichen Freiheit des einzelnen. Diese Freiheit bedeutet nicht nur, daß der einzelne in Wahlen und Abstimmungen sein Votum abgeben darf. Er muß auch unbehindert in der Lage sein, sich eine Meinung zu bilden und frei zu sagen, was er denkt. Er muß seine Meinung in Wort und Schrift oder durch sonstige Äußerungsmittel, wie mit Hilfe von Versammlungen und organisatorischen Zusammenschlüssen frei mitteilen können. Es muß eine freie Presse bestehen. Der einzelne muß insbesondere in der Lage sein, die Regierung zu kritisieren und sich zu einer Opposition zu bekennen. Die Wahrung der persönlichen Freiheit, wie sie dem Begriff der freiheitlichen demokratischen Grundordnung zugrunde liegt, impliziert also ein ganzes System von Einrichtungen, durch die die freie Kommunikation, das Entstehen einer freien öffentlichen Meinung[9], die freie und offene Bildung des Staatswillens gewährleistet werden[10].

Grundlage dieses Systems sind die Kommunikationsgrundrechte[11]. Sie erscheinen insofern nicht nur als negative Abwehrrechte des einzelnen, sondern ebenso als wesentliche Strukturelemente der freiheitlichen Demokratie und, insofern sie den einzelnen mit dem Staatsganzen verbinden, als politische Teilhaberrechte[12].

---

[8] Vgl. etwa *Schütz*, DöD 62, S. 23.
[9] Zu Begriff und Wesen der öffentlichen Meinung siehe *Heller*, Staatslehre, S. 73 f. und W. *Hennis*, Meinungsforschung und repräsentative Demokratie, Recht und Staat, Heft 200—201, S. 19 f., S. 39.
[10] *Leibholz*, DVBl. 1951, 556; ferner *Hesse*, VVDtStRL 17, S. 11 f. (S. 28). Vgl. auch BVerfGE 5, S. 135:
„Denn es ist eine der Grundanschauungen der Demokratie ... daß die ständige geistige Auseinandersetzung ... der richtige Weg zur Bildung des Staatswillens ist."
[11] Insofern spricht das Bundesverfassungsgericht von der Meinungsfreiheit als „einem der vornehmsten Rechtsgüter jeder freiheitlichen Demokratie" (BVerfGE 5, 135 — u. a. bestätigt in BVerfGE 6, 234 und BVerfGE 10, 121.)
[12] *Hesse*, a. a. O., S. 28 und *Kröger*, Meinungsfreiheit, S. 130, beide anknüpfend an *Smends* Lehre von den Freiheitsrechten als dem „persönlichen Be-

Sie gliedern sich nach dem System des Grundgesetzes wie folgt:

Art. 4 des Grundgesetzes garantiert die Freiheit des Glaubens, des Gewissens und die Freiheit des religiösen und weltanschaulichen Bekenntnisses.

Art. 5 Abs. 1 Grundgesetz gewährleistet das Recht, seine Meinung in Wort, Schrift und Bild frei zu äußern und zu verbreiten und sich aus allgemein zugänglichen Quellen ungehindert zu unterrichten. Er gewährleistet weiter die Pressefreiheit und die Freiheit der Berichterstattung durch Rundfunk und Film.

Art. 8 Abs. 1 Grundgesetz enthält das Recht, sich ohne Anmeldung oder Erlaubnis friedlich und ohne Waffen zu versammeln.

Art. 9 Abs. 1 Grundgesetz schließlich gewährleistet das Recht, Vereine und Gesellschaften zu bilden[13].

Die Rechte des Art. 4 Grundgesetz können im vorliegenden Zusammenhang außer Betracht bleiben. Sie werden von einer politischen Treupflicht der Beamten und Soldaten nicht berührt[14]. Dieses Ergebnis kann allerdings entgegen Hamel[15] und v. Mangoldt-Klein[16] nicht allein

---

rufsrecht" des Staatsbürgers. Vgl. dazu „Bürger und Bourgeois im deutschen Staatsrecht" in „Staatsrechtliche Abhandlungen", S. 309 f., 314 und „Verfassung und Verfassungsrecht", S. 264 f.
Unter Bezugnahme auf *Schumpeter*, Kapitalismus, Sozialismus und Demokratie, S. 427 f., wird dieser Aspekt auch von *Kalisch*, AöR 78, S. 338, 339 hervorgehoben. Er geht freilich zu weit, wenn er Art. 1 Abs. 2 GG so versteht, daß die Menschenrechte nach der Vorstellung des Grundgesetzes nicht Selbstzweck, sondern lediglich Grundlage jeder menschlichen Gemeinschaft, des Friedens und der Gerechtigkeit in der Welt seien, „die ihrerseits erst ein menschenwürdiges Dasein des einzelnen ermöglichen" (a. a. O.); „sie seien nicht das Letzte, sondern ein Ausdruck der Werte, zu denen der Staat sich ... als seinem eigentlichen Sinn bekennt" ... (a. a. O.). Damit wird der Charakter der Grundrechte als subjektive öffentliche Rechte zu sehr verwaschen, was Kalisch denn auch im folgenden zu zweifelhaften Folgerungen führt (siehe unten).
Zutreffend über die doppelte Funktion der Freiheitsrechte als Gewährleistungen der persönlichen Freiheit und als Strukturprinzipien der freiheitlichen Demokratie vgl. *Giacometti* „Die Demokratie als Hüterin der Menschenrechte", Jahresbericht der Universität Zürich 1953/1954, S. 3 f., S. 4 sowie derselbe „Die Freiheitsrechte als Kodifikation der Freiheit" in Jahresbericht der Universität Zürich 1954/1955, S. 3 f., S. 3 und 4. Vgl. zu der Frage auch *Nipperdey* DVBl. 58, 449.

[13] Dem, wie *Dürig* (*Maunz-Dürig*, Anm. 6 zu Art. 2 GG) es nennt, Hauptfreiheitsrecht des Art. 2 GG kommt neben den Kommunikationsrechten keine Bedeutung zu. Vgl. *Maunz-Dürig*, Anm. 10 zu Art. 2 Abs. 1 GG und BVerfG (Elfes-Urteil) vom 16. 1. 1957, JZ 1957, S. 167 f., S. 168.

[14] So im Ergebnis *Hamel*, „Glaubens- und Gewissensfreiheit" in „Grundrechte" Bd. IV, 1. Halbband, S. 37 f., S. 58, ferner *von Mangoldt-Klein*, Art. 4, III, 1 mit Nachweisen und *Hamann*, Art. 4 B 3.
Problem verkannt bei *Kröger*, Meinungsfreiheit, S. 157.

[15] a. a. O.
[16] a. a. O.

II. Freie Kommunikation und freiheitliche Demokratie

aus dem Wortsinn von Art. 4 Abs. 1 Grundgesetz gewonnen werden. Wenn es dort heißt, daß die Freiheit des „weltanschaulichen" Bekenntnisses unverletzlich sei, so kann diese Freiheit begrifflich von der durch die politische Treupflicht allein betroffenen Freiheit einer politischen Stellungnahme nicht scharf geschieden werden.

Wenn politische Meinungen eine weltanschauliche Untermauerung erfahren oder umgekehrt, wenn weltanschauliche oder religiöse Vorstellungen auf die Verwirklichung bestimmter konkreter politischer Ziele drängen, führt die von diesen Autoren versuchte Unterscheidung zwischen grundsätzlichen, aus dem Gewissen fließenden Auffassungen und bloß rationalen politischen Zweckmäßigkeitsüberlegungen[17] nicht weiter.

Auch der Versuch von Hamann, in Art. 3 Abs. 3 Grundgesetz einen grundgesetzlichen Sprachgebrauch des Sinnes zu entdecken, daß die politischen Anschauungen grundsätzlich nicht von den religiösen bzw. weltanschaulichen mit umfaßt gelten sollen[18], vermag nicht zu überzeugen, zumal er selbst annimmt, daß im Fall des Art. 33 Abs. 3 Grundgesetz der Begriff „Weltanschauung" gleichbedeutend sei mit „religiösem oder (!) politischem Bekenntnis"[19].

Ein überzeugendes Argument dafür, daß tatsächlich politische Kommunikation in Art. 4 Abs. 1 Grundgesetz nicht geschützt ist, ist aber, daß Art. 18 Grundgesetz den Art. 4 Abs. 1 Grundgesetz nicht unter den Grundrechten aufzählt, die verwirkt werden können. Geht man nämlich mit der herrschenden, durch den Wortlaut gestützten Auffassung davon aus, daß der Kreis der verwirkbaren Grundrechte in Art. 18 Grundgesetz abschließend aufgezählt worden ist[20], so folgt daraus, daß man, um dem Sinngehalt des Art. 18 Grundgesetz zu entsprechen, der den Selbstmord der freiheitlichen Demokratie durch zu großzügige Grundrechtsgewährung verhindern will[21], die in Art. 18 Grundgesetz nicht aufgezählten Grundrechte, insbesondere also den Art. 4 Grundgesetz so auslegen muß, daß sie ein Recht, das sich zum Kampf gegen die freiheitliche demokratische Grundordnung mißbrauchen ließe, gar nicht beinhalten.

Ist man anderer Auffassung und nimmt an, daß Art. 4 Grundgesetz auch bei Meinungsäußerungen einschlägig sein könne, die im Ergebnis politischen Charakter haben, so ist man, um Art. 18 Grundgesetz die von

---

[17] *Hamel* und *von Mangoldt-Klein,* a. a. O.
[18] a. a. O.
[19] Art. 33 B 3.
[20] Vgl. *Maunz-Dürig* Anm. 12, 25, 28 zu Art. 18 Grundgesetz.
[21] *Maunz-Dürig* Anm. 5 zu Art. 18 Grundgesetz.

der Verfassung gewollte Schlagkraft zu erhalten, genötigt, diesen „korrektiv" zu lesen[22] und entgegen seinem Wortlaut anzunehmen, daß Art. 4 Grundgesetz wenigstens teilweise ebenfalls verwirkt werden kann. Diese Aufweichung des Verfassungswortlauts ist aber abzulehnen, eben da sie nicht notwendig ist, sondern über eine einschränkende Auslegung des Art. 4 Grundgesetz dasselbe erreicht werden kann.

Es ist also davon auszugehen, daß Art. 4 Grundgesetz die politische Kommunikation nicht schützt. Die sich allein auf die politische Kommunikation beziehende politische Treupflicht der Beamten und Soldaten berührt somit nur die Kommunikationsrechte der Artikel 5, 8, und 9 Grundgesetz[23].

Den Gewährleistungen dieser Grundrechtsartikel entsprechen im wesentlichen die der Artikel 10 und 11 der Europäischen Konvention zum Schutz der Menschenrechte und Grundfreiheiten[24], die nach herrschender Lehre auch den deutschen Gesetzgeber binden[25]. Sie werden im folgenden zur Bestimmung des zulässigen Inhalts der §§ 52 Abs. 2 BBG, 35 Abs. 1 Satz 3 BRRG, 8 SoldG herangezogen; eine ausdrückliche Erwähnung erfolgt jedoch nur dann, wenn mindestens die Möglichkeit besteht, daß die MRK grundrechtsfreundlicher als das Grundgesetz und deshalb neben diesem von Bedeutung ist.

---

[22] *Maunz-Dürig* Anm. 6 zu Art. 18 Grundgesetz.

[23] Dagegen lehnt *Kröger*, Meinungsfreiheit, S. 157 und derselbe AöR 88, S. 136, eine Bekenntnispflicht für Beamte im Sinn der §§ 52 Abs. 2 BBG, 35 Abs. 1 Satz 3 BRRG gerade unter Berufung auf Art. 4 Abs. 1 Grundgesetz ab.

[24] Transformierungsgesetz vom 7. 8. 1952 (BGBl. II, S. 685).

[25] Worin dies seinen Grund hat, war ursprünglich streitig. Die Auffassungen

a) daß die MRK über Art. 25 GG deutsches Recht von mehr als gesetzlichem Rang geworden ist (so Hildegard *Krüger*, ZBR 1955, 289 und *Weiss*, Die europäische Konvention zum Schutze der Menschenrechte und Grundfreiheiten, Heft XV der Schriftenreihe „Dokumente" der Forschungsstelle für Völkerrecht und ausländisches öffentliches Recht der Universität Hamburg, S. 27 sowie die Andeutung des Bundesverfassungsgerichts in BVerfGE 4, S. 111) und

b) die Auffassung, daß die MRK als völkerrechtlicher Vertrag allein wegen dieser Eigenschaft den Vorrang vor einfachem Gesetzesrecht hat (*von Weber*, MDR 1955, 386)

werden kaum mehr vertreten. Die ganz herrschende Meinung nimmt an, daß die MRK als innerdeutsches Recht an sich zwar nur Gesetzesrang hat und deshalb zur Disposition des deutschen Gesetzgebers steht, daß dieser aber aufgrund völkerrechtlicher Verpflichtung der Bundesrepublik gehindert ist, von dieser Dispositionsbefugnis Gebrauch zu machen (vgl. *Hodler*, NJW 1953, S. 531 f., *Wendt*, MDR 1955, S. 658, *Süsterhenn*, DVBl. 1955, S. 753 f., *Schätzel*, Festschrift für Giese, S. 230, OVG Münster, DÖV 1956, 438 und dasselbe in DVBl. 1956, S. 525. Besonders überzeugend etwa *Herzog*, DÖV 1959, S. 44.)

Golsong, Das Rechtsschutzsystem der Europäischen Menschenrechtskonvention, S. 13 f. und derselbe in JöR, NF 10, S. 123 f., S. 129 f. bringt Nachweise über die Rechtslage in anderen Signatarstaaten.

II. Freie Kommunikation und freiheitliche Demokratie

Von den vielen Einzelfragen aus dem Recht der Artikel 5, 8 und 9 Grundgesetz sind in vorliegendem Zusammenhang zunächst zwei Fragen aus dem Recht der Meinungsäußerungsfreiheit bedeutsam:

Art. 5 Abs. 1 Grundgesetz schützt die Äußerung von „Meinungen". „Meinungen" sind, wie man heute sagt, Wertungen, Beurteilungen, Einschätzungen, Stellungnahmen[26] oder, wie Ridder sich ausdrückt, „alle Ergebnisse rationaler Denkvorgänge oder sonstwie mitteilbar gemachter Überzeugungen"[27], und zwar gleichgültig, ob es sich um „grundsätzliche" Stellungnahmen handelt oder nicht[28].

Nicht „Meinung" im Sinn des Art. 5 Abs. 1 Grundgesetz ist dagegen nach überwiegender Auffassung die bloße Tatsachenmitteilung[29], die „rein sachliche Tatsachenwiedergabe"[30], wobei freilich anerkannt ist, daß auch in der Art und Weise, wie Tatsachen wiedergegeben werden, eine Meinungsäußerung liegen kann[31].

Wenn man deshalb von Beamten und Soldaten aufgrund der §§ 52 Abs. 2 BBG 35 Abs. 1 Satz 3 BRRG, 8 SoldG verlangen würde, irgendwelche Gefährdungen der freiheitlichen demokratischen Grundordnung den jeweils zuständigen Behörden anzuzeigen, ein Teilinhalt der politischen Treupflicht, von dem wohl die §§ 61 Abs. 4 BBG, 14 Abs. 4 SoldG ausgehen, wenn sie die Verschwiegenheitspflicht der Beamten und Soldaten durch die Pflicht begrenzen, für die Erhaltung der freiheitlichen demokratischen Grundordnung einzutreten, so würde das die Meinungsäußerungsfreiheit der Beamten und Soldaten nicht berühren, weil eine bloße Tatsachenwiedergabe verlangt würde. Dem kann nicht entgegengehalten werden, daß auch eine Anzeige insofern das „Ergebnis eines rationalen Denkvorgangs" (Ridder) ist, als der Anzeigende einen bestimmten Sachverhalt unter den Begriff „Gefährdung der freiheitlichen Demokratie" subsumieren muß. Insoweit sind alle Tatsachen-

---

[26] *Maunz*, Staatsrecht, S. 107; *Ridder*, a. a. O., S. 246, 264; *Hamann*, Grundgesetz, Art. 5, C 1; *Wernicke* in Bonner Kommentar Art. 5, II, 1, b; *Lerche*, Grundrechte des Soldaten, a. a. O., S. 481; *von Mangoldt-Klein*, A. III, 1 zu Art. 5 Grundgesetz mit Nachweisen.
Zur Problematik auch BVerwGE 1, S. 305 und BVerwGE 7, S. 130, 131. Die Gewährleistung des Art. 10 Abs. 1 Satz 1 MRK ist ebenso zu verstehen; vgl. *Herzog*, Grundrechtsbeschränkungen nach dem Grundgesetz und die Europäische Menschenrechtskonvention, S. 233.

[27] *Ridder*, a. a. O.

[28] So, im Anschluß an die überzeugenden Ausführungen von *Häntzschel*, HdBdDtStR, II, S. 655 heute: *Maunz*, Staatsrecht, a. a. O., *Ridder*, a. a. O., *Hamann*, a. a. O., *Lerche*, a. a. O. — gegen die von *Rothenbücher*, VVdDtStRL 4, 16 ausgehende, von *Anschütz*, Reichsverfassung, S. 554 übernommene und heute von *von Mangoldt-Klein*, a. a. O., vertretene Meinung.

[29] Vgl. alle oben Zitierten.

[30] *Wernicke* in Bonner Kommentar, a. a. O.

[31] Vgl. vor allem *Häntzschel*, a. a. O., S. 655 und *Ridder*, a. a. O., S. 264.

wiedergaben das Ergebnis rationaler Denkvorgänge, und das ist nicht gemeint, wenn man „bloße Tatsachenangaben" aus dem Kreis der Meinungsäußerungen ausklammern will. Worauf es ankommt, ist, daß der Anzeigende zu dem angezeigten Vorfall keinerlei eigene Stellungnahme abzugeben braucht und völlig offenlassen kann, wie er selbst zu ihm steht. Wenn somit auch eine solche Anzeigepflicht der Beamten und Soldaten bestehen mag, so berührt sie doch die Kommunikationsrechte nicht und steht deshalb hier nicht weiter zur Erörterung.

Weiter ist wichtig, daß Art. 5 Abs. 1 Grundgesetz nur die Äußerung der jeweils eigenen Meinung schützt[32]. Soweit es sich um Äußerungen im Namen der Behörde handelt, um amtliche Stellungnahmen, wird die Meinungsfreiheit des einzelnen Beamten und Soldaten nicht tangiert. Aufgrund Art. 5 Abs. 1 Grundgesetz hat er weder ein Recht bei amtlichen Erklärungen seine eigene Meinung mit zum Ausdruck zu bringen, noch kann er sich darauf berufen, daß er nicht zur Äußerung bestimmter (amtlicher) Meinungen verpflichtet werden könne[33]. Nur soweit der Beamte und Soldat von der politischen Treupflicht als Einzelperson, als Privatmann, und nicht nur als Funktionsträger erfaßt wird, entstehen verfassungsrechtliche Probleme; nur diese Frage wird im folgenden untersucht.

Alle Kommunikationsrechte gleichermaßen betrifft eine andere Einzelfrage der Auslegung, die in Zusammenhang mit der politischen Treupflicht des Beamten und Soldaten von Bedeutung ist. Die Rechte der Art. 5, 8 und 9 Grundgesetz schützen ihrem Wortlaut nach ein positives Tun, nämlich die (aktive) Kommunikation. Die Kehrseite dieses Rechts, nämlich das Recht, sich gegenüber einer bestimmten Kommunikation zu verschließen, ist dem Wortlaut nach nicht Inhalt dieser Grundrechte und wurde mit Ausnahme der „negativen Koalitionsfreiheit"[34] von der herrschenden Meinung auch bisher nicht aus ihnen entwickelt[35].

Das ist ein großes Versäumnis. Wie die Erfahrung mit der Diktatur und gerade hinsichtlich der politischen Treupflicht gezeigt hat[36], ist es

---

[32] *Ridder*, a. a. O., S. 269. Nicht klar erkannt bei *Fischbach*, Bundesbeamtengesetz, § 7, I, 2, e.

[33] *Lerche*, Grundrechte des Soldaten, a. a. O., S. 481; ebenso *Thieme*, DDB 1964, S. 58. Der Gedanke wird von Lerche noch weitergeführt, wenn er meint, das Verbot des § 15 Abs. 3 SoldG, auf parteipolitischen Veranstaltungen Uniform zu tragen, bewege sich deshalb im grundrechtsfreien Raum, weil, erschiene der Soldat in Uniform, der Anschein einer Gleichsetzung von privater und amtlicher Äußerung entstehen könne (a. a. O.).

[34] Dazu *von Mangoldt-Klein*, S. 321 und *Scheuner*, Der Staat und die Verbände, S. 17; für die MRK *Herzog*, a. a. O., S. 235.

[35] Vgl. allerdings *von Mangoldt-Klein*, S. 528.

[36] Bezüglich des Dritten Reiches siehe oben. In der DDR bestimmt § 3 der Disziplinarordnung vom 10. 3. 1955 (Ges.Bl. DDR, S. 217):
„Die Mitarbeiter der staatlichen Verwaltungsorgane der Deutschen Demokratischen Republik haben die Interessen der Macht der Arbeiter und Bauern

II. Freie Kommunikation und freiheitliche Demokratie

durchaus möglich, daß der Staat sich nicht darauf beschränkt, für die Kommunikation des einzelnen bestimmte Verbote aufzustellen, sondern ihn für die Propagierung bestimmter Inhalte in Anspruch nimmt, also Kommunikationsgebote erläßt. Auch der heutige Wortlaut der gesetzlichen politischen Treupflicht neigt in diese Richtung.

Wenn Lerche deshalb vorschlägt, in Anschließung an die schon entwickelte Rechtsfigur der „negativen Koalitionsfreiheit" eine „negative Meinungsfreiheit" zu entwickeln[37], so muß dem entschieden beigetreten werden. Sein Gedanke ist dahin zu erweitern, daß auch der Versammlungsfreiheit eine entsprechende negative Freiheit zugeordnet werden muß. Es ist nicht einzusehen, daß die negative Kommunikationsfreiheit allgemein weniger geschützt sein soll als die durch den Wortlaut der Kommunikationsgrundrechte gewährleistete positive Freiheit[38]. Lerche spricht von einem „gleichsam spiegelbildlichen" Schutz der negativen Kommunikationsfreiheit im Verhältnis zur positiven[39].

Dies kann durch die Überlegung ergänzt werden, daß in gewissem Umfang der Schutz der negativen Kommunikationsfreiheit noch dringender und berechtigter ist als der der entsprechenden positiven. Wenn man davon ausgeht, daß es *auch* der Sinn der Kommunikationsrechte ist, dem einzelnen eine Kundmachung seines Inneren nach außen und damit ein Höchstmaß an Übereinstimmung mit sich selbst[40] zu ermöglichen, dann ist das Gebot, eine bestimmte Meinung zu äußern, noch eine härtere

---

jederzeit zu vertreten, diese Macht zu festigen und zu schützen. Sie müssen das Vertrauen der Werktätigen besitzen und sich der hohen Verantwortung vor der gesamten Gesellschaft stets würdig erweisen... Die Mitarbeiter des Staatsapparats haben sich innerhalb und außerhalb ihrer dienstlichen Tätigkeit aktiv für die Verwirklichung der Ziele der DDR einzusetzen, am gesellschaftlichen Leben vorbildlich zu beteiligen, die demokratische Gesetzlichkeit zu wahren, das Volkseigentum zu schützen, Wachsamkeit zu üben und feindliche Auffassungen und Handlungen jederzeit zu bekämpfen..." (zitiert nach *Baring*, ZBR 1961, S. 261).

[37] a. a. O. Siehe auch *von Mangoldt-Klein*, S. 528. Dagegen empfiehlt es sich nicht, insoweit auf Art. 2 Abs. 1 Grundgesetz zurückzugreifen. Die negative Kommunikationsfreiheit ist nur die Kehrseite der positiven und wird durch die Kommunikationsrechte selbst geschützt. Vgl. in diesem Zusammenhang die zutreffende Bemerkung von *Dürig*, Maunz-Dürig, Anm. 10 zu Art. 2 Abs. 1 Grundgesetz.

[38] Allgemein zu der Frage, inwiefern aus den geschriebenen Freiheitsrechtskatalogen der freiheitlich demokratischen Verfassungen die Gewährleistung neuer, durch den Verfassungswortlaut nicht erfaßter Aspekte der individuellen Freiheit gewonnen werden kann, *Giacometti*, „Die Freiheitsrechtskataloge als Kodifikation der Freiheit", a. a. O., S. 13 f.

[39] a. a. O., S. 269.

[40] Die „sittlich notwendige Lebensluft für den einzelnen" im Sinne *Smends* (VVDtStRL 4, S. 50), ein Teilgehalt der Kommunikationsrechte, der im Hinblick auf seine innere Verbindung mit dem „obersten Konstitutionsprinzip" der Menschenwürde (*Maunz-Dürig*, Anm. 10 zu Art. 1 GG mit Nachweisen) besonders schutzwürdig ist.

Beeinträchtigung als ein Verbot bestimmter Meinungsäußerungen. Wer schweigt, läßt offen. Kommt etwa ein Beamter oder Soldat in eine politische Versammlung, in der Angriffe auf die freiheitliche Demokratie gerichtet werden, so trifft es ihn härter, wenn er das Wort zur Verteidigung der Grundordnung ergreifen muß, als wenn man bloß von ihm verlangt, sich für seine Person an den Angriffen nicht zu beteiligen.

Diese unterschiedliche Beeinträchtigung durch positive und negative Kommunikationspflichten ist bei Auslegung der §§ 52 Abs. 2 BBG, 35 Abs. 1 Satz 3 BRRG, 8 SoldG zu beachten. Es ist zwar grundsätzlich davon auszugehen, daß die negative Kommunikationsfreiheit denselben Schranken unterworfen ist wie jeweils die entsprechende positive Freiheit. Wenn es bei Auslegung dieser Schranken jedoch darauf ankommt, wie schwer der einzelne durch die Grundrechtsschranke im einzelnen Fall betroffen wird, muß sich dieser Unterschied in der Beeinträchtigung geltend machen.

Ob es freilich darauf hinausläuft, daß, wie Köttgen[41] meint, ein den Schranken des Beamten- und Soldatenverhältnisses grundsätzlich nicht unterworfenes Recht auf Schweigen besteht, kann erst weiter unten entschieden werden[42, 43].

III. Insbesondere: die Freiheit zur Kommunikation von Meinungen, die nicht auf dem Boden der freiheitlichen Demokratie stehen

Obwohl die Gewährleistungen der Kommunikationsgrundrechte im Grundgesetz ihrem Wortlaut nach den entsprechenden Garantien der Weimarer Reichsverfassung (Art. 118, 123, 124 WRV) weitgehend an-

---

[41] „Meinungsfreiheit des Soldaten" in „Von den Grundrechten des Soldaten", S. 66, 68.
[42] Nicht von praktischer Bedeutung für die politische Treupflicht ist die Differenz, die hinsichtlich der Versammlungsfreiheit zwischen dem Wortlaut des Art. 8 Abs. 1 Grundgesetz und Art. 11 Abs. 1 MRK besteht, insofern letzterer ein Waffenverbot nicht enthält. *Herzog*, a. a. O., S. 258 begründet überzeugend, daß trotz des verschiedenartigen Wortlauts ein wirklicher Unterschied zwischen den beiden Gewährleistungen nicht besteht, da eine Versammlung von Bewaffneten bzw. die Teilnahme von Bewaffneten an einer Versammlung stets eine Gefährdung der öffentlichen Sicherheit und Ordnung darstellt, die nach Art. 11 Abs. 2 MRK den staatlichen Gesetzgeber zu Beschränkungen der Versammlungsfreiheit ermächtigt. Auch insofern bleibt es deshalb bei der Regelung des Grundgesetzes.
Dagegen erweitert Art. 11 Abs. 1 MRK die Gewährleistung der Versammlungsfreiheit ebenso wie der Vereinigungsfreiheit auf alle Menschen (!), so daß insofern im folgenden für das deutsche Recht von einer Gleichstellung aller Kommunikationsgrundrechte ausgegangen werden kann („Jeder" in Art. 5 Abs. 1 Grundgesetz!). Vgl. dazu auch *Herzog*, a. a. O., S. 252.
[43] Dazu unten.

III. Inhaltliche Schranken für die politische Kommunikation

genähert sind, reichen sie in einem entscheidenden Punkt weniger weit als diese. Das hängt unmittelbar zusammen mit einem, ja man kann sagen mit *dem* Hauptunterschied, der zwischen der Weimarer Verfassung und dem Grundgesetz besteht. Während Art. 76 WRV Verfassungsänderungen gleich welcher Art zuließ, wenn dabei nur die formalen Erfordernisse des Art. 76 WRV eingehalten wurden, erklärt Art. 79 Abs. 3 Grundgesetz bestimmte Verfassungsprinzipien, nämlich das föderative Prinzip und die Grundsätze der Art. 1 und 20 Grundgesetz für jeder Verfassungsänderung entzogen. Von Rechts wegen ist die Bundesrepublik damit (im Gegensatz zur Weimarer Republik) ein Staat mit gewissen materiellen Charakteristika[44].

Zur Sicherung nun nicht aller, aber doch der wichtigsten dieser für unantastbar erklärten Verfassungsprinzipien[45] hat das Grundgesetz in den Artikeln 18 und 21 Abs. 2 Grundgesetz zwei der Weimarer Verfassung unbekannte Schranken für die Betätigung der Kommunikationsgrundrechte geschaffen, nämlich das Institut der Verwirkung und das des Verbots verfassungsfeindlicher Parteien[46]. Nach Art. 18 Grundgesetz

---

[44] Zur verfassungstheoretischen Problematik dieser Bestimmung *Ridder*, a. a. O., S. 261, der auf Art. 28 der jakobinischen Verfassung vom 24. 6. 1793 verweist, wo es heißt:
„Un peuple a toujours le droit de changer sa Constitution. Une génération ne peut assujetir à ses lois les générations futures".
Siehe auch *Giacometti* „Die Demokratie als Hüterin der Menschenrechte", a. a. O., S. 10.
Ehmke, Grenzen der Verfassungsänderung, S. 99, hält Art. 79 Abs. 3 Grundgesetz für bloß deklaratorisch.

[45] Die Merkmale des Art. 79 Grundgesetz decken sich nicht mit dem Begriff der freiheitlichen demokratischen Grundordnung, indem z. B. das föderative Prinzip nicht Bestandteil des Begriffs der freiheitlichen demokratischen Grundordnung ist; aber sie schließen ihn ein. So schon *Leibholz*, DVBl. 1951, S. 554, der auch darauf hinweist, daß der heutige Art. 79 Abs. 3 Grundgesetz in der Fassung des Art. 108 Herrenchiemseer Entwurf lautete:
„Anträge auf Änderung des Grundgesetzes, durch die die freiheitliche demokratische Grundordnung beseitigt würde, sind unzulässig."
Vgl. JöR, Bd. 1, S. 585 f.
Die Auslegung, die das Bundesverfassungsgericht und im Anschluß daran die herrschende Lehre dem Begriff der freiheitlichen demokratischen Grundordnung angedeihen läßt, geht in keinem Punkt über das hinaus, was in Art. 1 und 20 Grundgesetz garantiert ist. Ebenso *Henke* in Bonner Kommentar Art. 21, II, 2, c; *Maunz-Dürig*, Anm. 115 zu Art. 21 GG.
Anderer Auffassung ist *Schmitt*, DÖV 1965, S. 433 f., der in den Begriff der freiheitlichen demokratischen Grundordnung alle in Art. 79 Abs. 3 Grundgesetz genannten Prinzipien aufnimmt; auch er, und darauf wird es im folgenden allein ankommen, nimmt aber an, daß der Begriff der freiheitlichen demokratischen Grundordnung keine Merkmale enthält, die in Art. 79 Abs. 3 Grundgesetz nicht garantiert sind, vgl. a. a. O., S. 443.
Unklar zu der Frage *von der Heyde*, „Die Freiheit der Parteien" in „Die Grundrechte" Bd. II, S. 486, Anmerkung 91.

[46] Dazu kommt, bezüglich der Vereinigungsfreiheit, die Schranke des Art. 9 Abs. 2 Grundgesetz, der in Abweichung von Art. 124 WRV als Schranke neben den Strafgesetzen auch die verfassungsmäßige Ordnung nennt.

verwirkt seine Kommunikationsgrundrechte, wer diese zum Kampf gegen die freiheitliche demokratische Grundordnung mißbraucht; die Verwirkung und ihr Ausmaß werden durch das Bundesverfassungsgericht festgestellt. Nach Art. 21 Abs. 2 Grundgesetz in Verbindung mit § 46 Abs. 3 BVerfGG werden politische Parteien durch Spruch des Bundesverfassungsgerichts aufgelöst, wenn sie nach ihren Zielen oder nach dem Verhalten ihrer Anhänger darauf ausgehen, die freiheitliche demokratische Grundordnung zu beeinträchtigen oder zu beseitigen, oder den Bestand der Bundesrepublik zu gefährden. Während in der Weimarer Republik die politische Kommunikation ihre Grenze lediglich an den Normen des politischen Strafrechts fand, hat das Grundgesetz hiermit eine weitere Schranke geschaffen; politische Kommunikation ist nach dem Grundgesetz nur zulässig bis zu der Grenze, wo sie sich als Kampf gegen die freiheitliche demokratische Grundordnung darstellt[47].

Die hierin liegende Problematik wurde beispielhaft klar gesehen in der Entscheidung des Bundesverfassungsgerichts BVerfGE 5, 85 f. (KPD-Urteil). Ausgehend von der Tatsache, daß die freie politische Kommunikation ein wesentlicher Bestandteil der freiheitlichen Demokratie ist, stellte sich das Gericht die Frage, ob eine Verfassung, die einen ihrer eigenen Grundwerte in so starkem Maße beschränke, wie das in den Artikeln 18 und 21 Abs. 2 Grundgesetz geschehen, nicht in einen derart unerträglichen Selbstwiderspruch verfalle, daß man diese Beschränkungen als verfassungswidrige Verfassungsnormen ansehen müsse[48]. Das Gericht hat diese Frage zu Recht verneint[49].

Die Erfahrungen mit der Weimarer Republik haben gezeigt, daß die freiheitliche Demokratie ihren Feinden keine Freiheit geben kann, wenn sie sich nicht selbst und damit die Freiheit preisgeben will. Die teilweise Beschränkung der politischen Freiheit, wie sie in den Artikeln 9, Abs. 2, 18, 21 Abs. 2 Grundgesetz liegt, ist notwendig, um die politische Freiheit im übrigen zu erhalten. Der Typus der „streitbaren Demokratie"[50], zu

---

[47] BVerfGE 10, 126:
„Das Grundgesetz läßt danach die gegen die freiheitliche demokratische Grundordnung gerichteten Meinungsäußerungen nur insoweit zu, als sie dabei nicht selbst gefährdet wird."
Die Frage, ob und inwiefern dem Ausspruch der Verwirkung nach Art. 18 Grundgesetz und dem der Verfassungsfeindlichkeit einer Partei nach Art. 21 Abs. 2 Grundgesetz durch das Bundesverfassungsgericht konstitutive Bedeutung zukommt, wird in dieser Formulierung zunächst offengelassen.
[48] BVerfGE 5, 137.
[49] Allgemeine Ansicht. Die Antithese von *Köttgen*, Meinungsfreiheit des Soldaten, a. a. O., S. 67, 68 zwischen Rechtsstaat und Weltanschauungsstaat will deshalb nicht ganz überzeugen.
[50] BVerfGE 5, 139. Vgl. auch *Maunz-Dürig*, Anm. 5 und 6 zu Art. 18 Grundgesetz.

dem sich das Grundgesetz in diesen Bestimmungen bekennt, ist ohne Selbstwiderspruch denkbar[51].

Aus diesen grundsätzlichen Einsichten folgert das Bundesverfassungsgericht für die Auslegung des Art. 21 Abs. 2 Grundgesetz, daß eine Partei nicht schon dann verfassungswidrig sei, wenn sie die Grundsätze der freiheitlichen Demokratie nicht anerkenne und ihnen andere entgegensetze. Es müsse vielmehr eine aktive kämpferische Haltung gegenüber der freiheitlichen Grundordnung bestehen, die Partei müsse planvoll das Funktionieren der freiheitlichen Grundordnung beeinträchtigen und im weiteren Verlauf diese selbst beseitigen wollen[52]. Art. 21 Abs. 2 Grundgesetz verfolge nicht bereits eine politische Gesinnung[53]. Soweit die der betreffenden Partei zugrunde liegende Ideologie Wissenschaft sei, das ist Erarbeitung und Darstellung von Erkenntnissen, könne sie, als solche, niemals gegen die freiheitlich demokratische Grundordnung verstoßen[54]. Voraussetzung für ein Parteiverbot nach Art. 21 Abs. 2 Grundgesetz sei stets, daß die betrachtend gewonnenen Ergebnisse zum Bestimmungsgrund des politischen Handelns gemacht würden[55].

Ebenso verlangt die Lehre für das Vorliegen eines „Kampfes gegen die freiheitliche demokratische Grundordnung" im Sinn des Art. 18 Grundgesetz eine planvolle, auf Beseitigung oder Beeinträchtigung der Grundordnung gerichtete Tätigkeit[56], die zu unterscheiden sei von sachlicher Kritik der freiheitlichen Demokratie[57].

Das heißt:

Die Kommunikation von Meinungen, die nicht auf dem Boden freiheitlicher Demokratie stehen, sich vielmehr kritisch mit dieser ausein-

---

[51] Das Grundgesetz ist mit diesen Bestimmungen immer noch grundrechtsfreundlicher als die Europäische Menschenrechtskonvention, die in Art. 17 ein allgemeines Auslegungsverbot des Sinnes enthält, daß kein in der Konvention gewährleistetes Recht so ausgelegt werden darf, daß es das Recht begründet, auf die Beseitigung oder Beeinträchtigung der Konventionsrechte hinzuarbeiten.
Im übrigen enthalten die hier einschlägigen Rechte der Art. 10 und 11 MRK in Art. 10 Abs. 2 und Art. 11 Abs. 2 MRK einen Gesetzesvorbehalt, der den innerstaatlichen Gesetzgeber ermächtigt, diese Freiheiten zu einer Reihe von Zwecken zu beschränken, die in ihrer Gesamtheit die Merkmale der freiheitlichen demokratischen Grundordnung nicht nur einschließen, sondern erheblich über sie hinausgehen.
Vgl. hierzu auch *Herzog*, a. a. O., S. 260.
[52] BVerfGE 5, 141.
[53] Ebenda S. 143.
[54] Ebenda S. 146.
[55] Ebenda S. 146.
[56] *von Mangoldt-Klein*, S. 532; ebenso *Hamann*, a. a. O., S. 191.
[57] *von Mangoldt-Klein*, S. 531, 532 und *Maunz-Dürig*, Anm. 12 zu Art. 18 Grundgesetz mit Nachweisen; siehe auch die Formulierung von *Herzog*, a. a. O. S. 40: „Offener Kampf gegen die freiheitliche demokratische Grundordnung zum Zweck ihrer Beseitigung, nicht eine verhältnismäßig geringfügige Stellungnahme gegen sie."

andersetzen, wird durch die Kommunikationsgrundrechte grundsätzlich ebenso gewährleistet wie die Kommunikation aller sonstigen politischen Auffassungen. Erst ab der Grenze, wo in der Kritik und der Ablehnung eine auf Beseitigung oder Beeinträchtigung der Grundordnung gerichtete Tätigkeit erkannt werden muß, endet der Schutz der Grundrechte in dem Fall, daß das Bundesverfassungsgericht eine Verwirkung oder die Verfassungswidrigkeit einer politischen Partei feststellt[58].

Diese Erkenntnis kann nicht deutlich genug unterstrichen werden. Es liegt so nahe, aus dem in den Artikeln 18, 21 Abs. 2, 79 Abs. 3 Grundgesetz dokumentierten Charakter der Bundesrepublik als einer streitbaren Demokratie zu schließen, daß jede Stellungnahme gegen die inhaltlichen Grundlagen des Verfassungssystems verboten sei[59]. Man kann vielleicht sogar sagen, daß die innere Folgerichtigkeit der Artikel 79 Abs. 3 Grundgesetz, Artikel 21 Abs. 2 Grundgesetz geradezu dahin drängt, Stellungnahmen gegen die Grundsätze der freiheitlichen Demokratie für unzulässig zu erklären. Aber es zeigt sich an diesem Punkt eben der Doppelcharakter der Kommunikationsrechte.

Insoweit sie politische Teilhaberechte sind, die Bestimmung in sich tragen, die Bildung des Staatswillens und die Gestaltung des Staats durch das Volk zu gewährleisten, scheint sich eine Kommunikation, die sich gegen die Grundsätze der freiheitlichen Demokratie ausspricht, im Hinblick auf Art. 79 Abs. 3 Grundgesetz zu verbieten. Die Kommunikationsrechte sind aber nicht nur dies. Sie haben daneben, wie Rudolf Smend dargetan hat[60], den Sinn, dem einzelnen das unerläßliche Minimum an „sittlich notwendiger Lebensluft" zu garantieren, das ist die Möglichkeit, seine Überzeugungen auszusprechen, um nach seinen Überzeugungen beurteilt zu werden.

Die streitbare Demokratie versagt dem Staatsbürger das Recht, gegen die freiheitliche demokratische Grundordnung zu „agitieren". Sie gibt ihm das Recht, sein „Nichteinverständnis" mit ihr zum Ausdruck zu bringen[61].

Wenn das Beamten- und Soldatenrecht also ein Bekenntnis zur freiheitlichen demokratischen Grundordnung bzw. ein Anerkenntnis dieser

---

[58] Die Frage der konstitutiven Wirkung wird wieder offengelassen.
[59] Vgl. etwa die Bemerkungen des Verteidigungsausschusses des Bundestags zu § 8 SoldG (zitiert bei *Brandstetter*, Handbuch des Wehrrechts, Nr. 200 bei § 8 SoldG).
[60] VVDtStRL 4, 50.
[61] Vgl. auch *Giacometti*, Schweizerisches Bundesstaatsrecht, S. 364 und *Ridder*, a. a. O., S. 246.

III. Inhaltliche Schranken für die politische Kommunikation 49

Grundordnung verlangt und darüber hinaus sogar ein Eintreten für die Erhaltung der freiheitlichen demokratischen Grundordnung, so werden damit neue, den einfachen Staatsbürger nicht treffende Schranken für die politische Kommunikation errichtet, die einer besonderen verfassungsrechtlichen Rechtfertigung bedürfen. Ob und in welchem Umfang diese Rechtfertigung aus der grundgesetzlichen Behandlung des Beamtentums bzw. Militärs gewonnen werden kann, ist im folgenden zu untersuchen.

Viertes Kapitel

Das Berufsbeamtentum im Grundgesetz — die Kommunikationsrechte im Beamtenverhältnis. Verfassungsrechtliche Grundlagen für das Verständnis der §§ 52 Abs. 2 BBG, 35 Abs. 1 Satz 3 BRRG

I. Die grundsätzliche Geltung der Grundrechte im Beamtenverhältnis

Das Grundgesetz hat das Berufsbeamtentum in Art. 33 Abs. 4 und 5 GG als Institution anerkannt[1]. Es ist damit Teil des grundgesetzlichen Verfassungsaufbaus geworden; als solcher, als Glied im Gesamtsystem des Grundgesetzes, muß es betrachtet werden.

Das Grundgesetz bekennt sich in Art. 1 Abs. 2 GG zu „unverletzlichen und unveräußerlichen Menschenrechten als Grundlage jeder menschlichen Gemeinschaft, des Friedens und der Gerechtigkeit in der Welt"; es stellt in den Artikeln 2 f. GG einen ausführlichen Grundrechtskatalog auf; es erklärt in Art. 19 Abs. 2 GG, daß „in keinem Fall" ein Grundrecht in seinem Wesensgehalt angetastet werden darf; es bestimmt in Art. 20 GG die Staatsform der Bundesrepublik als rechtsstaatliche Demokratie[2] und entzieht in Art. 79 Abs. 3 GG die Grundsätze der Artikel 1 und 20 GG der Verfassungsänderung; es stellt schließlich die Bundesrepublik mit der Bildung des Begriffes der freiheitlichen demokratischen Grundordnung in die Tradition der liberalen westlichen Demokratie[3]: Sieht man die Gewährleistung des Berufsbeamtentums durch Art. 33 Abs. 4 und 5 GG in diesem Rahmen, so ist ohne weiteres klar, daß eine totale Inpflichtnahme des Beamten im Beamtenverhältnis ausgeschlossen ist, daß die Verfassung einen absoluten Sonderstatus für die Beamten nicht

---

[1] Vgl. statt vieler BVerfGE 3, 137, 160; 8, 12; 8, 343; BGHZ 9, 322 und 13, 319 (gr. Senat); VGH Hessen, Verw.Rspr. 10, Nr. 10; *Kalisch*, AöR, 78, 355; Hildegard *Krüger*, ZBR 1956, 310; *Ule*, Öffentlicher Dienst, a. a. O., S. 541; *Gauf*, ZBR 1961, S. 98; *Bachmann*, ZBR 54, 368; *Thiele*, DöD 1961, 121.

[2] Vgl. *Maunz*, Staatsrecht, S. 60 f.

[3] BVerfGE 5, 139.

I. Die grundsätzliche Geltung der Grundrechte im Beamtenverhältnis

kennt, daß der Ausgangspunkt für alle Pflichten des Beamtenverhältnisses die Rechtsstellung des Staatsbürgers ist. Was sich, wenn man von dem Zwischenspiel des Dritten Reiches absieht, auch schon aus der Geschichte des deutschen Berufsbeamtentums ergibt[4], wird durch einen Blick auf die Einbettung des Berufsbeamtentums in das System des Grundgesetzes zur Gewißheit: der Beamte hat grundsätzlich die Grundrechte[5]. Die unter der Weimarer Verfassung vertretene Lehre, wonach die Grundrechte nur auf das allgemeine Gewaltverhältnis gemünzt seien[6], läßt sich unter dem Grundgesetz nicht halten[7] und wird auch kaum mehr aufrechterhalten[8].

Der Beamte hat die Grundrechte aber nicht im selben Umfang wie jedermann. Durch seine Beamtenpflichten wird er in bestimmtem Umfang in Genuß und Ausübung der ihm grundsätzlich zustehenden Grund-

---

[4] Auf die die „hergebrachten Grundsätze" des Art. 33 Abs. 5 GG verweisen.

[5] Ausdrücklich etwa *Lerche*, Grundrechte des Soldaten, a. a. O., S. 449; *Leisner*, DVBl. 60, 622; *Perwo*, ZBR 56, 112; *Köhl*, Die besonderen Gewaltverhältnisse im öffentlichen Recht, S. 70; *Distel*, DDB 58, 83; *Krüger*, DVBl. 50, 528; *Hamann*, 6 vor Art. 1; *Maunz-Dürig*, Anm. 6 zu Art. 17 a GG; OVG Hamburg, DVBl. 53, 510; Bayer. Dienststrafhof, EBDH 3, 300.

[6] *Thoma* in „Die Grundrechte" (Nipperdey), Bd. I, S. 24 und W. *Jellinek*, Lehrbuch des Verwaltungsrechts, S. 370, 384.

[7] Schon gegenüber dem Wortlaut des GG (Art. 1 Abs. 3 in der Fassung vom 19. 3. 1956!) wäre eine solche Auslegung nicht zu rechtfertigen, und auch aus Sinn und Entstehungsgeschichte der Grundrechte ergibt sich nichts, was dafür sprechen würde, daß das Grundgesetz den Staat an diesem wichtigen Punkt staatlicher Machtentfaltung von der Bindung an die Grundrechte freistellen wollte.
Häufig wird in diesem Zusammenhang von einer Aufwertung gesprochen, die die Grundrechte im GG gegenüber der WRV erfahren hätten (vgl. *Krüger* DVBl. 50, 625; BVerfGE 7, 25; ähnlich *Kalisch* AöR 78, 334; *von Mangoldt-Klein*, Vorbem. B III; *Maunz-Dürig*, Anm. 2 zu Art. 18). Dagegen die Bedenken *Lerches*, Übermaß und Verfassungsrecht, S. 102, der meint, auf diese Weise würde aus den Grundrechten das als positives Recht herausgelesen, was vorher an Ideologie hineingelegt wurde. Immerhin besteht gegenüber der WRV der Unterschied, daß für das GG die Entstehungsgeschichte keinen Zweifel an dem grundsätzlichen Geltungsanspruch der Grundrechte mehr deckt.
Ob die Auslegung der Weimarer Lehre für die Weimarer Verfassung zutreffend war, braucht heute nicht mehr entschieden zu werden. Zweifel bei Hildegard *Krüger*, ZBR 56, 309, die aus Art. 133 Abs. 2 WRV folgert, die Grundrechte hätten auch unter der WRV grundsätzlich im Beamten- und Soldatenverhältnis gegolten.
Nur scheinbar abweichend Dienststrafhof beim OVG Berlin, EBDH 3, 334: „Es kommt hinzu, daß im Rahmen des besonderen, durch das Beamtenverhältnis begründeten Gewaltverhältnisses nach der herrschenden Meinung der durch das Grundgesetz gewährleistete Schutz der politischen Meinungs- und Vereinigungsfreiheit keine Anwendung findet..."
Wie sich aus dem Zusammenhang ergibt, handelt es sich hierbei nur um eine unglückliche Formulierung. Der Dienststrafhof dachte nicht daran, die politische Meinungs- und Vereinigungsfreiheit zur Disposition des Dienstherrn zu stellen.

[8] Vereinzelt: *Kaufmann*, in „Der Kampf um den Wehrbeitrag", Bd. II, S. 42 f., S. 60, 61, 62.

rechte[9] beschränkt. Die Rechtsgrundlage für diese besonderen, den Beamten treffenden Grundrechtsbeschränkungen bildet unmittelbar die verfassungsrechtliche Anerkennung des Berufsbeamtentums als Institution. Das Berufsbeamtentum wird seiner Tradition und seinem Wesen nach durch eine gegenüber der allgemeinen Rechtsstellung des Staatsbürgers verstärkte Pflichtbindung ausgezeichnet, die sich nur auf Kosten der Grundrechte verwirklichen kann. Wenn das Grundgesetz das Berufsbeamtentum als Einrichtung für den Staatsaufbau der Bundesrepublik übernommen hat, dann hat es diese „notwendigen" Grundrechtsbeschränkungen für die Beamten anerkannt[10].

Allein auf den Umfang dieser positiven Anerkennung kommt es bei der folgenden Untersuchung der besonderen die Beamten treffenden Grundrechtsbeschränkungen an. Die allgemeinen Lehren, die sich zum Begriff des „besonderen Gewaltverhältnisses"[11] entwickelt haben, können nur als Auslegungshilfe herangezogen werden[12].

---

[9] Im Sinn von negativen Abwehrrechten! Gefährlich und deshalb abzulehnen die Äußerung von *Kalisch*, AöR 78, 338, der, ausgehend von Smends Gedanken, die Grundrechte seien Ausdruck der durch die Verfassung anerkannten Grundwerte, zu dem Schluß kommt, daß die Grundrechte für den Beamten nicht so sehr als subjektive Rechte, sondern primär als vom Staat zu verwirklichende Werte aktuell würden, d. i. als Aufgaben und Pflichten, so daß es einen wirklichen Konflikt zwischen den Grundrechten des Beamten und seinen Amtspflichten gar nicht geben könne. Dazu auch die Kritik *Leisners*, DVBl. 60, 622, Anm. 34.

[10] *Ule*, Öffentlicher Dienst, a. a. O., S. 617; *Lerche*, Grundrechte des Soldaten, a. a. O., S. 461, 490, 494; *Plog-Wiedow*, BBG, Anm. 2 zu § 53 BBG.

[11] Diese Denkfigur der deutschen Staatsrechtslehre (zum Ausdruck vgl. die Bedenken Hildegard *Krügers*, ZBR 56, S. 310), ist neuerdings, vor allem in Zusammenhang mit der Staatsrechtslehrertagung 1956, wieder ins allgemeine Blickfeld getreten.
Vgl. *Köhl*, Besondere Gewaltverhältnisse, S. 35 f.; Hildegard *Krüger*, a. a. O.; *Thieme*, DÖV 56, 512 f. mit Nachweisen; *Lerche*, Übermaß und Verfassungsrecht, S. 214 f. und *Leisner*, DVBl. 60, 617, ebenfalls mit Belegen.
Die Staatsrechtslehrertagung klammerte das Problem der Grundrechtsgeltung im besonderen Gewaltverhältnis allerdings aus. Außerdem galt das Interesse weniger den klassischen Erscheinungsformen besonderer Gewaltverhältnisse, als den Erweiterungen, die der Begriff bei einigen Autoren erfahren hat; dazu *Leisner*, a. a. O., S. 617.
Für die Rechtslage in Österreich *Ermacora*, DÖV 56, 529 f.

[12] Zur heutigen Bedeutung der Theorie vom „besonderen Gewaltverhältnis" *v. Mangoldt-Klein*, Vorbem. B XVI einerseits, die ausgezeichneten Ausführungen bei *Kröger*, Meinungsfreiheit, S. 33 f. andererseits. Für das Beamtenverhältnis speziell *Köhl*, ZBR 57, 124. Neuestens OVG Münster, DÖV 63, S. 27 und Urteilsanmerkung von *Spanner*, ebenda, S. 29 sowie *Thiele*, DöD 63, 101 f. und *Malz*, ZBR 64, S. 99.
Ebensowenig wie eines Rückgriffs auf die allgemeinen Lehren zum besonderen Gewaltverhältnis bedarf es eines solchen auf einen „allgemeinen Gemeinschaftsvorbehalt" (vgl. BVerwGE 1, 52; 1, 95; 1, 270; 1, 307; 2, 300; 2, 94; 2, 346; 3, 24; 4, 96; 4, 171; 5, 159 und dazu *Maunz-Dürig*, Anm. 71 zu Art. 2 Abs. 1 Grundgesetz) oder auf „immanente Grundrechtsschranken", sei es in der Ge-

II. Beschränkungen der Grundrechte im Beamtenverhältnis und die ausdrücklichen Gesetzesvorbehalte und Grundrechtsschranken des Grundgesetzes

Die Anerkennung des Berufsbeamtentums als Institution durch das Grundgesetz bildet einen *selbständigen* Rechtfertigungsgrund für besondere Grundrechtsbeschränkungen durch das Beamtenrecht. Für die Zulässigkeit einer solchen Beschränkung ist nicht Voraussetzung, daß sie durch einen der ausdrücklichen Vorbehalte der Artikel 2 f. GG gedeckt wird.

Die abweichende, im Anschluß an Forsthoff[13] heute vor allem von Leisner[14] vertretene Auffassung überzeugt nicht. Das wird deutlich angesichts eines Grundrechts, das keinen ausdrücklichen Vorbehalt enthält, wie des Art. 8 Abs. 1 GG, soweit er das Recht enthält, sich in geschlossenen Räumen zu versammeln. Es ist keine Gestaltung des Beamtenrechts denkbar, die, jedenfalls für die Dienststunden, ohne eine Beschränkung dieses Grundrechts auskommen könnte. Wenn das Grundgesetz das Berufsbeamtentum wollte, dann muß es auch eine Beschränkbarkeit dieses Grundrechts wollen.

Leugnet man die Berechtigung dieses Schlusses[15], dann ist man, um den auftretenden praktischen Schwierigkeiten zu entgehen, zu Konstruktionen gezwungen, deren Berechtigung zweifelhaft ist:

Füsslein etwa führt ausgehend von der Tatsache, daß Art. 9 Abs. 3 GG keinen ausdrücklichen Vorbehalt zugunsten des Beamtenrechts enthält, aus, dennoch könne die Vereinigungsfreiheit für die Beamten in besonderer Weise beschränkt werden, weil in vielen Fällen in dem Beitritt zu

---

stalt *Dürigs (Maunz-Dürig*, Anm. 69 und 71 zu Art. 2 Abs. 1 GG), sei es in sonst einer (vgl. Kalisch, AöR 78, 347).
Die hierzu von den verschiedenen Autoren entwickelten Gedanken brauchen deshalb hier nicht erörtert zu werden. Darstellung und Kritik bei *Herzog*, a. a. O., S. 34 f.

[13] Lehrbuch des Verwaltungsrechts, S. 122. Seine Darstellung will auch in sich nicht überzeugen; einerseits bekennt er sich zu dem Grundsatz: volenti non fit iniuria und meint, durch den freiwilligen Eintritt in das Beamtenverhältnis unterwerfe sich der Anwärter, unter Verzicht auf den allgemeinen Freiheitsstatus, den Pflichten des Beamtenverhältnisses. Andererseits will er einen Verzicht aber nur zulassen, wenn und soweit die jeweilige Grundrechtsbeschränkung durch einen ausdrücklichen Gesetzesvorbehalt gedeckt wird.
In diesem Fall bedarf es der Konstruktion eines Grundrechtsverzichts aber gerade nicht. Diese ist von Haus aus dazu bestimmt, Grundrechtsbeschränkungen zu rechtfertigen, die sich auf keinen ausdrücklichen Grundrechtsvorbehalt stützen können.

[14] DVBl. 60, 617 f.; vgl. auch *Füsslein* in „Die Grundrechte" Bd. II, S. 434 und *Distel*, DDB 58, 83.

[15] *Leisner*, a. a. O., S. 623.

einem Verein gleichzeitig eine Meinungsäußerung liege. Dann könne der Beitritt aber nach Art. 5 Abs. 2 GG verboten werden[16]. Diese Argumentation erweckt nach zwei Richtungen Bedenken. Einmal scheint es, als würde der Begriff der Meinungsäußerung auf gefährliche Weise ausgeweitet. Es ist grundsätzlich etwas anderes, ob jemand aus bestimmten inneren Überzeugungen den Schluß zieht, einer bestimmten Vereinigung beizutreten, oder ob er diese Überzeugungen im Sinne des Art. 5 Abs. 1 GG durch Wort, Schrift oder Bild äußert. Daß ein Vereinsbeitritt bei Dritten Schlüsse auf bestimmte Überzeugungen des Beitretenden zuläßt, macht den Beitritt nicht zu einer Meinungsäußerung. Wenn aber ausnahmsweise jemand gerade durch einen Vereinsbeitritt seine Meinung äußern will, dann fragt sich, ob diese Handlung unabhängig von Art. 9 GG aufgrund Art. 5 Abs. 2 GG verboten werden kann. Dagegen spricht der allgemeine Satz vom Vorrang der lex specialis[17]. Wenn eine Meinung gerade dadurch geäußert wird, daß einem Verein beigetreten (einer Versammlung beigewohnt) wird, dann ist das diese spezielle Handlung schützende Grundrecht gegenüber der Meinungsäußerungsfreiheit das speziellere. Und nach allgemeinen Grundsätzen ist es unzulässig, den Vorbehalt der „allgemeinen Gesetze" (Art. 5 Abs. 2 GG) in die speziellere Regelung mit zu übernehmen.

Ähnliche Bedenken bestehen gegen Leisner, wenn er in diesem Zusammenhang annimmt, es bestünde ein allgemeiner Grundsatz dergestalt, daß in den Beschränkungsmöglichkeiten bezüglich eines Grundrechts die bezüglich eines anderen insoweit enthalten seien, als diese „notwendige und sekundäre Folge" der ersten Beschränkbarkeit sind[18]. Kann man über die Berechtigung dieses Grundsatzes streiten, wenn er wirklich auf die notwendigen und sekundären Folgen beschränkt wird, so ist jedenfalls die weite Auslegung, die Leisner ihm gibt, wenn er meint, daß etwa die Freizügigkeit des Beamten beschränkt werden könnte, soweit die Beschränkung der Berufsfreiheit (Art. 12 GG!) durch den Dienstzweck erfordert werde[19], entschieden abzulehnen. Auf dieser Basis könnte allerdings den bei Art. 8 Grundgesetz auftretenden Schwierigkeiten begegnet werden. Aber die Aufweichung des Wortlauts der Grundrechte, die in diesem Entleihen von Vorbehalten bei einem Grundrecht zugunsten eines anderen liegt, ist erheblich größer als bei einer grundsätzlichen Anerkennung der grundrechtsbeschränkenden Kraft institutioneller Anerkennungen.

---

[16] *Füsslein*, a. a. O., S. 434.
[17] Auch *Lerche*, Grundrechte des Soldaten, a. a. O., S. 488 wendet sich dagegen, bei gleichzeitiger Inanspruchnahme mehrerer Grundrechte einseitig auf dasjenige abzustellen, das den weitesten Vorbehalt enthält. Nachweise ebenda.
[18] *Leisner*, a. a. O., S. 623.
[19] *Leisner*, a. a. O., S. 624.

III. Die ‚hergebrachten Grundsätze' des Art. 33 Abs. 5 GG

Geht man wie hier davon aus, daß die Rechtfertigung für die Beschränkung der Grundrechte und speziell der Kommunikationsgrundrechte grundsätzlich unmittelbar aus der institutionellen Anerkennung des Berufsbeamtentums sich ergibt, so bedeutet das nicht, daß die ausdrücklichen Grundrechtsvorbehalte, die das GG bei den Kommunikationsgrundrechten bereithält (Art. 5 Abs. 2 GG, Art. 8 Abs. 2 GG, Art. 9 Abs. 2 GG), für Beschränkungen dieser Rechte im Beamtenverhältnis keine Geltung beanspruchen könnten. Nur, da einerseits nicht angenommen werden kann, daß von diesen Vorbehalten im Rahmen des Beamtenrechts ein weitergehender Gebrauch gemacht werden kann als die institutionelle Anerkennung des Berufsbeamtentums es fordert und zuläßt, und da andererseits eine Beschränkung der Kommunikationsgrundrechte im Beamtenverhältnis allein schon dann gerechtfertigt ist, wenn sie durch diese institutionelle Anerkennung gedeckt ist, ohne daß geprüft werden müßte, ob sie auch noch durch eventuell bestehende ausdrückliche Vorbehalte und Schranken gedeckt wird, kommt es im Ergebnis doch allein auf das verfassungsrechtliche Verhältnis zwischen den positiven Gewährleistungen der Kommunikationsrechte und der institutionellen Anerkennung des Berufsbeamtentums an.

Die Auslegung der Artikel 8 Abs. 2 GG, 9 Abs. 2 GG, 5 Abs. 2 GG ist deshalb im folgenden nur so weit bedeutsam, als aus ihr Aufschlüsse über dieses verfassungsrechtliche Verhältnis zu gewinnen sind. Dies wird sich bezüglich der „allgemeinen Gesetze" des Art. 5 Abs. 2 GG ergeben.

Geht man hiervon aus, so hat man neben der erwähnten Lehre Forsthoffs noch zwei andere, häufig beschrittene Wege zur Rechtfertigung der den Beamten treffenden Grundrechtsbeschränkungen abgelehnt, nämlich den Weg über die „hergebrachten Grundsätze" des Art. 33 Abs. 5 GG und den Weg über die Freiwilligkeit des Beamtenverhältnisses.

III. Beschränkungen der Grundrechte im Beamtenverhältnis und die „hergebrachten Grundsätze" des Art. 33 Abs. 5 GG

Das Grundgesetz hat in Art. 33 Abs. 4 und 5 GG nicht nur das Berufsbeamtentum als solches anerkannt, es hat zugleich bestimmt, daß es unter Berücksichtigung der hergebrachten Grundsätze des Berufsbeamtentums[20] zu regeln sei. Entgegen einer verbreiteten Ansicht[21] ist

---

[20] „Die im Lauf der Entwicklung des deutschen Berufsbeamtentums als für die Institution wesentlich erkannten Prinzipien" (BGHZ 9, 325); entsprechend BVerfGE 8, 343; Ule, Öffentlicher Dienst, a. a. O., S. 569; H. J. Wolff, Verwaltungsrecht II, S. 321.

[21] Ausdrücklich etwa BVerwGE 1, 57; OVG Koblenz, AS 1, 34 und 4, 117; Bayer. VGH NJW 56, 768; Plog-Wiedow, BBG, RandNr. 3 und 4 zu § 53 BBG; Nischk, BBG, Einführung S. XX; Thiele, DöD 59, 103.

damit die Frage, welche Grundrechtsbeschränkungen und speziell welche Beschränkungen der Kommunikationsgrundrechte im Beamtenverhältnis zulässig sind, nicht abschließend beantwortet[22], und zwar gleichgültig, welcher der beiden zu Art. 33 Abs. 5 GG vertretenen Auffassungen man folgt[23]:

Die wohl überwiegende Meinung nimmt an, Art. 33 Abs. 5 GG enthalte keine strikte Bindung des Gesetzgebers an die hergebrachten Grundsätze, sondern verlange nur, wie Bachof es ausdrückt, ein „ernstes Inerwägungziehen" dieser Grundsätze[24]. Das Bundesverfassungsgericht hat es so formuliert:

„Das Grundgesetz beläßt in Art. 33 Abs. 5 Grundgesetz dem Bundesgesetzgeber grundsätzlich einen weiten Ermessensspielraum um die Beamtengesetzgebung den Erfordernissen des freiheitlichen demokratischen Staates und seiner fortschrittlichen Entwicklung anpassen zu können. Andererseits gewährt es nicht etwa völlige Regelungsfreiheit. Der einzelne hergebrachte Grundsatz ist vielmehr in seiner Bedeutung für die Institution des Berufsbeamtentums in der freiheitlichen, rechts- und sozialstaatlichen Demokratie zu würdigen; davon hängt es ab, in welcher Weise und in welchem Umfang er zu beachten ist[25]."

Schließt man sich dieser Meinung an, so ist klar, daß mit einer Berufung auf die hergebrachten Grundsätze noch nicht entschieden sein kann, ob eine konkrete Beschränkung der Kommunikationsrechte im Beamtenverhältnis zulässig ist, sondern daß im Sinn des Bundesverfassungsgerichts geprüft werden muß, ob sie den Anforderungen des freiheitlichen demokratischen Staates und der Bedeutung des Berufsbeamtentums in diesem entspricht.

Aber auch wenn man der entgegengesetzten Auffassung folgt, und mit dem BGH annimmt, daß die „hergebrachten Grundsätze" unmittelbar

---

[22] Die logisch vorausgehende Frage, ob die Gewährleistung der Kommunikationsrechte selbst nicht Inhalt der hergebrachten Grundsätze ist, braucht hier nicht weiter untersucht zu werden, da sich die Teilhabe des Beamten an den Kommunikationsrechten unmittelbar aus den Art. 2 ff. GG ergibt.
Vgl. zu der Streitfrage: *v. Mangoldt-Klein*, Art. 3, V, 2 b; *Grabendorff*, DÖV 51, 551; *Jüsgen*, DÖV 51, 476; *Grewe*, Verhandlungen des 39. Deutschen Juristentags, S. D 14 f.; Bayer. Verfassungsgerichtshof DVBl. 65, 179.

[23] Vgl. einerseits BVerfGE 3, 137 f. mit Nachweisen aus der Entstehungsgeschichte (ebenso BVerfGE 8, 12), andererseits BGHZ 9, 325; im übrigen *von Mangoldt-Klein*, Anm. VII zu Art. 33 und *Ule*, Öffentlicher Dienst, a. a. O., S. 563 f. mit Nachweisen.

[24] Verhandlungen des 39. Deutschen Juristentages, S. D 15.

[25] BVerfGE 8, 12; *von Münch*, ZBR 59, 305 f.; zurückhaltender *Ule*, Öffentlicher Dienst, a. a. O., S. 565 f., der ein Abweichen von den hergebrachten Grundsätzen nur gestatten will, wenn es „zum Zweck der Aufrechterhaltung des Berufsbeamtentums notwendig ist, wenn sonst die Lebensfähigkeit des Berufsbeamtentums nicht erhalten werden könnte (a. a. O., S. 568); ähnlich H. J. *Wolff*, a. a. O., S. 321.

III. Die ‚hergebrachten Grundsätze' des Art. 33 Abs. 5 GG

geltendes Recht seien[26], so ist damit die Frage nach den Grenzen der Beschränkungen der Kommunikationsrechte im Beamtenverhältnis, jedenfalls soweit die politische Treupflicht betroffen ist, noch nicht gelöst, weil insoweit ein gesicherter hergebrachter Grundsatz nicht feststellbar ist.

Wie der obige Abriß der Geschichte der politischen Treupflicht gezeigt hat, kamen die Monarchie, die Weimarer Republik und das Dritte Reich zu sehr verschiedenen Regelungen in diesem Punkt. So sehr gewisse Regelungen des Beamtenrechts die politischen Systeme überdauert haben, die politische Treupflicht ist ein Punkt, wo sich der Wechsel politischer Anschauungen zu lebhaft spiegelt, als daß es zur Entwicklung hergebrachter Grundsätze hätte kommen können.

Dies wird übersehen in den Entscheidungen des Bundesverwaltungsgerichts BVerwGE 10, S. 213, 218 und BVerwGE 14, S. 24.

In der erstgenannten Entscheidung hat das Bundesverwaltungsgericht die früher in § 3 Abs. 2 DBG, Bundesfassung, enthaltene Bekenntnispflicht des Beamten zum „hergebrachten Grundsatz" erhoben. Das Gericht erklärte lakonisch, zu den hergebrachten Grundsätzen gehörten die sich aus dem Wesen und der Rechtsnatur des öffentlichen Dienst- und Treueverhältnisses sich ergebenden besonderen politischen Treupflichten, und eine solche besondere politische Treupflicht sei die Bekenntnispflicht des § 3 Abs. 2 DBG, Bundesfassung[27]. Das ist nicht stichhaltig. Man kann dem Bundesverwaltungsgericht darin zustimmen, daß die Tatsache besonderer politischer Pflichten des Beamten als solche ein „hergebrachter Grundsatz" ist, und man wird ihm vielleicht beipflichten, wenn es an anderer Stelle den heute in §§ 53 BBG, 35 Abs. 2 BRRG ausgedrückten Grundsatz zu den „hergebrachten Grundsätzen" des Berufsbeamtentums zählt[28]. Bezüglich der politischen Treupflicht selbst gibt es aber einen hergebrachten Grundsatz nicht.

In der jüngeren Entscheidung spricht das Bundesverwaltungsgericht ganz allgemein davon, daß es ein hergebrachter Grundsatz im Sinn des Art. 33 Abs. 5 GG sei, daß sich aus dem Wesen des Beamtenverhältnisses als eines gegenseitigen Dienst- und Treueverhältnisses die Pflicht des Beamten ergebe, seine ganze Persönlichkeit in den Dienst des Amtes zu stellen, und — auch außerhalb seines amtlichen Pflichtenkreises — alles

---

[26] BGHZ 9, 325.
[27] Ebenso schließt Hildegard *Krüger*, ZBR 56, 312 unbedenklich von der Tatsache des öffentlichen Dienst- und Treueverhältnisses auf die Verfassungsmäßigkeit der in den §§ 52 Abs. 2 BBG, 35 Abs. 1 Satz 3 BRRG normierten Pflichten.
[28] BVerwGE 1, 59.

zu unterlassen, was die dienstlichen Interessen und damit das Wohl der Allgemeinheit gefährden könnte[29]. Darunter läßt sich beinahe jede beliebige Auslegung der politischen Treupflicht subsumieren. Daß das nicht richtig sein kann, daß es einen hergebrachten Grundsatz dieses umfassenden Inhalts, bezogen auf die politische Treupflicht, nicht gibt, zeigt schon das Verständnis der politischen Treupflicht in der Weimarer Republik.

Gleich welcher Auslegung zu Art. 33 Abs. 5 GG man also folgt, ist die Berufung auf die „hergebrachten Grundsätze" kein brauchbarer Ansatzpunkt für die Frage, ob es im Hinblick auf die Kommunikationsgrundrechte besondere politische Treupflichten des Beamten geben kann.

IV. Beschränkungen der Grundrechte im Beamtenverhältnis und die Freiwilligkeit dieses Verhältnisses

Es ist ein von Staatslehre und Rechtsprechung vielfach beschrittener Weg, die Grundrechtsbeschränkungen im Beamtenverhältnis mit dem Hinweis darauf zu rechtfertigen, daß der Beamte freiwillig in das Beamtenverhältnis eingetreten sei und sich damit den besonderen Pflichten dieses Verhältnisses unterworfen habe[30].

Grundlegend in diesem Sinn wurde Herbert Krüger:

„... Bei der Behandlung dieses Problems ist davon auszugehen, daß das Beamtenverhältnis ein freiwillig eingegangenes „Besonderes Gewaltverhältnis" ist. Diese Freiwilligkeit rechtfertigt die Annahme, daß der Anwärter durch den Eintritt in das Beamtenverhältnis auf den Gebrauch der Grundfreiheiten in gleichem Umfang verzichtete, wie ihm das Beamtenverhältnis zusätzliche Verpflichtungen auferlegt. Während der Verzicht auf die Grundrechte als solche unmöglich ist, ist der Verzicht auf gewisse Betätigungsmöglichkeiten

---

[29] Ähnlich *von Mangoldt-Klein*, Anm. VII, 3, d, 4 zu Art. 33 GG.
[30] Außer den im folgenden ausführlich wiedergegebenen Stellungnahmen vgl. *von Mangoldt-Klein*, Vorbem. XVI, 5; *Zinn-Stein*, Hessische Verfassung, IV, 1 vor Art. 1; *Bochalli*, BBG, Einl. I; *Fischbach*, BBG, Einl. II, 2; *Merk*, VVDtStRL 12, 104; *Neis*, ZBR 53, 159; *Berger*, Der Bonner Bundesbeamte, Nr. 5 aus 1956, S. 1; *Neesse*, Bayer. Beamtenzeitung 1956, S. 65 f., S. 67; *Forsthoff*, Lehrbuch des Verwaltungsrechts, S. 122; Bay.VerfGH, NF 11, II, S. 59 mit zahlreichen Nachweisen.

Sehr vorsichtig OVG Koblenz, AS 4, 117, das Grundrechtsbeschränkungen im Beamtenverhältnis primär auf die Anerkennung des Berufsbeamtentums in Art. 33, Abs. 4 und 5 GG stützt und anschließend meint, diese Beschränkungen „um so eher" zulassen zu können, als sich der Beamte seinen Pflichten freiwillig unterworfen hat. Ebenso spricht OVG Koblenz, AS 1, 36 von der „weiteren Tatsache" der freiwilligen Unterwerfung.

Hildegard *Krüger*, a. a. O., S. 312, hält die Unterwerfungslehre für klärungsbedürftig; abgelehnt wird sie etwa von *Köhl*, Besondere Gewaltverhältnisse, S. 75 f.; *Leisner*, DVBl. 60, S. 619; *Lerche*, Grundrechte des Soldaten, a. a. O., S. 486; *Ule*, Öffentlicher Dienst, a. a. O., S. 616 sowie *Thieme*, Der öffentliche Dienst in der Verfassungsordnung des Grundgesetzes, S. 69 und derselbe in DDB 64, S. 58.

IV. Die Freiwilligkeit des Beamtenverhältnisses

der Grundfreiheiten sicherlich zulässig. Andernfalls könnte man zum Beispiel keinen Vertrag schließen oder keine Ehe eingehen, da in all diesen Fällen die Freiheit des Menschen eingeschränkt wird[31]."

In dieser Form hebt die Unterwerfungslehre die Frage nach den Grenzen für Grundrechtsbeschränkungen im Beamtenverhältnis praktisch auf („Verzicht in dem Umfang, als die besonderen Pflichten des Beamtenverhältnisses reichen"!). Da sich die jeweils dienenden Beamten dem jeweils geltenden Beamtenrecht unterworfen haben (denn sonst wären sie ja nicht mehr im Dienst), kann es nach dieser Konstruktion eine Frage nach grundrechtswidrigem Beamtenrecht überhaupt nicht geben.

Diese Auswirkung sucht Krüger im Anschluß an die zitierte Stelle zu vermeiden, wenn er gerade in bezug auf die politische Treupflicht ausführt, es würde dem Geist des GG nicht entsprechen, anzunehmen, daß etwa auch in die durch Art. 18 und 21 GG geschaffenen Sicherungen für die politische Betätigung des einzelnen aufgrund freiwilliger Unterwerfung eingegriffen werden könne. Man dürfe nicht annehmen, daß der Beamtenanwärter auf diese Sicherungen verzichten wollte, und noch weniger könne man unterstellen, daß das GG ihm einen solchen Verzicht ansinnen wollte[32].

Aber auch das ist nicht überzeugend. Ist es, weil ein dahingehender Wille des Beamten ja empirisch nicht feststellbar ist, schon eine zweifelhafte Unterstellung, anzunehmen, der Beamte verzichte überhaupt auf die Ausübung von Grundrechten[33], so ist die Annahme, der Verzicht erstrecke sich nur auf bestimmte Grundfreiheiten, auf andere nicht, willkürlich. Krüger scheint das selbst gespürt zu haben, wenn er schreibt, daß das Grundgesetz (!) den Beamten einen solchen Verzicht nicht ansinnen wolle. Bleibt man im Rahmen der Unterwerfungslehre, so ist das freilich ein befremdliches Argument. Spricht man dem freiwilligen Eintritt in das Beamtenverhältnis wirklich eine Grundrechtsbeschränkungen rechtfertigende Kraft zu, so ist die Vorstellung, die zugrunde liegt, die, daß sich der über seine Freiheit disponierende Beamte und der Staat als Dienstherr und Beamtengesetzgeber gegenüberstehen. Die Frage ist dann nicht, ob das GG dem Beamtenanwärter einen Grundrechtsverzicht ansinnen will, sondern ob der Staat es will. Was Krüger vorschwebt, ist wohl etwas ganz anderes, nämlich daß eine Unterwerfung des Beamtenanwärters nur in einem gewissen, durch das GG bestimmten Umfang, zulässig ist. Freilich denkt man so, geht man davon aus, daß eine Unterwerfung des Beamtenanwärters jeweils im Hinblick auf das GG darauf

---

[31] Bayer. Beamtenzeitung 1950, S. 238; ebenso noch *Krüger*, DVBl. 1950, S. 629; voll übernommen von *Grewe*, Politische Treupflicht im öffentlichen Dienst, S. 51.
[32] Ebenda, S. 239.
[33] Darauf weist besonders nachdrücklich *Thieme*, DDB 1964, S. 58 hin.

geprüft werden muß, ob sie auch zulässig ist, dann kommt dem Verzichtgedanken kaum noch selbständige Bedeutung zu; jedenfalls das Schwergewicht liegt dann auf der Ermittlung der grundgesetzlichen Schranken für eine freiwillige Unterwerfung. Zu diesem zentralen Punkt finden sich aber bei Krüger und der an ihn anknüpfenden Lehre keinerlei Stellungnahmen.

In einer neueren Entscheidung hat das Bundesverwaltungsgericht versucht, die Unterwerfungslehre in diesem Punkt auf eine festere Grundlage zu stellen[34]. Es ging in der Entscheidung um die Verfassungsmäßigkeit der Zölibatsklausel für Bereitschaftspolizisten. Wie schon in einer früheren Entscheidung[35] lehnte das Gericht die traditionelle Einwilligungs- und Unterwerfungslehre ab und fuhr dann fort:

„Die Beschränkung (durch die Zölibatsklausel) kann nicht allein an Art. 6 Abs. 1 GG (dem durch sie berührten Grundrecht) gemessen werden, sondern diese Vorschrift muß in ihrer Konkurrenz mit Art. 2 Abs. 1 GG und damit mit dem in dieser Norm geschützten Recht auf freie Entfaltung der Persönlichkeit gesehen werden. Hierbei ist zu erwägen, daß der Entfaltung der Persönlichkeit auch die Privatautonomie dient. Sofern deren Ausfluß im zivilrechtlichen Bereich die Vertragsfreiheit ist, entspricht ihr im öffentlichen Dienstrecht die Freiheit, in einem Beamtenverhältnis aus der Besonderheit der dienstlichen Notwendigkeiten sich ergebende Beschränkungen auf sich zu nehmen. Wenn einerseits, wie bereits ausgeführt, allein in der Freiwilligkeit eine Grundrechtsbeschränkung angesichts des grundsätzlich unverzichtbaren Charakters der Grundrechte noch nicht ihre Rechtfertigung findet... andererseits aber der Mensch in der Entfaltung seiner Persönlichkeit und damit in der Eingehung selbstgewählter Bindungen durch die Grundrechtsnorm des Art. 2 Abs. 1 GG ebenfalls geschützt ist, so kann der Ausgleich zwischen beiden kollidierenden Normen nur durch eine Interessenabwägung im Einzelfall gefunden werden. Bei dieser Abwägung kann der Privatautonomie nach den Umständen des Einzelfalls dann der Vorrang gebühren, wenn die selbstgewählte Bindung sich aus den besonderen dienstlichen Gegebenheiten heraus, um derentwillen sie eingegangen ist, als unbedingt notwendig erweist und wenn sie ferner auch in ihrem Ausmaß über die hiernach gebotenen Anforderungen nicht hinausgeht[36]."

Der Fortschritt dieser Auffassung gegenüber der traditionellen und üblichen Unterwerfungslehre ist beträchtlich, kommt es doch zu einer echten Prüfung, ob ein konkreter Grundrechtsverzicht zulässig ist. Trotzdem kann auch sie nicht befriedigen. Vom Ergebnis ausgegangen will das Bundesverwaltungsgericht darauf hinaus, daß jedenfalls nur die Grundrechtsbeschränkungen zulässig sein sollen, die sich aus den dienstlichen Gegebenheiten heraus als unbedingt notwendig erweisen. So sehr man dem zustimmen muß, so sehr fragt sich, ob sich diese Schranke für

---

[34] Urteil vom 22. 2. 1961, BVerwGE 14, 21 f.
[35] Vgl. BVerwGE 10, S. 213 f. (218) mit Nachweisen.
[36] a. a. O., S. 27, 28.

IV. Die Freiwilligkeit des Beamtenverhältnisses

Grundrechtsbeschränkungen aus dem Ausgangspunkt des Bundesverwaltungsgerichts, nämlich dem in Art. 2 Abs. 1 GG enthaltenen Recht des einzelnen auf freiwillige Selbstbindung, ergibt.

Es scheint, als habe das Gericht zwei voneinander unabhängige Gedanken, nämlich daß der einzelne nach Art. 2 Abs. 1 GG das Recht zur freiwilligen Selbstbindung hat, und daß Grundrechtsbeschränkungen im Beamtenverhältnis nicht weitergehen dürfen, als die dienstlichen Erfordernisse gebieten, mehr nebeneinander gestellt als verschmolzen. Das ergibt sich nicht zuletzt aus einem Blick darauf, daß beide Grundsätze ganz unabhängig voneinander gelten. Der Grundsatz, daß Grundrechtsbeschränkungen im Beamtenverhältnis wie in sonstigen besonderen Pflichtverhältnissen nicht weitergehen dürfen, als es der „Zweck" des Verhältnisses erfordert, gilt allgemein, gleichgültig, ob es sich um freiwillige Verhältnisse handelt oder nicht[37]. Und der Satz, daß der einzelne aufgrund des Art. 2 Abs. 1 GG ein Recht zur freiwilligen Selbstbindung hat, hat seinen Platz, wie das Gericht auch dartut, zunächst einmal im Privatrecht.

Gerade hier liegt ein entscheidender Einwand gegen die Konstruktion des Bundesverwaltungsgerichts. Es muß Bedenken erwecken, wenn das Gericht davon spricht, daß ein und dieselbe Privatautonomie sich im Zivilrecht als Vertragsfreiheit, im öffentlichen Dienstrecht als die Freiheit darstelle, die sich aus der Besonderheit des Dienstes ergebenden Beschränkungen auf sich zu nehmen. Es ist, in abgemilderter Form, dasselbe Bedenken, das gegen Krüger besteht, wenn er davon spricht, daß die Freiwilligkeit des Eintritts ins Beamtenverhältnis beachtlich sein müsse, da auch im Falle eines Vertragsschlusses oder einer Eheschließung eine wirksame Selbstbindung erfolge. Hier droht der grundlegende Unterschied zu entschwinden, der zwischen einem Vertragspartner des Privatrechts, einem Arbeitgeber etwa, und dem Staat als Dienstherrn besteht.

Der Staat als Dienstherr ist an die Grundrechte gebunden, der Arbeitgeber nicht (nach der noch herrschenden Meinung). Nur weil der Arbeitgeber nicht an die Grundrechte gebunden ist, weil er innerhalb gewisser Schranken frei ist, kann der Tatsache des Vertrags, der freiwilligen Freiheitsbeschränkung rechtskonstitutive Bedeutung zukommen.

Krüger setzt voraus, daß eine freiwillige Freiheitsbeschränkung schlechthin wirksam ist. Ein solcher Grundsatz ergibt sich aber nicht aus der Natur der Sache, er bedarf der Rechtfertigung, die im Rechtsstaat nur aus der Verfassung fließen kann. So wird die Vertragsfreiheit tatsächlich in den Grundrechten verankert.

---

[37] Siehe unten.

4. Kap.: Die Kommunikationsgrundrechte im Beamtenverhältnis

Geht man, wie es das Bundesverwaltungsgericht tut, hiervon aus, dann muß es grundsätzlichen Zweifeln begegnen, wenn man das aus den Grundrechten abgeleitete Prinzip, daß der einzelne das Recht zur freiwilligen Selbstbindung hat, dazu bemüht, Beschränkungen der Grundrechte durch den Staat (als Dienstherrn) zu rechtfertigen. Vom Staat aus gesehen, insoweit er in so klassischer Weise hoheitlich auftritt wie im Beamten- und Soldatenrecht, sind die Grundrechte Schranken für die Staatstätigkeit. Diese Schranke kann nicht übersprungen werden, indem sich der Staat auf den durch diese Schranke geschaffenen Freiheitsspielraum des einzelnen beruft, sondern nur unter Berufung auf andere, mit der Grundrechtsentscheidung konkurrierende Entscheidungen der Verfassung.

Gerade wenn man, wie Krüger es fordert, die „Unzulänglichkeit in der Vorstellung vom Sein des Staates" abstreift, die darin liegt, daß man von „Bindung" des Staates durch die Grundrechte spricht[38] und damit impliziert, es gäbe einen extrakonstitutionellen Staat, der durch die Grundrechte gebunden würde, wird dies deutlich. Folgt man der exakteren Vorstellung Krügers, geht man davon aus, daß der Staat durch die Grundrechte (mit)konstituiert wird, dann ist nicht ersichtlich, wie sich, solange der Staat dermaßen hoheitlich auftritt wie gegenüber Beamten und Soldaten, eine „Befreiung von der Grundrechtsbindung" anders ergeben soll, als durch eine neben der Entscheidung für die Grundrechte stehende, ebenso konstitutive Entscheidung der Verfassung, die den Einfluß der Grundrechte zurückdrängt[39].

Solche mit der Grundrechtsentscheidung des GG konkurrierende Entscheidungen sind die für Beamtentum und Militär. Nur von ihnen ausgehend kann man zu dem vom Bundesverwaltungsgericht erstrebten Ergebnis kommen, daß Grundrechtsbeschränkungen nur insoweit zu-

---

[38] VVDtStRL 15, S. 120.

[39] Zu ähnlichen Gedanken kam *Krüger* selbst, als er sich auf der Staatsrechtslehrertagung 1956 allgemein mit der Rechtfertigung besonderer Gewaltverhältnisse durch freiwillige Unterwerfung befaßte: „Man muß durchaus fragen, ob der Prozeß der Konstituierung des Gemeinwesens nicht ein einziger und umfassender ist, der sich nur auf Grund der einen Verfassung vollzieht und daher Nebenprozesse, wenn auch begrenzter, so doch formloser Art, nicht zuläßt." (VVDtStRL 15, 122). Zustimmend Ipsen, ebenda, S. 200, jedenfalls für die Verhältnisse des Beamten und Soldaten. Im selben Sinn Leisner, DVBl. 60, S. 622: Die Zustimmung des einzelnen könne keine Hoheitsgewalt übertragen. Man kann es auch anders ausdrücken: Wenn man schon in dem Eintritt des Beamten in das Beamtenverhältnis eine „Anerkennung", eine Unterwerfung sehen will, so kann es sich nur um eine Anerkennung des Beamten*rechts*, um eine Unterwerfung unter Beamten*recht* handeln, nicht darum, daß durch diese Unterwerfung die staatliche Regelung des Beamtenverhältnisses erst zu Recht wird.

IV. Die Freiwilligkeit des Beamtenverhältnisses

lässig sind, als es durch die dienstlichen Gegebenheiten unbedingt erfordert wird[40, 41].

Ist somit die Lehre von der Grundrechtsbeschränkungen rechtfertigenden Kraft der freiwilligen Unterwerfung grundsätzlich abzulehnen, so bedeutet das nicht, daß die Tatsache, daß der Beamte freiwillig in das Beamtenverhältnis eintritt, rechtlich unbeachtlich ist. Bei der Prüfung der Frage, ob eine konkrete Beschränkung der Grundrechte durch die Entscheidung des Grundgesetzes für das Berufsbeamtentum gedeckt wird, muß es von Bedeutung sein, wie schwer die Beschränkung den Beamten trifft. Hier ist nun die Tatsache des freiwilligen Eintritts in das Beamtenverhältnis zu berücksichtigen, und zwar vor allem in ihrer Kehrseite, dem Recht auf jederzeitigen Austritt aus dem Beamtenverhältnis[42]. Es ist unmittelbar einleuchtend, daß die besonderen Pflichten des Beamtenverhältnisses den Beamten, der sich ihnen grundsätzlich durch Ausscheiden aus dem Dienste entziehen kann, weniger hart treffen als die Pflichten etwa des Wehrdienstverhältnisses den Wehrpflichtigen treffen. Man wird deshalb im Einzelfall für die Beamten (wie etwa auch für die freiwillig dienenden Soldaten) weitergehende Pflichten zulassen können als für die Wehrpflichtigen[43].

Placiert man den Gedanken der Freiwilligkeit hier, bei der Frage, wie schwer der Beamte durch bestimmte Grundrechtsbeschränkungen getroffen wird, so wird er zugleich entformalisiert. Wenn Krüger und andere sagen, der Beamte begebe sich beim Eintritt in das Beamtenverhältnis in bestimmtem Umfang der Grundrechtsausübung, so wird das unterstellt; in der Tatsache des Eintritts wird die Verzichterklärung

---

[40] Ein weiterer Einwand gegen die Konstruktion des Bundesverwaltungsgerichts ist, daß das Gericht im Ergebnis zu einer Güterabwägung zwischen zwei Grundrechten desselben Rechtsträgers kommt. Das Interesse, das der einzelne an verschiedenen Grundrechten hat, läßt sich aber objektiv nicht abschätzen.
[41] Mit der grundsätzlichen Ablehnung der Verzichtlehre ist auch die Konstruktion von *Dürig*, AöR 81, 117 f., 152 f. abgelehnt, der wie das Bundesverwaltungsgericht von dem grundrechtlich gesicherten Recht des einzelnen auf freiwillige Selbstbindung ausgeht, die Schranken für die Zulässigkeit eines Verzichts aber nicht aus einer Güterabwägung, sondern aus Art. 19 Abs. 2 Grundgesetz gewinnen will. Seiner Ansicht nach ist ein Verzicht im Hinblick auf diese Verfassungsbestimmung dann unzulässig, wenn er absolut ist, und zwar entweder zeitlich absolut, d. h. nicht von vornherein befristet oder vom Verzichtenden ablösbar, oder gegenständlich absolut, vor allem „auf Lebensbereichen, die mit dem notwendigen Zweck des Gewaltverhältnisses nichts oder nichts mehr zu tun haben" (a. a. O., S. 153).
Abgesehen von der grundsätzlichen Ablehnung der Verzichtslehre besteht gegenüber *Dürigs* Versuch das weitere Bedenken, daß, wenn Art. 19 Abs. 2 GG davon spricht, daß der Wesensgehalt eines Grundrechts „in keinem Fall" angetastet werden dürfe, fraglich sein muß, ob das auf die Disposition des Grundrechtsträgers selbst gemünzt ist.
[42] Vgl. BVerwGE 14, 25 und im Ergebnis schon *Fischbach*, DÖV 1951, S. 454.
[43] Dazu unten.

gesehen und die Theorie läßt nicht zu, zu untersuchen, was dieser formal-freiwilligen Unterwerfung im Einzelfall an konkreter Freiwilligkeit zugrunde liegt. Bei der hier vertretenen Auffassung steht dagegen nichts dagegen, zu prüfen, ob der Beamte bei lebensnaher Betrachtung wirklich aus dem Beamtenverhältnis austreten kann, ob nicht widerstreitende Interessen (Sorgfaltspflichten für Angehörige usw.) für ihn so groß sind, daß man auf den Gesichtspunkt des Austretenkönnens billigerweise nicht allzuviel Gewicht legen kann[44].

Im übrigen prägt die Freiwilligkeit des Ein- und Austritts die Struktur des Dienstverhältnisses, bestimmt den Charakter des Dienstverhältnisses und kann auch auf diese Weise für den Umfang der durch die grundgesetzliche Anerkennung dieser Struktur geforderten Grundrechtsbeschränkungen bedeutsam werden: Es kann sein, daß bestimmte Beschränkungen der Grundrechte sich nur aus der Struktur des Dienstverhältnisses als eines freiwilligen erklären und (über die institutionelle Anerkennung) rechtfertigen lassen. So wird sich ergeben, daß nur an den freiwillig dienenden Soldaten (und Beamten) bestimmte Anforderungen gestellt werden können, die der Aufrechterhaltung des Vertrauens zwischen Soldaten (Beamten) und Staat dienen, eben, weil nur in einem freiwilligen Verhältnis solche Forderungen des Vertrauens überhaupt entstehen können. Insoweit fußt dann eine bestimmte Beschränkung der Kommunikationsrechte auf der Freiwilligkeit des Dienstverhältnisses. Sie wird aber nicht durch sie gerechtfertigt. Rechtfertigungsgrund ist auch in diesem Fall allein die institutionelle Anerkennung des Dienstverhältnisses durch das GG. Weil aber die Auslegung dieser institutionellen Anerkennung verlangt, die Struktur des gewährleisteten Dienstverhältnisses zu analysieren, wird auch die Freiwilligkeit des Verhältnisses von Bedeutung.

V. Beschränkungen der Grundrechte im Beamtenverhältnis und die institutionelle Anerkennung des Berufsbeamtentums in Art. 33 Abs. 4 und 5 GG

Geht man davon aus, daß die besonderen beamtenrechtlichen Beschränkungen der Grundrechte nur gerechtfertigt werden können unter Bezugnahme auf die institutionelle Anerkennung des Berufsbeamtentums durch das GG, so steht man vor der Tatsache, daß das Grundgesetz einerseits in den Artikeln 1 f. eine mit zahlreichen Grundrechten ausgestattete Rechtsstellung des Staatsbürgers geschaffen hat, an deren Genuß auch der Beamte teilhat, andererseits in den Artikeln 33 Abs. 4 und 5 GG die Institution des Berufsbeamtentums mit ihren hergebrachten Grund-

---

[44] Darauf verweist auch Leisner, a. a. O., S. 619.

V. Die institutionelle Anerkennung des Berufsbeamtentums im GG

sätzen in sein System übernommen hat, die nicht denkbar ist ohne besondere, den einfachen Staatsbürger nicht treffende Grundrechtsbeschränkungen. Beide Entscheidungen sind, das leuchtet unmittelbar ein, relativ unabhängig voneinander; keine läßt sich voll auf die andere zurückführen[45].

Sie sind aber nicht absolut unabhängig voneinander. Als Einzelentscheidungen innerhalb eines einheitlichen oder jedenfalls Anspruch auf Einheitlichkeit erhebenden Verfassungswerks[46] können sie ohne Bezugnahme aufeinander nicht richtig verstanden werden. Zwischen Grundrechtsentscheidung und Anerkennung des Berufsbeamtentums ergibt sich im Ergebnis dasselbe Verhältnis der Verschränkung, wie es das Bundesverfassungsgericht im Lüth-Urteil[47] für das Verhältnis von Art. 5 Abs. 1 GG und Art. 5 Abs. 2 GG festgestellt hat. Wenn das Gericht dort erklärt hat, es finde eine Wechselwirkung in dem Sinne statt, daß die „allgemeinen Gesetze" zwar dem Wortlaut nach dem Grundrecht Schranken setzten, ihrerseits aber aus der Erkenntnis der wertsetzenden Bedeutung dieses Grundrechts im freiheitlichen demokratischen Staat ausgelegt und verstanden werden müßten, so ist das im Verhältnis von Grundrechten allgemein und der grundgesetzlichen Anerkennung des Berufsbeamtentums nicht anders. Die Anerkennung des Berufsbeamtentums setzt (ungeschriebene) Schranken für die Grundrechte; aber diese Schranken müssen ihrerseits im Licht der durch sie beschränkten Grundrechte gesehen und ausgelegt werden[48].

Auf dieser Grundlage muß die hergebrachte, schon vor Inkrafttreten des Grundgesetzes gelehrte Formel:

Grundrechtsbeschränkungen im Beamtenverhältnis sind zulässig, soweit es der Zweck des Beamtenverhältnisses erfordert[49].

verstanden werden, wenn sie weiterhin verwendbar sein soll[50].

---

[45] Vgl. im einzelnen die ausführlichen verfassungstheoretischen Ausführungen bei *Kröger*, Meinungsfreiheit, S. 166 f., S. 171; siehe auch *Kalisch*, AöR 78, S. 334.
[46] Dazu, mit Nachweisen, *Ossenbühl*, DÖV 1965, S. 654.
[47] BVerfGE 7, S. 198 f.
[48] Von einer Wechselwirkung zwischen Grundrechten und Statusverhältnis spricht auch *Lerche*, Grundrechte des Soldaten, a. a. O., S. 461, unter Verweis auf den „ähnlichen Fall" im Lüth-Urteil;
Maunz-Dürig, Anm. 30 zu Art. 17 a, spricht von einer „dialektischen Abgrenzungsfrage", die in der Gretchenfrage kulminiere, ob die Grundrechtsbefugnis dem Zweck des Besonderen Gewaltverhältnisses oder dieser dem Zweck der Grundrechtsgeltung zu folgen habe; soweit er damit ausdrücken wollte, daß das Zurückgreifen auf den Wechselwirkungsgedanken praktisch ganz unergiebig sei, kann ihm allerdings nicht gefolgt werden.
[49] Vgl. *Anschütz*, Reichsverfassung, S. 571, 576; *Köhl*, Besondere Gewaltverhältnisse, S. 41; *Ule*, Öffentlicher Dienst, a. a. O., S. 617; *Maunz-Dürig*, Anm. 19, 20, 22 zu Art. 17 a GG; neuerdings wieder BayVerfGH, DVBl. 1965, S. 879.
[50] Überhaupt gegen den Begriff des „Zwecks des Beamtenverhältnisses" in diesem Zusammenhang wendet sich *von Münch*, Freie Meinungsäußerung und

War es bisher so, daß unter dem „Zweck" des Beamtenverhältnisses etwas verstanden wurde, was extrakonstitutionell aus der „Natur der Sache" bestimmt wurde, was, wie Krüger treffend ausgeführt hat, „ungeschieden und unaufbereitet in der Institution als enthalten angesehen wurde"[51], so muß der „Zweck" des Beamtenverhältnisses im Sinn der obigen Formel heute aus Art. 33 Abs. 4 und 5 GG und das bedeutet gleichzeitig: aus dem Verhältnis zwischen institutioneller Anerkennung des Berufsbeamtentums und Grundrechtsentscheidung des Grundgesetzes gewonnen werden.

In diesem Sinn ist Bachof zuzustimmen, wenn er auf der Staatsrechtslehrertagung 1956 ausrief: „Zwecksetzungen für das Besondere Gewaltverhältnis nur nach Maßgabe der Wertungen der Verfassung und insbesondere nach Maßgabe ihrer freiheitsgewährleistenden Grundrechte[52]!" Wenn unter Berufung auf den „Zweck" des Berufsbeamtentums Beschränkungen der Grundrechte gerechtfertigt werden, dann muß dieser „Zweck" gerechtfertigt und gleichzeitig begrenzt werden, indem man ihn auf die Verfassung, das ist auf die Anerkennung des Berufsbeamtentums durch das GG, zurückführt[53].

Besonderes Gewaltverhältnis, S. 32. Er möchte statt dessen auf das „Funktionieren" des Beamtenverhältnisses abstellen, und zwar nicht auf das Funktionieren des Beamtenverhältnisses allgemein, als Institution, sondern auf das Funktionieren des jeweils konkreten Beamtenverhältnisses: Grundrechtsbeschränkungen im Beamtenverhältnis sollen nach ihm nur zulässig sein, soweit sie für die Bewältigung des jeweils konkreten Sachbereichs durch den einzelnen Beamten notwendig sind (a. a. O., S. 45 f.).

Abgesehen davon, daß es schon einen gewissen Sinn hat, vom „Zweck" des Beamtenverhältnisses allgemein zu sprechen (vgl. auch *Leisner*, DVBl. 1960, S. 620, Anm. 20) und eine rein funktionale Betrachtung dem Sinn des Berufsbeamtentums, so wie er in Art. 33 Abs. 4 und 5 GG anerkannt ist, nicht gerecht werden dürfte (vgl. auch *Lerche*, Grundrechte des Soldaten, a. a. O., S. 455), ist *von Münch* vor allem entgegenzuhalten, daß das von ihm als Maßstab gesetzte Funktionieren des Beamtenverhältnisses ebenso der Reduktion auf die Verfassung ermangelt wie der „Zweck" des Beamtenverhältnisses in der überkommenen Formel.

Auf diese Reduktion kommt es gegenüber der üblichen Formel aber gerade an. Dazu der Text im folgenden.

[51] VVDtStRL 15, S. 112. Allgemein gegen die Annahme eines „entverfaßten Besonderen Gewaltverhältnisses" damals die Mehrheit der Redner auf der Staatsrechtslehrertagung, vgl. W. *Weber*, a. a. O., S. 189; *Merk*, a. a. O., S. 192; *Partsch*, a. a. O., S. 211.

[52] VVDtStRL 15, S. 205, 206. *Bachof* dachte offenbar vorwiegend an die gesetzlich nicht geregelten Besonderen Gewaltverhältnisse und stellte deshalb sehr darauf ab, ob man der Verwaltung als der Gestalterin dieser gesetzlich nicht geregelten Verhältnisse die Befugnis einräumen könne, „Zwecke" zu setzen, hinter die die Grundrechte zurücktreten müßten.

Das ist hier nicht aktuell. Der Kern seiner Ausführungen trifft aber auch das Beamten- und Soldatenverhältnis.

[53] Im Ergebnis ebenso *Köhl*, Besondere Gewaltverhältnisse, S. 97 und *Leisner*, DVBl. 1960, S. 620, der zwar hervorhebt, daß der „Zweck" des Gewaltverhältnisses (dem er rechtfertigende Kraft freilich nur im Rahmen ausdrück-

V. Die institutionelle Anerkennung des Berufsbeamtentums im GG

Verfährt man so, dann ist die Frage, welche Beschränkungen der Grundrechte durch den „Zweck" des Berufsbeamtentums gerechtfertigt werden, gleichbedeutend mit der, welche Grundrechtsbeschränkungen durch die Anerkennung des Berufsbeamtentums in Art. 33 Abs. 4 und 5 GG gerechtfertigt sind, welche Anerkennung ihrerseits im Lichte der Grundrechte auszulegen ist.

Es ist relativ einfach, das allgemeine und formale Verhältnis zwischen Grundrechtsentscheidung und institutioneller Anerkennung des Berufsbeamtentums zu bestimmen. Es ist überaus schwierig, aus dieser allgemeinen Bestimmung Kriterien dafür zu entwickeln, welche Beschränkungen der Grundrechte durch Art. 33 Abs. 4 und 5 GG gedeckt sind.

Kröger hat, ausgehend von der Erkenntnis der relativen Selbständigkeit beider Verfassungsentscheidungen, ihrer korrelativen Zuordnung im Sinnganzen der Verfassung auf der anderen Seite[54], versucht, hierfür eine allgemeine Formel zu finden:

„Der eine Bereich begrenzt den anderen insoweit, als der andere — erstens — die von der Verfassung vorausgesetzte *Funktionsfähigkeit* des einen Bereichs aufhebt oder beeinträchtigt, zweitens, die *Funktionsausübung* in dem einen Bereich inhibiert, welche zu dessen *wesenseigentümlichem Lebensablauf* gehört und schließlich als der andere Bereich diejenigen Einzelfunktionen behindert oder ausschließt, deren Wahrnehmung der *Erfüllung* des individuellen *Kernbereichs* des einen Lebensbereichs dient[55]."

Man kann nicht zweifeln, daß diese Bestimmung richtig ist. Sie ist der einfache Ausdruck der Tatsache, daß die Entscheidungen des GG für die Grundrechte und für das Berufsbeamtentum miteinander konkurrieren: Das GG wollte die mit Grundrechten befestigte Stellung des Staatsbürgers und es wollte ein, Beschneidungen dieser Rechtsstellung voraussetzendes Berufsbeamtentum. Offenbar ist es der Wille des GG, daß dieser Konflikt nicht einseitig nach der einen oder anderen Seite gelöst wird. Das drückt die Formel aus.

Es ist aber fraglich, ob mit dieser Formel, wie Kröger meint, die Grundlage geschaffen ist, um konkrete Einzelfragen betreffend die zulässigen Grundrechtsbeschränkungen im Beamtenverhältnis zu beantworten[56]. Kröger meint selbst[57], daß mit seiner Abgrenzung nur „typi-

---

licher Gesetzesvorbehalte zumißt) auf seine Zulässigkeit geprüft werden müsse, aber zu wenig betont, daß diese Prüfung selbst wieder im Hinblick auf die Grundrechte erfolgen muß und nicht etwa eine extrakonstitutionelle Wesensschau von Sinn und Zweck des Beamtenverhältnisses bedeutet (a. a. O., S. 619).

[54] a. a. O., S. 113 f., S. 167 f.
[55] a. a. O., S. 169.
[56] a. a. O., S. 176.
[57] a. a. O., S. 170.

sierende Richtpunkte" gegeben seien; die Bestimmung im konkreten Einzelfall müsse von der individuellen Besonderheit der konkret einander berührenden Lebensbereiche her gefunden werden.

Dazu kommt, daß die Formel nicht nur allgemein, ausfüllungsbedürftig durch die jeweils besonderen Tatbestandselemente ist, sie enthält Begriffe, die auf dem Boden der Verfassung in jedem Fall schwer zu bestimmen sein werden; insbesondere mit dem Begriff des „wesenseigentümlichen Lebensablaufs" wird offenbar zurückgegriffen auf Erkenntnisse aus der Natur der Sache, die verfassungsrechtlich nicht ohne weiteres hingenommen werden können.

Immerhin enthält Krögers Bestimmung aber, und das ist ihr Verdienst, den Hinweis darauf, daß das Nebeneinander oder besser: das Gegenüber beider Verfassungsentscheidungen die Auslegung dazu zwingt, ihr gegenseitiges Verhältnis so zu bestimmen, daß die verfassungspolitischen Leitgedanken, die diesen Verfassungsentscheidungen je zugrunde liegen, je in größtmöglichem Umfang verwirklicht werden können[58].

Nur eine von diesem Bestreben getragene Auslegung nämlich kann einerseits der Tatsache der relativen Unabhängigkeit beider Verfassungsentscheidungen, andererseits der Tatsache ihrer gegenseitigen Verschränkung gerecht werden.

Freilich ist mit diesem Richtsatz, den man als Effektivitätsgrundsatz bezeichnen kann, für die Entscheidung konkreter Konflikte zwischen dem Recht der freien Kommunikation und dem Beamtenrecht auch noch nicht allzuviel gewonnen; sowohl die Frage, welche verfassungspolitischen Vorstellungen einerseits hinter der Entscheidung des GG für die Kommunikationsrechte, andererseits hinter der institutionellen Anerkennung des Berufsbeamtentums stehen, wie auch die Frage, wie in der Staatswirklichkeit eine maximale Verwirklichung dieser Vorstellungen, und zwar beider zugleich, beider gleichermaßen, erreicht werden kann, ist schwierig zu beantworten und es scheint unvermeidlich, daß jede Entscheidung konkreter Einzelfragen mit einem beträchtlichen Unsicherheitsfaktor belastet ist.

Dennoch ist der Effektivitätsgrundsatz nicht wertlos. Insbesondere folgt aus ihm die Erkenntnis, daß die Bestimmung des gegenseitigen Verhältnisses von Kommunikationsrechten und Beamtenrecht nicht unabhängig von den jeweiligen tatsächlichen Gegebenheiten der Staats-

---

[58] Vgl. dazu *Leibholz* in „Der Status des Bundesverfassungsgerichts", JöR Bd. 6, S. 109 f., S. 112, der von dem Ziel der Verfassungsrechtsprechung spricht, „dem objektiven politischen Sinngehalt der Verfassung gerecht zu werden".

wirklichkeit erfolgen kann. Nur wenn sie berücksichtigt werden, kann entschieden werden, ob eine konkrete Schrankenziehung zwischen dem Recht der freien Kommunikation und dem Beamtenrecht dem Ziel maximaler Effektivität beider Verfassungsentscheidungen entspricht; ob eine bestimmte Beschränkung der Kommunikationsrechte im Beamtenverhältnis geeignet ist diesem Ziel zu dienen, läßt sich eben nur entscheiden, wenn man berücksichtigt, welche Bedeutung diese Beschränkung nach den gegenwärtigen tatsächlichen Verhältnissen einerseits im Bereich der freien Kommunikation, andererseits im Bereich des Beamtenrechts hat.

Die Unsicherheit hinsichtlich der Frage, *wie* eine maximale Verwirklichung der hinter den beiden Verfassungsentscheidungen stehenden Gehalte in der Staatswirklichkeit erreicht werden kann, ist größer als die hinsichtlich der Frage, *welches* diese Gehalte sind. Kann man hier — für die Problematik der politischen Treupflicht besonders wichtig — insbesondere auf die, das ganze System des GG prägende Vorschrift des Art. 79 Abs. 3 GG verweisen, von der her die Gewährleistung sowohl der freien Kommunikation als auch die des Berufsbeamtentums einen spezifischen Sinn empfangen, so scheinen dort so große Unsicherheiten zu liegen, daß man geneigt sein könnte zu zweifeln, ob das Verfassungsrecht hier nicht resignieren und dem einfachen Gesetzgeber freie Hand lassen muß.

Bevor die Entscheidung über diese Frage getroffen werden kann, ist es jedoch erforderlich, zu untersuchen, ob es nicht außerhalb des direkten Verhältnisses der beiden Verfassungsentscheidungen einerseits für die Kommunikationsrechte, andererseits für das Berufsbeamtentum Verfassungsbestimmungen gibt, die eine Ausstrahlung auf dieses Verhältnis haben und Anhaltspunkte für die Bestimmung dieses Verhältnisses im einzelnen bieten können.

VI. Die Beschränkungen der Grundrechte im Beamtenverhältnis und Art. 19 Abs. 2 GG

Es bietet sich zunächst die Vorschrift des Art. 19 Abs. 2 GG an, wonach „in keinem Fall" ein Grundrecht in seinem Wesensgehalt angetastet werden darf.

Ob Art. 19 Abs. 2 GG auf Grundrechtsbeschränkungen im Beamtenverhältnis angewandt werden kann, ist streitig. Die wohl herrschende Meinung nimmt es an[59]. Gegen sie wird angeführt, aus der systemati-

---

[59] Vgl. *v. Mangoldt-Klein*, Art. 19, V, 1 und Leisner, DVBl. 1960, S. 625, je mit Nachweisen. Anderer Ansicht etwa *Ule*, Öffentlicher Dienst, a. a. O., S. 618; *Maunz-Dürig*, Anm. 20 zu Art. 17 a GG.

schen Stellung des Art. 19 Abs. 2 GG im Grundgesetz ergebe sich, daß er sich nur auf die vorangegangenen ausdrücklichen Gesetzesvorbehalte beziehe und nicht auf verfassungsunmittelbare Grundrechtsschranken, wie sie aus Art. 33 Abs. 5 GG sich ergäben[60]. Das erscheint nicht überzeugend, wenn man sich vor Augen hält, daß in Art. 19 GG die allerverschiedensten Regelungen zusammengefaßt sind, die sich, auch abgesehen von Abs. 2 (vgl. Art. 19 Abs. 3 und 4 GG) keineswegs nur mit den vorangegangenen Grundrechtsbestimmungen befassen.

Es wird weiter geltend gemacht, Art. 19 Abs. 2 GG sei nur auf das „allgemeine Gewaltverhältnis" gemünzt[61] und damit inzidenter wohl behauptet, daß Art. 19 Abs. 2 GG seinem Sinne nach nur Anwendung finden könne, soweit *echte* Gesetzesvorbehalte im Sinn konstitutiver Ermächtigungen an den Gesetzgeber zur Einschränkung der durch die Verfassung an sich gewährleisteten Freiheit inmitten stehen und nicht, soweit es sich um Schranken der Freiheit handelt, die sich aus dem gegenseitigen Verhältnis verschiedener Verfassungsentscheidungen schon unmittelbar ergeben[62].

Aber auch diese Einwendung ist nicht zutreffend. Gegen sie spricht vor allem der Wortlaut des Art. 19 Abs. 2 GG („in keinem Falle angetastet"). Insbesondere ist hier nicht von „Einschränkungen" die Rede, was auf einen echten Gesetzesvorbehalt hinweisen würde (vgl. dagegen Art. 19 Abs. 1 GG!), sondern allgemein von „antasten". Dagegen spricht weiter der erkennbare Sinn des Art. 19 Abs. 2 GG, eine absolute Sperre gegen besonders weitreichende Freiheitsverminderungen aufzurichten.

Daß eine verfassungsunmittelbare Schranke bei richtiger Auslegung eine so weitgehende Beschränkung der Freiheit ohnehin nicht zur Folge haben wird, ist eine andere Frage; sie macht eine Prüfung unter dem Gesichtspunkt des Art. 19 Abs. 2 GG häufig überflüssig, kann sie aber nicht unzulässig machen.

Ist so die Anwendbarkeit des Art. 19 Abs. 2 GG grundsätzlich zu bejahen, so zeigt ein Blick auf die Rechtsprechung und Literatur zu Art. 19 Abs. 2 GG aber, daß aus dieser Bestimmung und den dazu vertretenen Auffassungen für die hier vorliegende Problematik wenig gewonnen werden kann.

Die Auslegung des Art. 19 Abs. 2 GG ist überaus umstritten. Folgt man der Einteilung von Mangoldt-Kleins, dann stehen sich zunächst eine absolute und eine relative Auffassung des Art. 19 Abs. 2 GG gegenüber[63].

---

[60] *Maunz-Dürig*, a. a. O.
[61] *Ule*, a. a. O.
[62] *Bachof*, Freiheit des Berufs, in „Die Grundrechte", Bd. III, 1. Halbband, S. 207, 208.
[63] a. a. O., Art. 19, V, 4.

Die relative geht aus von der ständig wiederholten Formel des BGH, ein Grundrecht werde durch einen gesetzlichen Eingriff dann in seinem Wesensgehalt angetastet, wenn durch den Eingriff die wesensmäßige Geltung und die Entfaltung des Grundrechts stärker eingeschränkt würde, als dies der sachliche Anlaß und Grund, der zu dem Eingriff geführt hat, unbedingt und zwingend gebietet. Der Eingriff dürfe nur bei zwingender Notwendigkeit und in dem nach Lage der Sache geringstmöglichen Umfang vorgenommen werden und müsse zugleich von dem Bestreben geleitet sein, dem Grundrecht grundsätzlich in weitestem Umfang Raum zu lassen[64].

Das wird zum überwiegenden Teil so verstanden, als sehe der BGH den einzigen Inhalt des Art. 19 Abs. 2 GG darin, für alle Grundrechtsbeschränkungen den Erforderlichkeitsgedanken zu etablieren, und so wird ihm gegenüber geltend gemacht, Art. 19 Abs. 2 GG schütze ein „substantielles Minimum"[65] und sei ein „absolutes Kriterium"[66]. Ob damit der BGH getroffen wird oder ob es, wie Lerche meint, in der BGH-Formel offenbleibt, ob der Gerichtshof daneben nicht auch eine absolute Garantie eines Kerngehalts des jeweiligen Grundrechts anerkennt, kann offenbleiben[67]. Jedenfalls muß richtig sein, daß Art. 19 Abs. 2 GG sich nicht darin erschöpft, allgemein ein möglichst schonendes Verfahren für Grundrechtseingriffe vorzuschreiben. Mindestens daneben ist es seine Absicht, einen festen Wall gegen bestimmte, besonders weitgehende Eingriffe aufzurichten[68].

a) Art. 19 Abs. 2 GG als Garantie eines substantiellen Minimums

Voraussetzung für die Beantwortung der Frage, wann im Sinn des Art. 19 Abs. 2 GG in den absolut geschützten Kernbereich eines Grundrechts eingegriffen wird, ist Klarheit über den in Art. 19 Abs. 2 GG verwandten Begriff des „Grundrechts":

---

[64] Vgl. Vorlagegutachten DVBl. 1953, S. 371 und DVBl. 1953, S. 472 f.; besonders ausführlich BGH DÖV 1955, S. 729 f.; ausführliche Nachweise über entsprechende Stimmen aus Lehre und Rechtsprechung bei Lerche, Übermaß und Verfassungsrecht, S. 34, Anm. 21.
[65] E. R. Huber, DÖV 1956, S. 142.
[66] Krüger, DÖV 1955, S. 598. Vgl. auch von Mangoldt-Klein, a. a. O., und Lerche, Übermaß und Verfassungsrecht, S. 35 mit zahlreichen Nachweisen.
[67] Lerche, a. a. O., S. 37; dagegen spricht allerdings die Äußerung des BGH, DÖV 1955, S. 730:
„Wenn er (Art. 19 Abs. 2 GG) vom Wesensgehalt der Grundrechte spricht, so mutet er der Auslegung ersichtlich nicht die unmögliche Aufgabe zu, in einer Art von Wesensschau jeweils zu ermitteln, wieweit ein Grundrecht jeweils eingeschränkt werden kann, ohne sein „Wesen" zu verlieren. Das könnte niemand leisten; bei einer solchen Auslegung wären vielmehr Willkür und weitgehende Rechtsunsicherheit gerade in bezug auf die Grundrechte unvermeidlich, die das am wenigsten vertragen."
[68] Ebenso Leisner, a. a. O., S. 625 und Herzog, Grundrechtsbeschränkungen nach dem Grundgesetz und die Europäische Menschenrechtskonvention, S. 90 f.

4. Kap.: Die Kommunikationsgrundrechte im Beamtenverhältnis

Die subjektive Auffassung[69] nimmt an, daß „Grundrecht" im Sinn des Art. 19 Abs. 2 GG das subjektive öffentliche Recht des einzelnen sei. Wie inzwischen nachgewiesen, ist diese Lehre im Alltag des staatlichen Lebens unhaltbar[70]. Durch eine langjährige Zuchthausstrafe, durch die Aufhebung des Briefgeheimnisses nach § 99 StPO, durch das Verbot einer Versammlung unter freiem Himmel (Art. 8 Abs. 2 GG) wird immer das betreffende Grundrecht im Sinn des subjektiven öffentlichen Rechts des einzelnen, der von der Maßnahme betroffen ist, restlos beiseite geschoben. Offenbar wollte Art. 19 Abs. 2 GG dagegen nichts einwenden.

Ausgehend von einer gelegentlichen Äußerung des Bundesverfassungsgerichts hat von Mangoldt-Klein dagegen die objektive Auffassung vom Begriff des „Grundrechts" in Art. 19 Abs. 2 GG gestellt.

Das Bundesverfassungsgericht hatte in BVerfGE 2, 285 erklärt:

„Es kann dahingestellt bleiben, ob Art. 19 Abs. 2 GG die restlose Einziehung eines Grundrechts im Einzelfall verbietet oder ob er nur verhindern will, daß der Wesenskern des Grundrechts als solcher, zum Beispiel durch praktischen Wegfall der im Grundgesetz verankerten, der Allgemeinheit gegebenen Garantie angetastet wird. Im vorliegenden Fall kommt es nämlich nicht auf die allgemeine Auslegung der Formulierung „Antastung des Wesensgehalts" eines Grundrechts an, für die gegebenenfalls das zu regelnde Lebensverhältnis, die tatsächlich gebotene Regelung und die gesellschaftlichen Anschauungen hierüber sowie das rechtlich geläuterte Urteil über die Bedeutung maßgebend sein dürften, die das Grundrecht nach der getroffenen Einschränkung für das soziale Leben im ganzen besitzt."

Ausgehend davon will Klein unter „Grundrecht" in Art. 19 Abs. 2 GG die in den einzelnen Grundrechten enthaltenen Einrichtungsgarantien und Grundsätze des Staatslebens verstanden wissen[71]. Gegenüber beiden Auffassungen weist Lerche eindringlich auf die Verbindung zwischen objektiver Einrichtungsgarantie und subjektivem Recht hin[72]. Wenn er im Ergebnis von dem in dem einzelnen Freiheitsrecht verborgenen institutionellen Gehalt[73], von dem dem einzelnen Grundrecht zugrunde liegenden unterverfassungsrechtlichen Normenkomplex ausgehen will, dem auch subjektive Rechte entspringen, insbesondere, wenn er für die Kommunikationsrechte in diesem Sinn deren typische Äußerungsformen unangetastet wissen will[74], so muß ihm darin gefolgt werden.

---

[69] Nachweise bei v. Mangoldt-Klein, Art. 19, V, 2; Lerche, Übermaß und Verfassungsrecht, S. 237; Herzog, a. a. O., S. 106.
[70] von Mangoldt-Klein, a. a. O. und Lerche, a. a. O., S. 237.
[71] Dazu Lerche, a. a. O., S. 238.
[72] a. a. O., S. 239 f.
[73] a. a. O., S. 239.
[74] a. a. O., S. 240.

VI. Die Bedeutung des Art. 19 Abs. 2 GG

Freilich ist damit noch nicht beantwortet, welches die so geschützten typischen Äußerungsformen der Kommunikationsrechte sind und wann also eine Verletzung des Wesensgehalts vorliegen kann.

An diesem zentralen Punkt liegt, soweit ersichtlich, keine auch nur versuchsweise abschließende Stellungnahme vor. E. R. Huber und Krüger bemühen sich in verschiedener Weise darum, den grundsätzlichen Blickpunkt für die Bestimmung dieser Grenze zu finden. Huber erblickt im „Wesensgehalt" das substantielle Minimum, bei dessen Verletzung der verbleibende Rest, auch wenn er den Namen des Grundrechts weiterführt, nicht mehr in wesensmäßiger Identität mit diesem steht[75]. Er will also den „Wesensgehalt" „von innen heraus" in einer Art Wesensschau bestimmen. Krüger will dagegen mehr auf den „staatlichen Sinn"[76], die „staatliche Funktion"[77] der Grundrechte abstellen, darauf, was mit dem nach dem Eingriff verbleibenden Rest von Freiheit sachlich noch ausgerichtet werden kann[78].

Beides kann nicht voll befriedigen[79]. Aber so wenig es hier unternommen werden kann, zwischen diesen beiden Auffassungen den richtigen Kompromiß zu suchen, so wenig kann über die methodische Frage hinausgehend generell bestimmt werden, was der Wesensgehalt der Kommunikationsrechte ist. In Übereinstimmung mit den bisherigen Ansichten ist aber anzunehmen, daß die Antastung des „Wesensgehalts" im Sinn einer absoluten Sperrzone „sehr weit hinten erfolgt"[80].

Ob man sich dieser Sperrzone nähert, wenn die politische Treupflicht der §§ 52 Abs. 2 BBG, 35 Abs. 1 Satz 3 BRRG im Sinn einer Propagandapflicht des einzelnen Beamten verstanden würde, könnte erwogen werden. Doch kommt es für die vorliegende Arbeit hierauf nicht entschei-

---

[75] DÖV 1956, S. 135 f., S. 142.
[76] DÖV 1955, S. 600 und DÖV 1956, S. 555, Anm. 40.
[77] Ebenda.
[78] DÖV 1955, S. 601; zustimmend *Herzog*, a. a. O., S. 104 f.
[79] Bezüglich der Unhaltbarkeit einer lediglich auf die Funktion des Grundrechts abstellenden Auffassung vgl. *Lerche*, Übermaß und Verfassungsrecht, S. 237; auch *Hubers* Ansicht befriedigt nicht voll: Ein Grundrecht ist kein Tisch, hinsichtlich dessen man, nach Entfernung der vier Beine, sagen kann, jetzt ist es kein Tisch mehr, sondern eine Platte und vier Stäbe. Indem das Recht, auch das Grundrecht, Regelung des sozialen Lebens ist, kann es von diesem nicht unabhängig sein; das ist der richtige Gedanke *Krügers*.
[80] Das Bundesverwaltungsgericht, das im übrigen, wie *Herzog*, a. a. O., S. 92, zeigt, in eine Verstrickung der Gedanken über einen „allgemeinen Gemeinschaftsvorbehalt" und über den „Wesensgehalt" geraten ist, spricht in BVerwGE 1, 274 davon, der Wesensgehalt sei angetastet, wenn von dem Grundrecht „so gut wie nichts übrigbleibt".

dend an, da eine solche Auslegung der politischen Treupflicht, wie sich zeigen wird, durch Art. 33 Abs. 4 und 5 GG ohnehin nicht gedeckt wird.

b) Art. 19 Abs. 2 GG als Verankerung eines generellen Erforderlichkeitsgebots für Grundrechtsbeschränkungen

Wie erwähnt, sieht es die ständige Rechtsprechung des BGH und im Anschluß daran ein Großteil der Lehre für den wesentlichen Inhalt des Art. 19 Abs. 2 GG an, für alle Grundrechtsbeschränkungen vorzuschreiben, daß sie nur bei zwingender Notwendigkeit erfolgen dürfen und dem Grundrecht möglichst weiten Raum lassen müssen. In diesem Zusammenhang wird von der Etablierung eines generellen Erforderlichkeitsgebots gesprochen.

Nach den scharfen begrifflichen Unterscheidungen, die Lerche in einer neueren Untersuchung vorgenommen hat[81], ist es an dieser Stelle notwendig, schärfer zu unterscheiden, als dies häufig geschieht. Es sind auseinanderzuhalten der Grundsatz der Erforderlichkeit, der besagt, daß unter mehreren zur Zweckerreichung geeigneten Mitteln nur das leichteste, geringst einschneidende gewählt werden darf, und der Grundsatz der Verhältnismäßigkeit, der besagt, daß ein bestimmtes Mittel gegenüber einem verfolgten Zweck nicht unangemessen sein, nicht außer Verhältnis zu ihm stehen darf[82].

Geht man hiervon aus, dann kann die allgemeine Frage, ob einer dieser Grundsätze oder beide über Art. 19 Abs. 2 GG[83] für alle Grundrechtsbeschränkungen gilt, dahingestellt bleiben[84]. Für Beschränkungen der Grundrechte im Beamtenverhältnis ergeben sie sich bereits aus dem Verhältnis der Art. 2 f. GG zu Art. 33 Abs. 4 und 5 GG.

VII. Beschränkungen der Grundrechte im Beamtenverhältnis und die Gebote der Erforderlichkeit und Verhältnismäßigkeit

Aus der relativen Unabhängigkeit der Entscheidung des Grundgesetzes für die Grundrechte von der Verfassungsentscheidung für das Berufsbeamtentum wurde oben gefolgert, daß das Ziel jeder Auslegung des gegenseitigen Verhältnisses beider Entscheidungen die maximale Ver-

---

[81] Übermaß und Verfassungsrecht, S. 216, 218, 219.
[82] a. a. O., S. 216, 218.
[83] Oder unabhängig von Art. 19 Abs. 2 GG — vgl. *Herzog*, a. a. O., S. 125 f., S. 128.
[84] Vgl. *Lerche*, a. a. O., S. 218, S. 219.

VII. Erforderlichkeit und Verhältnismäßigkeit

wirklichung der jeweils hinter den Verfassungsentscheidungen stehenden politischen Leitgedanken sein müsse. Geht man hiervon aus, dann ergibt sich die Geltung zunächst des Erforderlichkeitsgebots für Beschränkungen der Grundrechte im Beamtenverhältnis ohne weiteres.

Durch die Entscheidung der Verfassung für das Berufsbeamtentum werden bestimmte Beschränkungen der Grundrechte im Beamtenverhältnis grundsätzlich gerechtfertigt. Insoweit ist die Entscheidung des GG in Art. 33 Abs. 4 und 5 GG unabhängig von der in den Art. 2 f. GG. Es hieße aber den Einfluß der Grundrechtsentscheidung verkennen, wollte man annehmen, daß der Gesetzgeber im Beamtenverhältnis Beschränkungen der Grundrechte statuieren dürfte, die über das zur Erreichung der beamtenrechtlichen Zwecke Erforderliche hinausgehen. Aus dem Effektivitätsprinzip ergibt sich notwendig, daß, wenn zur Verwirklichung der in Art. 33 Abs. 4 und 5 GG anerkannten Zwecke zwei verschieden tief gehende Grundrechtsbeschränkungen gleich geeignet sind, das weniger Einschneidende gewählt werden muß[85].

Die praktische Anwendung des Erforderlichkeitsgrundsatzes kann allerdings nur mit Behutsamkeit erfolgen. Das Prinzip setzt, soll es strikt angewendet werden, Sicherheit darüber voraus, welches Mittel zur Erreichung eines bestimmten Zwecks jeweils tauglich ist und welches Mittel unter den geeigneten am wenigsten beeinträchtigt. Beides wirft Probleme auf.

Die Hauptschwierigkeit ist, festzustellen, ob ein ergriffenes Mittel zur Verfolgung eines bestimmten Zwecks geeignet ist oder ob es noch andere geeignete Mittel gibt. Wenn im Polizeirecht, wo der Grundsatz der Erforderlichkeit am festesten verwurzelt ist (ausdrücklich etwa Art. 6 BayPAG), etwa von einer Hausruine Gefahren ausgehen, dann wird sich ziemlich leicht Einigkeit darüber erzielen lassen, welches Mittel zur Beseitigung der Gefahr geeignet ist. Im Rahmen des Beamtenrechts, wo es nicht darum geht, auf einmalige Gefahren zu reagieren, sondern wo dauernde Regelungen geschaffen werden müssen zur Verfolgung von Zwecken, die sehr viel umfassender und vielfältiger sind als die Gefahrenabwehr des Polizeirechts, da setzt das Urteil über die Geeignetheit eines Mittels unter Umständen so viel risikobehaftete Einschätzung zukünftiger Entwicklung voraus, daß man geneigt sein könnte, Entschei-

---

[85] Damit wird *Lerches* These vom „autonomen Innenraum" des Besonderen Gewaltverhältnisses (Übermaß und Verfassungsrecht, S. 216, S. 218 f.) widersprochen. Da aber die aus der politischen Treupflicht resultierenden Beschränkungen der Kommunikationsrechte, um die es hier letztlich geht, sicherlich „Abgrenzung der äußeren, allgemeinen Zwecke des Besonderen Gewaltverhältnisses sind", die auch *Lerche* dem Erforderlichkeitsgebot unterstellen will (a. a. O., S. 218), muß diesem Widerspruch nicht nachgegangen werden.

dungen hierüber dem demokratisch nicht legitimierten Richter grundsätzlich zu versagen[86].

Dazu kommt, daß auch die Entscheidung darüber, welches von mehreren geeigneten Mitteln das leichteste ist, durchaus nicht einfach zu sein braucht. Auch hier zeigt ein Blick auf das Polizeirecht, wo regelmäßig nur durch einen einmaligen Akt in die Rechte eines Betroffenen eingegriffen wird, die Verschiedenheit der beamtenrechtlichen Situation gegenüber den Verhältnissen, in denen der Grundsatz der Erforderlichkeit geboren wurde.

Im Ergebnis wird man sagen müssen[87]: Der Richter kann in vollem Umfang prüfen, ob eine bestimmte Beschränkung der Grundrechte schwerer beeinträchtigt als eine andere, denn hierbei handelt es sich um eine, wenn auch schwierige Rechtsfrage. Er hat dagegen regelmäßig kein abschließendes Urteil darüber, ob eine bestimmte Beschränkung geeignetes Mittel ist und eine andere nicht. Nur in den Fällen, in denen die Geeignetheit oder Ungeeignetheit einer Grundrechtsbeschränkung für das Urteil eines vernünftigen Betrachters offenbar ist, kann der Richter von der Geeignet- bzw. Nichtgeeignetheit der Grundrechtsbeschränkung ausgehen. Nur dann, wenn eine beamtenrechtliche Grundrechtsbeschränkung offenbar nicht das leichteste Mittel zur Verfolgung des mit ihr erstrebten Zwecks ist, wenn für das Urteil eines jeden vernünftigen Betrachters offenkundig ist, daß der erstrebte Zweck mit einer weniger einschneidenden Regelung auch erreicht werden kann, kann der Richter die Regelung wegen Verstoßes gegen das Erforderlichkeitsgebot für verfassungswidrig erklären[88].

Auch der Grundsatz der Verhältnismäßigkeit gilt für Beschränkungen der Grundrechte im Beamtenverhältnis. Dies ergibt sich wie die Geltung des Erforderlichkeitsgrundsatzes aus der Verzahnung der beiden Verfassungsentscheidungen für die Grundrechte einerseits, das Berufsbeamtentum andererseits. Freilich, mit der Anerkennung des Verhält-

---

[86] Zu dieser Problematik rechtsvergleichend *Feuchte*, DÖV 1964, S. 438.

[87] Die Frage kann nicht weiter vertieft werden. Man kommt hier, wie *Lerche* (Übermaß und Verfassungsrecht, S. 321) sagt, ins „ausgedehnte Schlachtfeld der Ermessenslehre". Auf die ins einzelne gehende Darstellung bei *Lerche*, a. a. O., S. 321 f., wird Bezug genommen. Als Beispiel einer Erforderlichkeitsprüfung bezüglich beamtenrechtlicher Grundrechtsbeschränkungen vgl. BVerwGE 14, 21 f. (28).

[88] Eine solche Bestimmung mag wegen der darin liegenden Unsicherheiten unbefriedigend klingen. Es geht aber nicht an, wegen schwieriger Judizierbarkeit auf den Grundsatz der Erforderlichkeit überhaupt zu verzichten. Im übrigen würde die erwähnte richterliche Tätigkeit im wesentlichen in die Zuständigkeit des Bundesverfassungsgerichts fallen, das seine Fähigkeit zu Takt und Zurückhaltung in schwierigen Grenzfragen vielfach unter Beweis gestellt hat.

VII. Erforderlichkeit und Verhältnismäßigkeit

nismäßigkeitsgrundsatzes ist nichts gesagt, was nicht auch schon in dem Wechselwirkungsgrundsatz enthalten wäre. Wie Lerche zutreffend ausführt, verlangt die Anwendung des Verhältnismäßigkeitsprinzips einen Mittel und Zweck umspannenden Maßstab[89]. Dieser kann hier, da es sich um ein verfassungsrechtliches Verhältnismäßigkeitsgebot handelt, nur aus der Verfassung fließen. Wenn aber somit im Hinblick auf die Verfassung entschieden werden muß, ob eine bestimmte Beschränkung der Grundrechte im Beamtenverhältnis dem mit ihr verfolgten Zweck angemessen ist, so heißt das nichts anderes, als daß man sich des Verhältnisses der gegenseitigen Verschränkung, wie es zwischen den Artikeln 2 f. GG und Artikel 33 Abs. 4 und 5 GG besteht, bewußt ist.

Genau das gebietet auch der schon oben anerkannte Wechselwirkungsgrundsatz. Sagt so das Verhältnismäßigkeitsgebot nichts, was nicht auch schon aus dem Wechselwirkungsgrundsatz folgen würde, so gibt es andererseits nicht den vollen Inhalt des Wechselwirkungsgrundsatzes wieder. Wie auch das Erforderlichkeitsgebot ist der Grundsatz der Verhältnismäßigkeit eine Zweck-Mittel-Relation: Er gibt an, wie ein Mittel beschaffen sein muß, wenn ein bestimmter Zweck gegeben ist. Der Zweck als solcher wird vorausgesetzt. Mit anderen Worten: Erforderlichkeits- und Verhältnismäßigkeitsgebot kommen zum Zug, wenn die Frage ist, ob bestimmte Beschränkungen der Grundrechte im Beamtenverhältnis im Verhältnis zu den mit ihnen verfolgten Zwecken im richtigen Verhältnis stehen; die Zwecke selbst werden durch die beiden Grundsätze keiner Prüfung unterworfen.

Auf die Prüfung dieser Zwecke kommt es aber entscheidend an. Die Frage ist regelmäßig nicht so sehr, ob eine bestimmte Beschränkung der Grundrechte im Beamtenverhältnis im Hinblick auf die mit ihr verfolgten Zwecke notwendig und angemessen ist, sondern ob derartige Grundrechtsbeschränkungen nach sich ziehende Zwecke im Beamtenverhältnis überhaupt verfolgt werden dürfen, ob sie durch Art. 33 Abs. 4 und 5 GG gedeckt sind.

Der Wechselwirkungsgrundsatz setzt an dieser entscheidenden Stelle ein. Er gibt aber nur eine formale Bestimmung des Verhältnisses von Grundrechten und Beamtenverhältnis und ob sich mittels des aus ihm entwickelten Effektivitätsgrundsatzes konkrete Bestimmungen über das Verhältnis von Grundrechten und Berufsbeamtentum, speziell über das Verhältnis von Kommunikationsrechten und Beamtentum treffen lassen, ist erst noch zu entscheiden.

Ebenso wie Art. 19 Abs. 2 GG helfen die Grundsätze der Erforderlichkeit und der Verhältnismäßigkeit hier nicht viel weiter.

---

[89] Übermaß und Verfassungsrecht, S. 216, S. 218.

VIII. Beschränkungen speziell der Kommunikationsgrundrechte im Beamtenverhältnis und der Entscheidungsvorbehalt des Bundesverfassungsgerichts nach Art. 18 Satz 2 GG und Art. 21 Absatz 2 Satz 2 GG

Dasselbe gilt im Ergebnis für die Bestimmungen der Art. 18 Satz 2 GG und 21 Abs. 2 Satz 2 GG, wonach die Entscheidung über die Verwirkung von Grundrechten bzw. die Verfassungswidrigkeit einer politischen Partei dem Bundesverfassungsgericht vorbehalten ist.

Diese Bestimmungen berühren die hier inmitten stehende Frage nach dem Verhältnis von Kommunikationsfreiheit und Statusrecht speziell im Hinblick auf eine politische Treupflicht der Beamten (Soldaten) insofern, als der Tatbestand der politischen Treupflicht, so wie er sich aufgrund der gesetzlichen Regelung in § 52 Abs. 2 BBG, 35 Abs. 1 Satz 3 BRRG, 8 SoldG darstellt, sich mit dem Tatbestand der Art. 18 Satz 1 GG, 21 Absatz 2 Satz 1 GG überschneidet. Tatsächlich ist der Tatbestand der §§ 52 Absatz 2 BBG, 35 Abs. 1 Satz 3 BRRG, 8 SoldG viel weiter als der Tatbestand dieser Verfassungsbestimmungen. Es bedarf aber keiner weiteren Erläuterung, daß er am sichersten dann erfüllt ist, wenn zugleich der Tatbestand dieser Grundgesetzartikel gegeben ist: Gegen eine Pflicht, „für die Erhaltung der freiheitlichen demokratischen Grundordnung einzutreten", wie sie diese Bestimmungen der politischen Treupflicht statuieren, ist jedenfalls dann verstoßen, wenn zugleich im Sinn des Art. 18 GG ein „Kampf" gegen die freiheitliche Grundordnung vorliegt, oder wenn der Beamte (Soldat) von seinen Kommunikationsrechten zum Zweck der Unterstützung einer politischen Partei Gebrauch macht, die im Sinn des Art. 21 Abs. 2 Satz 1 GG „darauf ausgeht, die freiheitliche demokratische Grundordnung zu beeinträchtigen oder zu beseitigen".

Die Streitfrage, welcher rechtlichen Natur der Entscheidungsvorbehalt des Bundesverfassungsgerichts nach Art. 18 Satz 2 GG, Art. 21 Absatz 2 Satz 2 GG ist, muß daher in diesem Zusammenhang aufgegriffen werden.

a) Die konstitutive Wirkung der Entscheidung des Bundesverfassungsgerichts nach Art. 18 GG

Was Art. 18 Grundgesetz betrifft, so wird in einer jüngeren Untersuchung die Frage aufgeworfen, ob es verfassungsrechtlich überhaupt zulässig ist, wenn an den Tatbestand des Art. 18 GG (Mißbrauch von Kommunikationsgrundrechten zum Kampf gegen die freiheitliche demokratische Grundordnung) irgendwelche Rechtsfolgen, also auch disziplinarrechtliche Folgen, angeknüpft werden, bevor das Bundesverfas-

VIII. Art. 18 Satz 2 GG und Art. 21 Abs. 2 Satz 2 GG

sungsgericht eine Verwirkung ausgesprochen hat[90]. Sie kommt unter Bezugnahme auf die zu Art. 21 Abs. 2 GG ergangene Entscheidung des Bundesverfassungsgerichts BVerfGE 12, Seite 296 f. zu dem Schluß, daß grundsätzlich sich niemand auf die Verfassungsfeindlichkeit einer politischen Tätigkeit berufen dürfe, bevor nicht das Bundesverfassungsgericht eine Verwirkung ausgesprochen hat[91].

Versteht man den in Art. 18 GG vorgesehenen Verwirkungsausspruch durch das Bundesverfassungsgericht in diesem Sinn konstitutiv, dann wäre für eine politische Treupflicht kein Raum mehr. Soweit der Beamte seine Kommunikationsrechte im Sinn des Art. 18 GG mißbrauchen würde, könnte er vor der Entscheidung des Bundesverfassungsgerichts disziplinarrechtlich nicht verfolgt werden; bliebe aber somit die schwerste denkbare Art eines Verstoßes gegen die politische Treupflicht (so wie sie dem Gesetzgeber vor Augen stand) disziplinarrechtlichen Sanktionen entzogen, so könnten logischerweise minder schwerwiegende Verstöße erst recht nicht geahndet werden.

Mit Recht ist eine solche Auslegung jedoch in dem Kommentar von Maunz-Dürig zurückgewiesen worden[92]. Zutreffend wird zwar allgemein davon ausgegangen, daß der Ausspruch der Verwirkung nach Art. 18 GG konstitutiven Charakter hat. Das durchschlagendste Argument hierfür ist die Entstehungsgeschichte des Art. 18 GG[93]. Das heißt, daß sich bis zum Ausspruch der Verwirkung durch das Bundesverfassungsgericht niemand darauf berufen kann, daß der Betroffene seine Kommunikationsgrundrechte wegen Mißbrauchs verwirkt hat. Das bedeutet aber nicht, daß an den dem Art. 18 GG zugrunde liegenden Tatbestand nicht auch andere Sanktionen als die der Grundrechtsverwirkung geknüpft

---

[90] *Copic*, JZ 1963, S. 494 f.
[91] *Copic*, JZ 1963, S. 497. Vgl. auch die unklare Bemerkung bei *von Mangoldt-Klein*, Anm. II, 5 zu Art. 18 GG, wonach „soweit... gegen eine Vereinigung... wegen einer zwar nicht gegen die verfassungsmäßige Ordnung schlechthin, wohl aber gegen die freiheitliche demokratische Grundordnung gerichteten Zielsetzung und Tätigkeit vorgegangen werden soll, ist das Eingreifen der Verwaltungsbehörde unstatthaft; es bedarf vielmehr der Durchführung des in Art. 18 GG vorgesehenen verfassungsrechtlichen Verfahrens". Art. 18, III, 4 b nimmt *von Mangoldt-Klein* selbst an, daß der Begriff der verfassungsmäßigen Ordnung in Art. 9 Abs. 2 GG den der freiheitlichen demokratischen Grundordnung einschließt.
[92] *Maunz-Dürig*, Anm. 69 zu Art. 18 GG.
[93] Gegenüber Art. 20 Abs. 1 Entwurf Herrenchiemsee:
„(1) Wer die Grundrechte der Freiheit der Meinungsäußerung... der Pressefreiheit... der Versammlungsfreiheit... oder der Vereinigungsfreiheit mißbraucht, verwirkt damit das Recht, sich auf diese Grundrechte zu berufen.
(2) Ob diese Voraussetzungen vorliegen, entscheidet auf Beschwerde das Bundesverfassungsgericht."
hat sich der Parlamentarische Rat bewußt für die heutige Fassung entschieden (JöR, NF, Bd. 1, S. 172 f.).

werden könnten. Art. 18 GG und die Anerkennung der konstitutiven Wirkung des Verwirkungsausspruchs durch das Bundesverfassungsgericht beinhalten nur, daß bis zu diesem Ausspruch davon auszugehen ist, daß der jeweils Betroffene die mißbrauchten Grundrechte noch hat. Ergibt sich aber sonst aus dem Grundgesetz, etwa aus Art. 33 Abs. 4 und 5 GG eine Ermächtigung, in diese, als bestehend anzusehenden Grundrechte einzugreifen, so wird dies nicht dadurch ausgeschlossen, daß der Anknüpfungstatbestand wie in Art. 18 GG ein Kampf gegen die freiheitliche demokratische Grundordnung ist[94], es sei denn, es bestünde auch eine Konkurrenz auf der Rechtsfolgenseite (§ 42, 1 StGB), worauf in diesem Zusammenhang nicht einzugehen ist.

Mit Recht spricht Dürig[95] von einer „grandiosen Mißdeutung" des Art. 18 GG, wenn man ihn so versteht, daß bis zum Verwirkungsausspruch des Bundesverfassungsgerichts kein anderes Staatsorgan reagieren dürfe, weil vorher ein kompetentes Unwerturteil über die betreffende politische Betätigung nicht möglich sei.

Die richtige Auffassung der unbestritten konstitutiven Wirkung des Verwirkungsausspruchs nach Art. 18 GG muß deren Bedeutung darin sehen, daß bis zum Ausspruch der Verwirkung ein Eingriff in die Grundrechte des Betroffenen nur unter den allgemeinen Voraussetzungen, wie etwa beim Vorliegen eines ausdrücklichen Gesetzesvorbehalts oder im Hinblick auf eine institutionelle Anerkennung, wie die des Berufsbeamtentums, zulässig ist.

b) Die konstitutive Wirkung der Entscheidung des Bundesverfassungsgerichts nach Art. 21 Abs. 2 GG

Eine andere Frage ist, ob dem Beamten parteiorientierte politische Kommunikation, das ist die Mitgliedschaft in einer politischen Partei, die Teilnahme an ihren Veranstaltungen, das Verfechten ihrer Ziele,

---

[94] Anders Art. 17 MRK, der im Sinn eines allgemeinen Auslegungsgebots bestimmt, daß keines der in der Konvention gewährleisteten Rechte so ausgelegt werden darf, daß es das Recht begründet, eine Tätigkeit auszuüben oder eine Handlung zu begehen, die auf Abschaffung oder Beeinträchtigung der Konventionsrechte hinzielt.
Dazu *Herzog*, a. a. O., S. 70 und *Wiebringhaus*, Die Rom-Konvention für Menschenrechte in der Praxis der Straßburger Menschenrechtskommission Anm. 2 zu Art. 17 MRK.
Wenn der Tatbestand des Art. 18 GG gegeben ist, dann greift der Grundrechtsschutz der MRK somit nicht mehr ein, da die Grundfreiheiten der MRK eine Kommunikation, wie sie Art. 18 GG im Auge hat, gemäß Art. 17 MRK gar nicht schützen.
[95] Vgl. *Maunz-Dürig*, Anm. 67 und 69 zu Art. 18 GG. Siehe auch *Reismüller*, JZ 60, S. 532, BVerfGE 10, 123, *Geiger*, BVerfGG, S. 148, *Giese-Schunck*, GG, Anm. 3 zu Art. 18.

durch eine politische Treupflicht untersagt werden kann, bevor die Partei nach Art. 21 Abs. 2 GG vom Bundesverfassungsgericht für verfassungswidrig erklärt worden ist. Diese Frage wird von einigen namhaften Autoren verneint[96]. Wären sie im Recht, dann wäre der eingangs zitierte Beschluß der Bundesregierung vom 19. 9. 1950 weitgehend verfassungswidrig gewesen.

a) Die Auffassung des Bundesverwaltungsgerichts

Das Bundesverwaltungsgericht glaubte in dem, soweit ersichtlich, einzigen von ihm bisher entschiedenen Fall[97], eine Stellungnahme zu dem Problem vermeiden zu können. Es ging in der Entscheidung unter anderem darum, daß ein Beamtenverhältnis auf Widerruf deshalb widerrufen worden war, weil der Beamte Mitglied der KPD war und sich für sie betätigte. Der Widerruf erfolgte 1952, also noch vor dem Verbot der KPD und unter der Herrschaft des § 3 Abs. 2 DBG, Bundesfassung. Das Gericht legte diese Bestimmung so aus, daß, wenn sich der Beamte durch sein gesamtes Verhalten zur freiheitlichen demokratischen Grundordnung bekennen müsse (§ 3 Abs. 2 DBG, Bundesfassung), dagegen schon die Mitgliedschaft in Parteien verstoße, die sich jedenfalls nicht für die freiheitliche demokratische Grundordnung einsetzen. Dann fährt das Gericht fort:

„Die Feststellung, eine Partei setze sich nicht für die freiheitliche demokratische Grundordnung ein, ist anderen Inhalts als die vom Bundesverfassungsgericht nach Art. 21 Abs. 2 Satz 2 GG zu treffende Feststellung, eine Partei gehe in ihren Zielen oder nach dem Verhalten ihrer Anhänger darauf aus, die freiheitliche demokratische Grundordnung zu beeinträchtigen... Die Regelung des Art. 21 Abs. 2 GG kann somit nicht die... Feststellung hindern, eine Partei setze sich jedenfalls nicht für die im Grundgesetz verankerte demokratische Staatsauffassung ein. Der erkennende Senat kann deshalb unerörtert lassen, ob die Auffassung... zutrifft, die Tatbestandsmerkmale des Art. 21 Abs. 2 Satz 2 GG dürften nur von dem Bundesverfassungsgericht im Rahmen einer Entscheidung nach Art. 21 Abs. 2 GG festgestellt werden, und vor einer solchen Entscheidung dürfe sich im Rechtsleben niemand auf die Verfassungswidrigkeit einer Partei berufen, oder ob nicht vielmehr die Bedeutung einer Feststellung im Sinne des Art. 21 GG sich in der Eröffnung der Möglichkeit erschöpft, gegen eine als verfassungswidrig erkannte Partei in der durch § 46 BVerfGG vorgesehenen Weise einzuschreiten[98]."

---

[96] *Ule*, DVBl. 1951, 340, 341 sowie in „Öffentlicher Dienst", a. a. O., S. 604, S. 605 mit Nachweisen; H. J. *Wolff*, Verwaltungsrecht, II. Bd., S. 321; *Hamann*, Art. 21, B 8 c; *Beyer*, NJW 1956, S. 768; Heidelberger Gesellschaft zur Wahrung der Grundrechte in „Politische Treupflicht im öffentlichen Dienst", S. 17 und schließlich *Evers*, a. a. O., S. 41, 42, wenn auch unter großen Bedenken.
[97] Urteil vom 10. 3. 1960, BVerwGE 10, S. 213 f.
[98] a. a. O., S. 216 — zustimmend *Bachof*, JZ 63, S. 18.

Das ist nicht überzeugend. Man kann nicht, wie das Gericht meint, die Feststellung der Nichtverfassungsfreundlichkeit einer Partei in dem Sinn (also absolut!) von der der Verfassungsfeindlichkeit gemäß Art. 21 Abs. 2 GG trennen, daß es für die erstere nicht auf die Auslegung des Art. 21 Abs. 2 GG ankäme. Die „Nichtverfassungsfreundlichkeit" schließt nach normalem Verständnis die „Verfassungsfeindlichkeit" ein, und so wird es von dem Gericht auch vorausgesetzt, wenn es die KPD als „jedenfalls nicht verfassungsfreundlich" bezeichnet. Wenn das Gericht die Feststellung der „Nichtverfassungsfreundlichkeit" einer Partei nicht von einem Präjudiz des Bundesverfassungsgerichts abhängig machen will, so sagt es damit nichts anderes, als daß, für den Bereich, in dem es lediglich darauf ankommt, ob eine Partei sich für die freiheitliche Demokratie einsetzt oder nicht — nämlich für den Bereich einer politischen Treupflicht — eine Vorentscheidung des Bundesverfassungsgerichts nicht notwendig ist.

Es läßt die scheinbar offengelassene Frage nach dem Sinn des Art. 21 Abs. 2 GG in Wirklichkeit nicht offen, sondern entscheidet sich für die zweite der von ihm zur Wahl gestellten Alternativen.

Den entgegengesetzten Standpunkt, nämlich Art. 21 Abs. 2 GG besage, niemand, auch nicht der Dienstherr, dürfe sich vor einer Entscheidung des Bundesverfassungsgerichts auf die Verfassungswidrigkeit einer Partei im Sinn des Art. 21 Abs. 2 GG berufen, kann das Gericht nicht einnehmen, wenn es sein Ergebnis halten will. Wie inzwischen festgestellt, handelt es sich bei der KPD nicht nur um eine „nichtverfassungsfreundliche" Partei, sondern um eine im Sinn des Art. 21 Abs. 2 GG verfassungsfeindliche Partei. Die Entscheidung des Gerichts fußt nicht auf der begrifflichen Verschiedenheit zwischen der Verfassungsfeindlichkeit und der Nichtverfassungsfreundlichkeit einer Partei, sondern auf der Annahme, daß es nicht der Sinn des Art. 21 Abs. 2 GG sein könne, beamtenrechtliche Beschränkungen der parteiorientierten Kommunikation von einer vorgängigen Entscheidung des Bundesverfassungsgerichts nach Art. 21 Abs. 2 GG abhängig zu machen.

β) Die Rechtsprechung des Bundesverfassungsgerichts zu Art. 21 Abs. 2 GG

Dem Bundesverfassungsgericht lag ein entsprechender Fall bisher nicht vor. Man ist gezwungen, aus seiner bisherigen Rechtsprechung zu Art. 21 Abs. 2 GG Rückschlüsse auf seinen Standpunkt in der vorliegenden Frage zu ziehen.

VIII. Art. 18 Satz 2 GG und Art. 21 Abs. 2 Satz 2 GG

In der Entscheidung BVerfGE 9, 162 f. hat das Bundesverfassungsgericht die §§ 80, 81 StGB für verfassungsmäßig erklärt und dabei festgestellt:

„Art. 21 Abs. 2 GG und die §§ 80, 81 StGB erfassen grundsätzlich voneinander abweichende Tatbestände und verfolgen verschiedene Zwecke. Art. 21 GG macht die Parteien zu integrierenden Bestandteilen des Verfassungsaufbaus und des verfassungsrechtlich geordneten Lebens. Bei Art. 21 Abs. 2 GG handelt es sich somit also um eine Norm, die die Parteiorganisation als solche trifft... ihrem Wortlaut und ihrem Wesen nach kann sie nur auf die Partei als Ganzes oder auf rechtliche oder organisatorische Teile der Partei angewendet werden. Die §§ 80, 81 StGB richten sich gegen eine Einzelperson und drohen für bestimmte abgrenzbare, in der Vergangenheit liegende Handlungen dieser Person eine Strafe an; sie sind auf die Einzelperson, die diesen konkreten Tatbestand verwirklicht, anzuwenden, und zwar ohne Rücksicht auf ihre Zugehörigkeit zu einer politischen Partei oder ihrer Funktionen in einer solchen Partei. Dem Art. 21 GG, der seinem Wesen nach eine Präventivmaßnahme ist, ist dieser „punktuelle" Charakter der strafrechtlichen Sanktion... fremd... Das durch Art. 21 Abs. 1 GG garantierte Recht der Parteien, an der politischen Willensbildung... mitzuwirken, könnte nur dann beeinträchtigt sein, wenn gegen die Funktionäre nach den §§ 80, 81 StGB eingeleitete Verfahren dazu dienen würden, die Partei unter Umgehung des in Art. 21 Abs. 2 GG hierfür vorgesehenen Verfahrens... aus dem politischen Leben auszuschalten[99]."

Wenn das Gericht somit annahm, Art. 21 Abs. 2 GG beziehe sich seinem Wortlaut und Wesen nach nur auf die Partei als Ganzes, so kann man daraus schließen, daß es sich auch bezüglich Maßnahmen aufgrund einer politischen Treupflicht auf den Standpunkt stellen würde, daß die Partei als ganzes davon nicht berührt werde. Ähnlich wie bei den §§ 80, 81 StGB werden im Rahmen einer politischen Treupflicht die angedrohten Sanktionen ja nicht speziell an die Unterstützung bestimmter Parteien geknüpft. Tatbestand ist vielmehr, daß der Beamte gegen die vom Gesetzgeber vorgesehene Pflicht, an der Erhaltung der freiheitlichen demokratischen Grundordnung mitzuwirken verstößt. Die parteiorientierte Kommunikation ist nur einer der dabei denkbaren Fälle.

Das Gericht hat seinen Standpunkt aber modifiziert in der Entscheidung BVerfGE 12, Seite 296 f.[100]. Dort heißt es, das „in erster Linie die Parteiorganisation schützende Privileg des Art. 21 Abs. 2 GG" erstrecke sich auch auf die mit allgemein[101] erlaubten Mitteln arbeitende partei-

---
[99] a. a. O., S. 165, S. 166, zum Teil in wörtlicher Übereinstimmung mit BGHSt 6, 344, 345.
[100] Betreffend die Verfassungsmäßigkeit des § 90a StGB.
[101] Was hier mit „allgemein" bezeichnet wird, ist offenbar etwas Ähnliches wie in Art. 5 Abs. 2 GG. § 90 a StGB ist zwar ein Strafgesetz; wenn ihm die „allgemeinen" Strafgesetze gegenübergehalten werden, so bedeutet das anscheinend Strafgesetze, die sich nicht gerade gegen das Gründen und Fördern politischer Parteien richten. Vgl. auch schon BVerfGE 9, 166.
Hier zeichnen sich, im Sinn Lerches, die Konturen eines allgemeineren Begriffs der „allgemeinen Gesetze" ab, als er Art. 5 Abs. 2 GG zugrunde liegt.

offizielle Tätigkeit ihrer Gründer und Funktionäre sowie der Anhänger der Partei. Könne die nicht gegen die allgemeinen Strafgesetze verstoßende Tätigkeit dieser Personen als strafbares Unrecht verfolgt werden, so würde der den Parteien durch Art. 21 Abs. 2 GG gewährte Schutz ausgehöhlt; denn eine Partei sei ohne die Tätigkeit ihrer Funktionäre handlungsunfähig. Die Freiheit, politische Parteien zu gründen und ihr Recht, an der Willensbildung des Volkes teilzunehmen, sei verfassungsmäßig verbürgt. Daraus folge die Legalität des Handelns der Parteigründer und der für die Partei tätigen Personen, selbst wenn die Partei später für verfassungswidrig erklärt wird. Was das Grundgesetz gestatte, könne das Strafgesetz nicht verbieten[102].

Angesichts dieser Entscheidung fragt sich doch, ob nach Auffassung des Gerichts nicht auch die parteiorientierte Kommunikation der Beamten so lange als unbedenklich angesehen werden muß, bis die betreffende Partei nach Art. 21 Abs. 2 GG für verfassungswidrig erklärt worden ist[103].

γ) Eigene Lösung

Die Lehre ist sich mit dem Bundesverfassungsgericht im allgemeinen darin einig, die Feststellung des Bundesverfassungsgerichts nach Art. 21 Abs. 2 GG als konstitutiv zu bezeichnen[104]. Der unbestrittene Kerninhalt dieser Bezeichnung ist, daß die Partei als solche erst nach einer dahingehenden Entscheidung des Bundesverfassungsgerichts für verfassungswidrig angesehen und dementsprechend behandelt werden darf, daß insbesondere die in § 46 Abs. 3 BVerfGG vorgesehenen Sanktionen erst nach dem Spruch des Bundesverfassungsgerichts über die Partei verhängt werden dürfen. Dies hat auch die Rechtsprechung des Bundesgerichtshofs in Strafsachen stets anerkannt[105].

---

[102] a. a. O., S. 298. In einer weiteren Entscheidung hat das Bundesverfassungsgericht die These von der verfassungskräftigen Legalität des Handelns für eine politische Partei weiter ausgebaut, indem es erkannte, daß auch unter dem Gesichtspunkt des § 6 Abs. 1 Nr. 1 BEG vom 19. 5. 1956 die Tätigkeit eines KPD-Funktionärs, der sich „mit allgemein erlaubten Mitteln" für die Ziele der KPD eingesetzt hat, für die Zeit vor dem KPD-Verbot nicht als (eine Entschädigung ausschließende) „Betätigung gegen die freiheitliche demokratische Grundordnung" angesehen werden dürfe. (Beschluß vom 27. 6. 1961, BVerfGE 13, S. 46 f., S. 52).

[103] Vgl. auch *Scheuner*, Erfahrungen und Probleme, a. a. O., S. 31, der von der „in Kreisen des Bundesverfassungsgerichts verbreiteten Auffassung" spricht.

[104] *Maunz-Dürig*, Anm. 121 zu Art. 21, Copic, a. a. O., S. 498; *Henke* in Bonner Kommentar, Art. 21, II, 2, d; *Maunz*, Staatsrecht, S. 73; *von Mangoldt-Klein*, Art. 21, VII, 5; *Hamann*, Art. 21, B 8 c; *Heinemann-Posser*, NJW 1959, S. 124.

[105] Vgl. BGHSt NJW 1958, S. 1194 mit Nachweisen.

VIII. Art. 18 Satz 2 GG und Art. 21 Abs. 2 Satz 2 GG

Im übrigen ist strittig, welche Bedeutung der Bezeichnung „konstitutiv" in diesem Zusammenhang zukommt. Bis zur Entscheidung des Bundesverfassungsgerichts in BVerfGE 12, S. 296 f. hielt die herrschende Lehre den § 90 a StGB in vollem Umfang für verfassungsmäßig[106]. Sie teilte damit im wesentlichen die Auffassung des BGH, der davon ausging, das Bundesverfassungsgericht könne eine Partei durch Urteil nur verbieten, „wenn es festzustellen vermöge, daß die Partei schon vorher verfassungsfeindlich war"[107]. Es sei unmöglich, sich vorzustellen, daß eine Partei, gegen die ein Urteil des Bundesverfassungsgerichts gemäß Art. 21 Abs. 2 GG ergeht, allein durch diese Entscheidung aus einem „Zustand voller Legalität heraus in das politisch-rechtliche Nichts gestürzt werde"[108]; solange die Partei materiell (!) im Sinne des Art. 21 Abs. 2 GG gegen die freiheitliche Demokratie ankämpfe, sei sie mit dem Makel der Rechtswidrigkeit behaftet. Dieser Makel aktualisiere sich für sie selbst erst nach dem Urteil des Bundesverfassungsgerichts; im Verhältnis des Staats zu den einzelnen Anhängern und Förderern der Partei könne und müsse aber schon vor dem Urteil des Bundesverfassungsgerichts auf diese, materiell begründete Rechtswidrigkeit Bezug genommen werden[109].

Im Gegensatz zu dieser materiellen Auffassung vom Begriff der „Verfassungsfeindlichkeit" im Sinn des Art. 21 Abs. 2 GG wird neuerdings die Auffassung vertreten, vor einer Entscheidung des Bundesverfassungsgerichts gemäß Art. 21 Abs. 2 GG dürfe absolut von niemandem und in keinem Zusammenhang davon ausgegangen werden, daß eine bestimmte Partei gegen die freiheitliche demokratische Grundordnung arbeite[110]. Nach dieser Auffassung tritt die Verfassungswidrigkeit nicht nur der Partei selbst, sondern auch des parteikonnexen Verhaltens aller Anhänger, Förderer und Funktionäre der Partei erst mit dem Urteil des Bundesverfassungsgerichts ex nunc in Erscheinung; bis zu diesem Urteil kann nach dieser Auffassung ein Kampf gegen die freiheitliche demokratische Grundordnung kompetent gar nicht festgestellt werden.

Ihr kann nicht zugestimmt werden. Wie das Bundesverfassungsgericht zu Recht bemerkt hat, bezieht sich Art. 21 Abs. 2 GG jedenfalls „in erster Linie" auf die Partei als solche[111]. Es ist der Sinn des Parteienprivilegs,

---

[106] Vgl. BGHSt. a. a. O. und *von Winterfeld*, NJW 1959, S. 745 f.; *Maunz-Dürig*, Anm. 121 zu Art. 21 GG; *Schönke-Schröder*, Anm. VI zu § 90 a StGB mit Nachweisen. Anderer Ansicht etwa *Heinemann-Posser*, a. a. O.
[107] NJW 1958, S. 1194.
[108] Ebenda.
[109] BGHSt., a. a. O.
[110] *Copic*, a. a. O.; *Ule*, Öffentlicher Dienst, a. a. O., S. 604, S. 605; vgl. auch *Maunz*, Staatsrecht, S. 73 und *Evers*, a. a. O., S. 41, S. 42.
[111] BVerfGE 12, a. a. O.

die politischen Parteien, die in Art. 21 Abs. 1 GG als „integrierende Bestandteile des Verfassungsaufbaus" anerkannt werden[112], dem Zugriff der politischen Gegner zu entziehen, zu verhindern, daß politische Parteien von der jeweiligen Mehrheit unter Berufung auf angebliche Verfassungswidrigkeit aus dem politischen Kampf entfernt werden. Dieser Grundgedanke des Art. 21 Abs. 2 GG zwingt nicht dazu, anzunehmen, daß vor einer Entscheidung des Bundesverfassungsgerichts ein Kampf gegen die freiheitliche demokratische Grundordnung im Sinn des Art. 21 Abs. 2 GG in keinem Zusammenhang kompetent festgestellt werden könne. Er verlangt nur, daß bis zu dieser Entscheidung weder der organisatorische Bestand noch die politische Handlungsfähigkeit der Partei beseitigt oder ernsthaft gefährdet werden dürfen. Unter diesem Leitgedanken ist der Entscheidung in BVerfGE 12, S. 296 f. im Ergebnis zuzustimmen.

Das Bundesverfassungsgericht hat mit Recht angenommen, daß der den politischen Parteien in Art. 21 Abs. 2 GG gewährte Schutz ausgehöhlt würde, wollte man zulassen, daß das Fördern der Parteiziele einer noch nicht verbotenen Partei als strafbares Unrecht angesehen würde. Es ist aber eine zu Mißverständnissen anreizende Formulierung, wenn das Bundesverfassungsgericht in diesem Zusammenhang von der „Legalität des Handelns der für die Partei tätigen Personen" spricht. Sicherlich ist das Handeln dieser Personen in dem Sinn legal, daß es strafrechtlich nicht verfolgt werden kann, auch wenn die Partei später für verfassungswidrig erklärt wird. Das folgt aber nicht daraus, daß bis zu diesem Zeitpunkt ein Kampf gegen die freiheitliche demokratische Grundordnung im Sinn des Art. 21 Abs. 2 GG kompetent noch nicht festgestellt werden könnte, sondern daraus, daß der in Art. 21 Abs. 2 GG angestrebte Schutz der politischen Parteien zunichte gemacht werden könnte, wenn man für ihre Funktionäre eine Strafdrohung im Sinn des früheren § 90 a StGB schaffen könnte[113].

Geht man hiervon aus, so sind m. E. Beschränkungen der parteiorientierten Kommunikation im Rahmen einer politischen Treupflicht nicht von einer vorgängigen Entscheidung des Bundesverfassungsgerichts nach Art. 21 Abs. 2 GG abhängig:

a) Der Unterschied zwischen einem Straftatbestand wie dem früheren § 90 a StGB und einer beamtenrechtlichen Treupflicht ist, daß zwar an an einer Bestrafung der Parteifunktionäre im Sinne des früheren § 90 a StGB[114] kein größeres und kein andersartiges Interesse besteht als

---

[112] BVerfGE 9, S. 165, S. 166.
[113] Vgl. die ähnlichen Bemerkungen bei *Maunz-Dürig*, Anm. 121 zu Art. 21 GG mit Nachweisen.
[114] Wie an ihrem Ausschluß von einer Entschädigung nach dem BEG (BVerfGE 13, S. 46 f.).

VIII. Art. 18 Satz 2 GG und Art. 21 Abs. 2 Satz 2 GG

an einem Verbot dieser Partei nach Art. 21 Abs. 2 GG, wohl aber daran, den Beamten die Betätigung für verfassungsfeindliche Parteien untersagen zu können.

Ein Straftatbestand ist, soweit er sich auf die Funktionäre politischer Parteien bezieht, in der Sache nichts anderes als der verlängerte Arm eines Parteiverbots nach Art. 21 Abs. 2 GG — sozusagen die Verlängerung eines solchen Verbots auf die einzelnen Funktionäre hin[115]. Es ist ein und dasselbe verfassungsrechtliche Interesse, wenn einmal eine Partei verboten wird und zum anderen ihre Funktionäre bestraft werden[116]. Bei der politischen Treupflicht der Beamten tritt neben und vor das allgemeine Interesse an der Ausschaltung verfassungsfeindlicher Parteien (und das Interesse, diese Ausschaltung mit weitestgehenden Sicherungen gegen Mißbrauch zu versehen) möglicherweise ein beamtenrechtlicher Gesichtspunkt. Eine Bestrafung der Parteifunktionäre aufgrund einer Vorschrift wie des § 90 a StGB[117] bedeutet unmittelbar eine Disqualifikation der Partei und hat den Sinn eines unmittelbaren Zugriffs auf sie. Eine beamtenrechtliche Unvereinbarkeitsbestimmung braucht diesen Sinn nicht zu haben, sie kann anderen Zwecken dienen, — obwohl auch sie natürlich eine Beeinträchtigung der betroffenen Parteien darstellen wird. Doch steht diese Beeinträchtigung auch quantitativ in keinem Verhältnis zu der Beeinträchtigung, wie sie durch eine Vorschrift im Sinn des § 90 a StGB geschaffen wird[118].

b) Wenn, bis zum Beschluß des Bundesverfassungsgerichts in BVerfGE 12, 296 f., der § 90 a StGB für verfassungsmäßig gehalten wurde, so wurde das nicht zuletzt damit gerechtfertigt, daß es ungerecht wäre, wollte man das Gründen und Fördern materiell verfassungsfeindlicher Parteien erst von dem Zeitpunkt an als strafbar ansehen, zu dem das Bundesverfassungsgericht die Verfassungswidrigkeit der betreffenden Partei festgestellt hat, während die entsprechende Betätigung hinsichtlich sonstiger Vereinigungen generell bestraft wird[119]. Hier liegt, vom einzelnen her gesehen, in der Tat eine Ungerechtigkeit. Aber sie ist nichts

---

[115] Daher rührt die von *Schönke-Schröder*, a. a. O., Anmerkung VI zu § 90 a StGB bemerkte Überschneidung des § 90 a StGB mit den vom Bundesverfassungsgericht nach §§ 47, 42 BVerfGG festzusetzenden Strafen.

[116] Ebenso besteht kein besonderes, über das Interesse an dem Parteiverbot hinausgehendes Interesse daran, die Parteifunktionäre von einer Entschädigung nach dem BEG auszuschließen.

[117] In milderer Form: ihr Ausschluß von einer Entschädigung nach dem BEG.

[118] So schon *Grewe*, Politische Treupflicht im öffentlichen Dienst, S. 60, S. 61.

[119] Vgl. *Schönke-Schröder*, Anm. VI zu § 90 a StGB.

anderes als ein Ausfluß, eine Erscheinungsform der allgemeinen Ungerechtigkeit, die in der Privilegierung der politischen Parteien gegenüber sonstigen Vereinigungen liegt und die ihrerseits in Kauf genommen werden muß, um die politische Freiheit zu erhalten.

Innerhalb des Beamtenrechts wäre eine Differenzierung zwischen parteiorientierter Kommunikation und sonstiger politischer Kommunikation aber mehr als ein solcher Ausfluß; es würde dabei zugleich ein neues Rechtsgut beeinträchtigt, nämlich das Interesse an möglichster Gleichbehandlung aller Beamten zum Zweck der Entwicklung eines Gemeinsamkeits- und Solidaritätsgefühls in der Beamtenschaft. Es ist nicht mehr nur das Interesse des einzelnen an gerechter Behandlung, das hier berührt wird; im Beamtenverhältnis wird dieses individuelle Interesse transformiert in ein institutionelles Interesse, insofern gleichmäßige Behandlung aller Beamten dem von Art. 33 Abs. 4 und 5 GG intendierten Funktionieren des Beamtenverhältnisses dienlich ist.

c) Schließlich: Wenn der einzelne Parteifunktionär, hält er sich im Rahmen der „allgemeinen Strafgesetze", wegen einer Tätigkeit für eine noch nicht verbotene Partei nicht bestraft werden kann[120], so liegt darin keine größere Gefahr für die freiheitliche Demokratie, als sie überhaupt darin liegt, daß gegen eine materiell verfassungsfeindliche Partei nicht einfach von den Verwaltungsbehörden vorgegangen werden kann. Niemand wird deshalb daran denken, daß auf die nach § 43 BVerfGG zur Initiierung eines Parteiverbotsverfahrens zuständigen Organe ein Druck ausgeübt werden könnte in dem Sinn, daß sie, nur um die Funktionäre einer Partei bestrafen zu können[121], ein Parteiverbotsverfahren anstrengen würden, obwohl sie das eigentlich nicht für opportun halten. Anders liegt der Fall bei einer politischen Treupflicht der Beamten. Anhänger verfassungsfeindlicher Parteien im Beamtenkorps, das bedeutet eine Gefahr, die über die allgemeine Gefährlichkeit verfassungsfeindlicher Parteien hinausgeht. Es ist deshalb durchaus denkbar, daß die in § 43 BVerfGG bezeichneten Organe sich veranlaßt sehen könnten, ein Parteiverbotsverfahren anzustrengen, nur um dieser besonderen Gefahr zu begegnen. Insofern würde aber der auch vom Bundesverfassungsgericht anerkannte Zweck des Art. 21 Abs. 2 GG als einer Präventivmaßnahme[122], die an das Opportunitätsprinzip gebunden ist, beeinträchtigt[123].

---

[120] Wenn er wegen einer solchen Tätigkeit nicht von einer Entschädigung nach dem BEG ausgeschlossen werden kann.
[121] Oder gar: um sie von einer Entschädigung nach dem BEG ausschließen zu können.
[122] Dazu auch *Maunz-Dürig*, Anm. 101 und 106 zu Art. 21 GG.
[123] So schon *Grewe*, a. a. O., S. 60, S. 61.

Im Ergebnis wird man deshalb davon ausgehen müssen, daß Art. 21 Abs. 2 GG nicht gebietet, eventuelle Beschränkungen der parteiorientierten Kommunikation aufgrund einer politischen Treupflicht davon abhängig zu machen, daß das Bundesverfassungsgericht vorher die Verfassungswidrigkeit der betreffenden Partei festgestellt hat[124]. Besonders der letzterwähnte Gesichtspunkt muß sich gegenüber Ules Befürchtung durchsetzen, daß eine große Rechtsunsicherheit entstehen könnte, wenn man ein disziplinarrechtliches Einschreiten gegen Beamte (und Soldaten) wegen parteiorientierter Kommunikation nicht von einer vorgängigen Entscheidung des Bundesverfassungsgerichts abhängig machen würde. Im übrigen ist die Rechtsunsicherheit nicht größer als im Fall einer Kommunikation zugunsten der sonstigen Vereinigungen im Sinn des Art. 9 GG.

Der Entscheidungsvorbehalt des Bundesverfassungsgerichts in den Art. 18 und 21 GG hat somit keine Auswirkungen auf die Bestimmungen der politischen Treupflicht.

Die Aufgabe bleibt somit die, aus der direkten Konfrontation der beiden Entscheidungen des Grundgesetzes für die Kommunikationsgrundrechte einerseits, das Berufsbeamtentum andererseits Aussagen über die Stellung der Verfassung zu einer politischen Treupflicht der Beamten zu gewinnen, wobei im Hintergrund die Frage lauert, ob die Erfüllung dieser Aufgabe nicht daran scheitern muß, daß die Grundsätze, die aus diesem Verhältnis zweier sich teilweise überschneidender Verfassungsentscheidungen gewonnen werden können, zu allgemein sind, um eine sichere Grundlage für konkrete Rechtssätze bilden zu können. Die Bewältigung dieser Aufgabe ist so schwierig, die Gefahr, daß rechtspolitische Wunschvorstellungen der Verfassung unterschoben werden, ist so groß, daß es gerechtfertigt ist, sich umzusehen, ob es im Bereich der Auslegung des GG nicht Parallelfälle gibt, Fälle einer vergleichbaren Auslegungsproblematik, und wenn das zutrifft, ob aus den dort von Wissenschaft und Rechtsprechung unternommenen Lösungsversuchen für die vorliegende Problematik etwas gewonnen werden kann.

---

[124] So *Grewe*, a. a. O., S. 60, S. 61; *Scheuner*, Politische Treupflicht im öffentlichen Dienst, S. 84; derselbe, Erfahrungen und Probleme, a. a. O., S. 31; *Koellreutter*, DÖV 51, S. 471; Bay. VGH, NJW 56, S. 768; Bay. VerfGH, DVBl. 65, S. 876 f., S. 878; gleichfalls *Maunz-Dürig*, Anm. 101 zu Art. 21 GG, wenn auch zweifelnd.

Für die Ausnahmesituation in West-Berlin, wo die SED zugelassen ist, vgl. Dienststrafhof beim OVG Berlin, EBDH 3, S. 335 und OVG Berlin, EOVG Berlin, Bd. 5, S. 67 f.

Siehe schließlich auch *Fischbach*, BBG, § 7, I, 2, d.

IX. Das Verfassungsrechtliche Modell für die Bestimmung des Verhältnisses von Kommunikationsfreiheit und Beamtenrecht: der Begriff der „allgemeinen Gesetze" im Sinn des Art. 5 Abs. 2 GG

Eine solche vergleichbare Problematik existiert tatsächlich. Es handelt sich um die Schranke der „allgemeinen Gesetze" des Art. 5 Abs. 2 GG.

Sie ist für die hier zu entscheidende Frage nicht unmittelbar einschlägig, denn, wie ausgeführt, rechtfertigen sich etwaige Grundrechtsbeschränkungen im Beamtenverhältnis unmittelbar aus der verfassungsrechtlichen Anerkennung des Beamtentums in Art. 33 Abs. 4 und 5 GG, ohne daß es eines Rückgriffs auf die bei den einzelnen Grundrechten vorgesehenen Schranken und Vorbehalte bedarf.

Die Auslegung, die die Schranke der „allgemeinen Gesetze" in Rechtsprechung und Lehre gefunden hat, ist aber geeignet, *Hinweise* zur Bewältigung der hier vorliegenden Problematik zu geben.

Nach der überwiegenden Auffassung wird diese Schranke nämlich dahin verstanden, daß mit ihr das verfassungsrechtliche Verhältnis der Rechte des Art. 5 Abs. 1 GG zu irgendwelchen konkurrierenden Rechtsgütern, gleich welcher Art, abschließend geregelt sei[125]. Inhaltlich wird nach dieser Auffassung also auch das Verhältnis der Rechte des Art. 5 Abs. 1 GG zum Beamtenrecht in der Schranke des Art. 5 Abs. 2 GG mit ausgetragen, ganz ebenso wie das Verhältnis der Rechte des Art. 5 Abs. 1 GG zu allen anderen kollidierenden Rechtsbereichen.

Daraus folgt, daß die Auslegung, die die Schranke der allgemeinen Gesetze gefunden hat, für die hier inmitten stehende Frage nach dem Verhältnis von Beamtenrecht einerseits, Kommunikationsfreiheit andererseits auch dann von Bedeutung ist, wenn man wie hier dieses Verhältnis unmittelbar aus der Konfrontation von institutioneller Anerkennung des Berufsbeamtentums und Gewährleistung der Kommunikationsrechte bestimmen will. Nach der hier vertretenen Auffassung würde sich zwar an diesem verfassungsrechtlichen Verhältnis nichts ändern, wenn es die Bestimmung des Art. 5 Abs. 2 GG nicht gäbe. Nachdem es sie aber einmal gibt und nachdem sie von der überwiegenden Meinung als umfassende Schranke zwischen den Rechten des Art. 5 Abs. 1 GG und allen konkurrierenden Rechtsgütern aufgefaßt wird, ist klar, daß die Auslegung, die diese Schranke gefunden hat, grundsätzlich geeignet ist, Hinweise dafür zu geben, wie und ob überhaupt verfassungsrechtlich über das Verhältnis von Kommunikationsfreit und Beamtenrecht etwas Zuverlässiges gewonnen werden kann.

---

[125] Anderer Auffassung etwa *Bettermann*, JZ 1964, S. 603 f., S. 608 f.; dazu unten ausführlich.

IX. Die verfassungsrechtliche Modellentscheidung: Art. 5 Abs. 2 GG

Die lange erstarrt gewesene[126] Diskussion um den Begriff der „allgemeinen Gesetze" ist durch die neuere Rechtsprechung des Bundesverfassungsgerichts und die Kritik, die sie vor allem bei Bettermann und Lerche gefunden hat, neu aufgelebt. Stellungnahmen, die sich vergleichend mit den neuen Definitionen des Bundesverfassungsgerichts, Bettermanns und Lerches und mit deren Verhältnis zu der bisher für herrschend gehaltenen Meinung[127] beschäftigen, stehen noch aus. Nach einem kritischen Bericht über die bisherigen Lösungsversuche wird es sich als unausweichlich herausstellen, die hier auftretenden Gedanken in einer neuen Formel zu ordnen.

a) Die Lehre von Häntzschel und Rothenbücher

Seine Geburt verdankt der Begriff der „allgemeinen Gesetze" einer Art Redaktionsversehen bei Schaffung der Weimarer Verfassung[128]. Ohne die Absicht des Verfassungsausschusses und ohne Vorstellung des Plenums von seiner Bedeutung ist das Wörtchen „allgemein" in den Text des Art. 118 WRV gelangt; aus dem Willen des Verfassungsgebers war somit keine Auslegungshilfe zu gewinnen[129].

Man machte zunächst einen Versuch, das Wort „allgemein" im Sinne der Allgemeinheit der Betroffenen zu verstehen (allgemein = für alle

---

[126] Vgl. noch die nicht differenzierende Aufzählung bei *von Mangoldt-Klein*, Art. 5, IX, 3 a.

[127] In Wirklichkeit war das Problem noch nie gelöst. Auf der Staatsrechtslehrertagung von 1927 prallten mit den Referaten von *Smend* und *Rothenbücher* zwei so grundsätzlich verschiedene, je in ihrer Art so viel Überzeugendes enthaltende Auffassungen aufeinander, daß die Bildung einer befriedigenden herrschenden Lehre nicht möglich war ohne eine vergleichende Auseinandersetzung mit diesen Positionen. Eine solche Auseinandersetzung hat nie stattgefunden, — was sehr verständlich ist, wenn man sieht, wie sehr die beiden Referenten als Exponenten verschiedener methodischer Richtungen verstanden wurden. Vgl. dazu die Diskussionsbeiträge von E. *Kaufmann* (VVDtStRL 4, 77 f.) und *Triepel* (ebenda, S. 89) einerseits, von *Thoma* (ebenda, S. 85) und *Giese* (ebenda, S. 92) andererseits. Die Mehrzahl der Autoren schloß sich ohne weiteres der von *Häntzschel* angeregten (AöR, NF, 10, S. 228 f.) und von ihm später auch ausgebauten (HdBdDtStR, II, S. 651 f.) Meinung *Rothenbüchers* an. Andere Autoren wählten Formulierungen, die Elemente der Smendschen wie Häntzschel-Rothenbücherschen Formel enthielten, ohne zu prüfen, ob eine solche Vereinigung überhaupt möglich war (C. *Schmitt*, Verfassungslehre, S. 176). Von einer Synthese beider Auffassungen konnte man nie sprechen.

[128] Das preußische Oberverwaltungsgericht zog aus dieser Herkunft den Schluß, das Wörtchen „allgemein" besage nichts (PrOVG 77, S. 517; weitere Nachweise bei *Anschütz*, Reichsverfassung, S. 552).
Zur Schwierigkeit, vor der die Auslegung stand, auch *Thoma*, Grundrechte und Polizeigewalt, in Festgabe für das preußische Oberverwaltungsgericht, S. 215.

[129] Vgl. *Rothenbücher*, VVDtStRL 4, S. 18, S. 19 und *Ridder*, a. a. O., S. 281.

geltend)[130]. Das war unbrauchbar, weil danach besondere Pflichtverhältnisse wie das Beamten- und Soldatenverhältnis grundsätzlich nicht hätten durch „allgemeines Gesetz" geregelt werden können. Deshalb machte Häntzschel den Vorschlag, das Wort im Sinn einer sachlichen Allgemeinheit zu verstehen. „Allgemeine Gesetze" sollten danach die Gesetze sein, die „ohne Rücksicht auf die gerade herrschenden geistigen Strömungen, Anschauungen und Bekenntnisse das menschliche Leben in seiner Allgemeinheit regeln", „nicht allgemeine Gesetze" dagegen die, „die eine an sich erlaubte Handlung allein wegen ihrer geistigen Zielrichtung und der dadurch hervorgerufenen schädlichen geistigen Wirkungen verbieten oder beschränken"[131].

Es war seine Absicht, ein klares, auf die Beschaffenheit der jeweiligen Meinungsäußerung abstellendes und deshalb leicht zu handhabendes Kriterium zu geben, und so baute er auf auf einer Scheidung zwischen „reinen" Meinungsäußerungen und Meinungsäußerungen, die diesen Rahmen überschreiten, indem sie „durch ihre Form oder durch die äußeren Umstände, unter denen sie geschehen, den Charakter einer Handlung annehmen, die unmittelbare materielle Wirkungen schädlicher Natur auf gesetzlich geschützte Rechtsgüter ausüben"; wenn insofern keine „reine" Meinungsäußerung vorliege, greife ein Verbot nicht die Meinung als solche an und sei „allgemeines Gesetz"[132]. Handlungen in diesem Sinn und nicht mehr „reine" Meinungsäußerungen waren für Häntzschel gegeben,

1. wenn die Meinungsäußerung selbst über das hinausgeht, was zur Überzeugung Dritter erforderlich ist, indem sie im Sinn des § 166 StGB beschimpft, im Sinn des § 185 StGB beleidigt, nach § 110 StGB zu bestimmten Handlungen anreizt usw.
2. wenn zwar die Meinungsäußerung selbst sich im Rahmen der „begriffsnotwendigen Merkmale einer Meinungsäußerung hält", aber das Publikum mehr tut, als die Meinung bloß aufnehmen, etwa indem es randaliert, den Vortragenden bedroht usw.
3. wenn der soziale Gesamtvorgang des Äußerns und Aufnehmens der Meinung als solcher und ohne Rücksicht auf das, was geäußert wird, irgendwelche Rechtsgüter verletzt, indem er etwa gegen polizeiliche Vorschriften verstößt.

In diesen Fällen kann die Meinungsäußerung also verboten werden.

Dies Ergebnis ist schon hinsichtlich der Gruppen 2 und 3 problematisch; darauf soll aber nicht eingegangen werden, sondern nur der Fall 1 untersucht werden, auf den die Theorie ersichtlich zugeschnitten ist.

---
[130] *Vervier*, AöR, NF, 6, S. 4, S. 6.
[131] HdBdDtStR II, S. 659, S. 660.
[132] a. a. O., S. 660.

IX. Die verfassungsrechtliche Modellentscheidung: Art. 5 Abs. 2 GG

Häntzschel und ebenso der ihm zustimmende Rothenbücher[133] erwecken den Eindruck, als nähmen sie hier eine begrifflich bestimmte, absolute Schranke für den Gesetzgeber an, derart, daß, solange eine Meinungsäußerung nicht über das hinausgeht, was zur Überzeugung anderer erforderlich ist, sie nicht verboten werden könnte.

Das ist irreführend. Am Beispiel des § 110 StGB, den beide für verfassungsmäßig halten: Danach wird bestraft, wer öffentlich vor einer Menschenmenge ... zum Ungehorsam gegen die Gesetze ... auffordert. Dazu sagt Rothenbücher, es sei erlaubt darzulegen, daß Erlasse der Regierung gesetzwidrig seien, daß daher passiver Widerstand, Steuerverweigerung, Verweigerung des Gehorsams durch die Beamten berechtigt sei — insofern liege eine reine Meinungsäußerung vor. Allein, dieser Bereich der Meinungsäußerung werde verlassen, wenn eine Willenshandlung vollzogen und zum Ungehorsam gegen die Gesetze aufgerufen werde[134]. Es ist offenbar, daß der hier feststellbare Unterschied verschwindet, wenn die geäußerte Meinung nicht mehr eine abstrakte Belehrung über die Rechtslage ist, sondern konkret dahingeht, daß jedermann, auch die Angesprochenen, passiven Widerstand gegen die Gesetze zu leisten verpflichtet sei. Eine Unterscheidung der Äußerung, die bloß überzeugen will, von der, die mittels einer solchen Überzeugung unmittelbar bestimmte Handlungen des Publikums herbeiführen will, ist dann nicht mehr möglich. Auch wer nur überzeugen will, unterfällt in diesem Fall dem § 110 StGB.

Entsprechendes ergibt sich im Fall des § 185 StGB. Es besteht ein Unterschied zwischen einer Äußerung, die mit Bedacht beleidigen will (spezielle Kränkungsabsicht — animus iniurandi[135]), und einem einfachen sachlichen Tadel. Wenn aber jemand ohne spezielle Kränkungsabsicht, in einfacher Wiedergabe seiner Überzeugung, Meinungen von sich gibt, die beleidigend sind, dann entfällt ein solcher Unterschied zwischen „reiner" Meinungsäußerung und „Willenshandlung". Obwohl in seiner Äußerung irgendwelche über den Begriffskern der Meinungsäußerung hinausgehende Zusätze nicht enthalten sind, wird der Betreffende nach § 185 StGB bestraft.

Rothenbücher versucht, sich aus diesem Dilemma zu retten, indem er den Begriff der „Meinung" selbst einschränkt, so daß im Ergebnis so konkrete Meinungen gar nicht mehr „Meinung" im Sinn des Grundrechts sind und schon deshalb keinen Schutz genießen[136]. Aber dagegen wandte sich mit Recht schon Häntzschel. Abgesehen davon, daß ein so beschnit-

---

[133] VVDtStRL 4, S. 20 f.
[134] a. a. O., S. 22.
[135] Dazu *Metzger*, Strafrecht, Bd. II, S. 98.
[136] a. a. O., S. 16.

tener Meinungsbegriff das Wesen der Meinungsfreiheit verkennen würde, brächte er unlösbare Auslegungsschwierigkeiten. Denn was sind noch „grundsätzliche Stellungnahmen" und was nicht mehr[137]? Will man diesen Weg nicht gehen, dann muß man zugestehen, daß in den §§ 110, 185 StGB (in § 166 StGB ist es nicht anders) Meinungen als solche verboten werden. Wenn Häntzschel diese Bestimmungen, mit Recht, trotzdem für verfassungsmäßig hält, dann gibt er seine Theorie insofern preis und operiert von einem als gerecht empfundenen Ergebnis her. Er bestimmt dann in Wirklichkeit nicht die Schranken der Meinungsfreiheit danach, ob noch eine „reine Meinungsäußerung" vorliegt oder nicht, sondern umgekehrt das, was eine „reine Meinungsäußerung" ist, von den bestehenden und als berechtigt empfundenen Schranken der Meinungsfreiheit her — mit der Konsequenz, daß, wenn der § 185 StGB heute abgeschafft würde, das, was gestern noch „Willenshandlung" war, morgen zur „reinen Meinungsäußerung" würde.

Die Unsicherheit der Häntzschelschen Konstruktion wird offenkundig, wenn er ausführt, daß die Freiheit der Meinungsäußerung

„vor allen Rechtsgütern so lange den Vorrang habe, als der Angriff auf sie lediglich mit dem ideellen Mittel sachlicher Überzeugung geschehe, daß aber umgekehrt jedes Rechtsgut seinerseits vor der Freiheit der Meinungsäußerung den Vorrang habe, sobald die Meinungsäußerung sich nicht auf ideelle Wirkungen beschränke, sondern gleichzeitig auch materielle Rechtsgüter verletze oder unmittelbar gefährde[138]."

Im ersten Halbsatz wird unter „ideell" abgestellt auf die Art und Weise der Meinungsäußerung. Im zweiten wird unter „ideell" verstanden, daß durch die Meinungsäußerung nicht unmittelbar ein konkurrierendes Rechtsgut verletzt werden dürfe. Beides sind verschiedene Dinge, die das Problem in Wirklichkeit nicht lösen. Einerseits muß u. U. eine Meinungsäußerung verboten werden können, auch wenn sie sich auf bloß ideelle Überzeugung beschränkt, wie das Beispiel des § 185 StGB zeigt. Andererseits tritt für Häntzschel die Meinungsfreiheit gerade nicht immer schon dann zurück, wenn ihre Ausübung ein kollidierendes Rechtsgut verletzt. Gesetze wie das berühmte Anti Evolution Statute des Staates Tennessee oder das Sozialistengesetz von 1878 hält er ausdrücklich für verfassungswidrig[139], obwohl natürlich auch sie gewisse Rechtsgüter schützen. Aber warum er so entscheidet, kommt in seiner Definition nicht eindeutig zum Ausdruck.

In Wirklichkeit fragt er, ob eine Beschränkung der Meinungsfreiheit einen so vernünftigen und billigenswerten Zweck verfolgt, daß man

---

[137] So zutreffend *Häntzschel*, HdBdDtStR II, S. 655.
[138] a. a. O., S. 661.
[139] a. a. O., S. 662.

nicht annehmen muß, sie richte sich gegen eine Meinung als solche. Das tritt in seiner Formel aber nicht in Erscheinung.

Damit ist die Bedeutung der Häntzschel-Rothenbücherschen Gesichtspunkte nicht verkannt. Wenn sie von der Frage ausgehen, ob sich eine Einschränkung gegen den Inhalt der Meinungsäußerung richtet oder gegen irgendwelche Modalitäten der Äußerung und damit dem Geistigen, den geistigen Inhalten, einen besonders hohen Schutz angedeihen lassen wollen, dann kann man sich dem schwerlich entziehen. Wenn Rothenbücher in seiner Formulierung davon spricht, daß das einschränkende Gesetz ohne *Rücksicht* auf eine bestimmte Meinung ergangen sein müsse[140] und damit, ohne dies näher auszuführen, darauf abstellt, ob ein Gesetz die „Tendenz" gegen eine bestimmte Meinung hat, so ist das ein wertvoller Fingerzeig. Aber ihr Versuch, diese Elemente zu einer festen Formel zusammenzuschweißen, ist nicht geglückt.

b) Die Lehre Smends

Mit der Definition: „Allgemeine Gesetze sind die, die deshalb den Vorrang vor Art. 118 haben, weil das in ihnen geschützte Rechtsgut wichtiger ist als die Meinungsfreiheit" — wobei die Entscheidung darüber, welche Rechtsgüter solchermaßen wichtig sind als die Meinungsfreiheit, aus dem jeweiligen sittlichen und kulturellen Werturteil der Zeit getroffen werden müsse — zog Rudolf Smend gewissermaßen die Konsequenz aus diesem Scheitern, freilich eine Konsequenz, die etwas radikal anmutet in ihrem Wegwischen aller durchgehenden Anhaltspunkte, auch so einleuchtender, wie sie bei Häntzschel und Rothenbücher aufgetaucht waren. Um zu verstehen, wie es dazu kommt, ist es nützlich, eine längere Stelle zu zitieren:

„Wenn es richtig ist, daß die Grundrechte zu bestimmten sachlichen Kulturgütern in einer bestimmten geschichtlich bedingten Wertkonstellation von Verfassungs wegen Stellung nehmen, so sind sie dementsprechend geistesgeschichtlich zu verstehen und auszulegen. Das muß aber auch von den einzelnen modifizierenden Bestandteilen einer Grundrechtsfassung gelten; auch sie sind nur aus dem Gesamtzusammenhang der Grundrechte heraus zu verstehen, d. h. nicht formalistisch-technisch im Sinn unserer heutigen Spezialgesetzgebung, die allerdings dazu neigt, die Worte „allgemein" und „besonders" nur formalistisch, als gegenseitige leere Negationen zu verwenden. Hier aber handelt es sich um Aufnahme und abgekürzte Inbezugnahme eines alten sachlichen Gedankens aus dem überlieferten Gedankenkreis der Grundrechte. Seit den Menschenrechten ist eine derartige „allgemeine" Schranke der Grundrechtsausübung stets anerkannt und immer von neuem formuliert; die

---

[140] a. a. O., S. 20. Ebenso *Häntzschel* in dem oben zitierten Satz, a. a. O., S. 659, S. 660.

„Allgemeinheit", um die es sich dabei handelt, ist aber selbstverständlich die materiale Allgemeinheit der Aufklärung: die Werte der Gesellschaft, die öffentliche Ordnung und Sicherheit, die konkurrierenden Rechte und Freiheiten der anderen, — Sittlichkeit, öffentliche Ordnung, Staatssicherheit — an ihnen haben die Grundrechte ihre Schranke, deren Ziehung im einzelnen die Aufgabe ausführender Gesetze ist. Das ist auch die Allgemeinheit des Art. 118: die Allgemeinheit derjenigen Gemeinschaftswerte, die als solche den ursprünglich individualistisch gedachten Grundrechtsbetätigungen gegenüber den Vorrang haben, so daß ihre Verletzung eine Überschreitung, ein Mißbrauch der Grundrechte ist[141]."

Die Bedenken hiergegen sind zunächst methodisch. Smend gewinnt die Bedeutung des Wörtchens „allgemein" nicht im Hinblick auf den geschichtlichen Sinn der Meinungsfreiheit selbst, sondern ganz allgemein im Hinblick auf die Grundrechte — und sagt dann: das ist auch die Allgemeinheit des Art. 118. Die Frage, was allgemeine Gesetze im Sinn des Art. 118 WRV sind, erweitert sich also für ihn zu der Frage, was „allgemeine" Grundrechtsschranken überhaupt sind. Im herkömmlichen Sinn ist das eine verallgemeinernde Betrachtungsweise. Sie öffnet ihm zwar den Blick auf das Wesen des Gesetzesvorbehalts, auf das Spannungsverhältnis zwischen Grundrecht und konkurrierendem Rechtsgut allgemein, das im „Gesetzesvorbehalt" zum Ausgleich gebracht werden muß; aber dieser Blick auf das Prinzip führt dazu, daß die Besonderheiten des konkret zur Frage stehenden Vorbehalts etwas aus dem Blickfeld verschwinden. Die Tatsache, daß eben nicht jedes Grundrecht, damals nicht und heute nicht, eine Schranke der „allgemeinen Gesetze" hat, warnt davor, einen Gedanken, der allgemein im Hinblick auf die Grundrechte und ihre Schranken konzipiert wurde, ohne weiteres als Auslegung einer konkreten Grundrechtsschranke zu verwerten. Tatsächlich hat Smends Gedanke — insofern hat Nipperdey mit seiner Kritik recht[142] — ebensoviel oder mehr Berührung zu dem, was heute unter der Überschrift der „immanenten Grundrechtsschranken" behandelt wird, wie zu den „allgemeinen Gesetzen" des Art. 118 WRV, Art. 5 Abs. 2 GG.

Es ist nicht nur die Diskrepanz zwischen dem „Prinzip" der Grundrechtsschranke und der Problematik der einzelnen positiven Schranke, die hier zum Ausdruck kommt, sondern darüber hinaus die Spannung zwischen Auslegung und Wesenserfassung eines Instituts. Selbst wenn es darum ginge, eine Schranke der „allgemeinen Gesetze" auszulegen, die allen Grundrechten gemeinsam wäre, wäre Smends Definition keine befriedigende Lösung. Köttgen macht an einer Stelle eine bemerkenswerte Unterscheidung, wenn er sagt, Smend habe die Verfassung nicht kom-

---

[141] VVDtStRL 4, S. 51, S. 52.
[142] DVBl. 1958, S. 449 f.

mentieren, sondern beschreiben wollen[143]. Hier liegt tatsächlich ein bedeutsamer Unterschied. Es ist das Recht des Beschreibenden, sich auf die wesentlichen Züge, ja auch auf nur einen wesentlichen Zug zu beschränken, denn er will anregen und zu bedenken geben. Dagegen trägt der Auslegende, insofern er der Rechtsanwendung „vordenkt", ebenso wie diese die Verantwortung für das vernünftige oder doch vertretbare Ergebnis im Einzelfall[144]. Indem Smend den rechtsanwendenden Organen keinerlei Anhaltspunkte für die Abwägung zwischen Meinungsfreiheit und kollidierendem Rechtsgut an die Hand gibt[145], zwingt er geradezu zu subjektiv willkürlichen Entscheidungen[146]. Seine Definition ist deshalb aus rechtsstaatlichen Gründen abzulehnen.

c) Die „allgemeinen Gesetze" in der Rechtsprechung des Bundesverfassungsgerichts

Es lag bei diesen Vorarbeiten und ihrer Verzahnung in dem Sinn, daß Smend an dem Punkt ansetzt, an dem man bei Häntzschel/Rothenbücher unbefriedigt bleibt, und diese an der Stelle wichtige Gesichtspunkte beibringen. wo man bei Smend nähere Präzisierung verlangen muß, nahe, daß die folgenden Versuche sich bemühen würden, die Elemente beider Definitionen neu zu kombinieren und so eine Synthese zu finden. Das ist, wenn auch in durchaus verschiedenem Sinn, jedenfalls in den Lösungen des Bundesverfassungsgerichts und Lerches geschehen.

---

[143] AöR, NF, 46, S. 73.

[144] Die Abschätzung der praktischen Folgen einer Definition hat für ihn durchaus den Vorrang vor der Eleganz und Tiefe der überwölbenden Theorie. Vgl. die Äußerung Walter *Jellineks* auf der Staatsrechtslehrertagung 1927 (VVDtStRL 4, S. 83): Wohl ist zuzugeben, daß die Lösungsversuche der beiden Berichterstatter viel für sich haben, nur scheint mir namentlich der Vorschlag des Herrn zweiten Redners *(Smend)* zu wenig brauchbar zu sein für die Entscheidung des Einzelfalls. Jede Gesetzesdeutung steht aber unter der Idee, daß die Auslegung richtig ist, der die größte Chance der Eindeutigkeit innewohnt. Auch die sachliche Richtigkeit begünstigt selbstverständlich die Eindeutigkeit, aber es gibt Deutungen, die so sehr subjektiven Wertungen Tür und Tor öffnen, daß sie, so geistreich sie sein mögen, für eine auf Durchschnittsauslegungen angewiesene Wissenschaft, wie es die Rechtswissenschaft nun einmal ist, nicht passen, und dazu rechne ich die Deutung des Worts „allgemein" im Sinn von „höherwertig". Vgl. auch die Bemerkung von *Giese*, ebenda, S. 92.

[145] Wenn *Smend* an dem Beispiel, an dem er während seines Referats seine Formel demonstrierte, darauf abstellte, was das „Verfassungsleben" gebietet (a. a. O., S. 55), so ist damit ein greifbares Kriterium für die Güterabwägung nicht gegeben.

[146] So auch *Häntzschel*, HdBdDtStR II, S. 659. *Anschütz*, Reichsverfassung, S. 554, hält unter Bezugnahme auf *Poetzsch-Heffter*, Reichsverfassung, Anm. 3 zu Art. 118, *Smends* Formel denn auch für „etwas weniger freiheitlich".

4. Kap.: Die Kommunikationsgrundrechte im Beamtenverhältnis

Das Bundesverfassungsgericht scheint sich allerdings in seiner grundlegenden Entscheidung zunächst um die bisherigen Auslegungsversuche gar nicht zu kümmern[147]. Es stellt allgemein fest, daß die Grundrechte zwar in erster Linie Abwehrrechte gegen den Staat seien, ebenso richtig aber sei, daß das Grundgesetz keine wertneutrale Ordnung sein wolle, im Grundrechtsteil vielmehr eine objektive Wertordnung aufgerichtet werde, die ihren Mittelpunkt in der innerhalb der sozialen Gemeinschaft sich frei entfaltenden menschlichen Persönlichkeit und ihrer Würde finde und für alle Bereiche des Rechts gelte[148]. Aus dieser allgemeinen Konzeption entwickelt es seine Auffassung.

Über den Wertgehalt der Meinungsfreiheit führt es aus:

„Das Grundrecht der freien Meinungsäußerung ist als unmittelbarster Ausdruck der menschlichen Persönlichkeit in der Gesellschaft eines der vornehmsten Menschenrechte überhaupt (un des droits les plus précieux de l'homme nach Art. 11 der Erklärung der Menschen- und Bürgerrechte von 1789). Für eine freiheitliche demokratische Ordnung ist es schlechthin konstituierend, denn es ermöglicht erst die ständige geistige Auseinandersetzung, den Kampf der Meinungen, der ihr Lebenselement ist. Es ist in gewissem Sinn die Grundlage jeder Freiheit überhaupt, „the matrix, the indispensable condition of nearly every other form of freedom" (Cardozo)[149]."

Da dieser Wertgehalt nach dem grundsätzlich bezogenen Standpunkt des Gerichts alle Bereiche des Rechts beherrscht, muß er auch die „allgemeinen Gesetze" des Art. 5 Abs. 2 GG durchdringen. Folgerichtig fährt das Gericht deshalb fort:

„Die ‚allgemeinen Gesetze' müssen in ihrer das Grundrecht beschränkenden Wirkung ihrerseits im Lichte der Bedeutung dieses Grundrechts gesehen werden und so interpretiert werden, daß der besondere Wertgehalt dieses Rechts, der in der freiheitlichen Demokratie zu einer grundsätzlichen Vermutung für die Freiheit der Rede in allen Bereichen, namentlich aber im öffentlichen Leben führen muß, gewahrt bleibt. Die gegenseitige Beziehung

---

[147] BVerfGE, 7, S. 198 f. (Lüth-Urteil).
[148] BVerfGE, 7, S. 205.
[149] BVerfGE, 7, S. 208. Das Bundesverfassungsgericht knüpft mit der Bezugnahme auf die Äußerung des Richters Cardozo in Palko v. Connecticut (vgl. *Löwenstein*, Verfassungsrecht und Verfassungspraxis der Vereinigten Staaten, S. 491 und *Corwin*, The Constitution of the United States, S. 789) an die im amerikanischen Verfassungsrecht zeitweise vertretene, aber sehr bestrittene Ansicht an, die Meinungsfreiheit sei ein vor den übrigen Grundrechten besonders ausgezeichnetes Grundrecht (Richter Rutledge in Thomas v. Collins (328 US 331):
„The preferred place given in our scheme to the great, the indispensable democratic freedoms secured by the First Amendment."
Vgl. *Corwin*, a. a. O., S. 790.)
Ob diese Lehre für das GG Geltung beanspruchen kann, braucht aber nicht entschieden zu werden. Auch wenn man einen Wertvorrang der Meinungsfreiheit vor den anderen Grundrechten nicht anerkennt, sind die folgenden Gedanken des Bundesverfassungsgerichts für die Auslegung des Art. 5 Abs. 2 GG, insbesondere der Wechselwirkungsgedanke, schlüssig und zutreffend.

IX. Die verfassungsrechtliche Modellentscheidung: Art. 5 Abs. 2 GG

zwischen Grundrecht und „allgemeinem Gesetz" ist also nicht als einseitige Beschränkung der Geltungskraft des Grundrechts durch die „allgemeinen Gesetze" aufzufassen; es findet vielmehr eine Wechselwirkung statt in dem Sinn, daß die „allgemeinen Gesetze" zwar dem Wortlaut nach dem Grundrecht Schranken setzen, ihrerseits aber aus der Erkenntnis der wertsetzenden Bedeutung dieses Grundrechts im freiheitlichen demokratischen Staat ausgelegt und so in ihrer das Grundrecht beschränkenden Wirkung selbst wieder eingeschränkt werden müssen[150]."

Bis zu diesem Punkt ist der Gedankengang des Gerichts klar und konsequent[151]. Nun folgt ein gewisser Bruch. Statt von dem so erarbeiteten Ausgangspunkt aus die einzelnen Elemente des Begriffs der „allgemeinen Gesetze" zu entwickeln, verweist es auf die „inhaltlich übereinstimmenden", bei von Mangoldt-Klein zitierten Formulierungen[152], führt,

---

[150] BVerfGE 7, S. 208, S. 209. Mißverstanden von *Schwenk* in NJW 1962, S. 1322. Allgemein zu diesem Gedanken *Giacometti*, „Die Freiheitsrechtskataloge als Kodifikation der Freiheit", a. a. O., S. 6.

[151] Was freilich nicht von allen Autoren anerkannt wird. Bettermann insbesondere glaubt, daß das Bundesverfassungsgericht mit seinem Wechselwirkungsgedanken das in Art. 5 GG vorgegebene Verhältnis von Recht einerseits und Schranke des Rechts andererseits, wonach die allgemeinen Gesetze der Meinungsfreiheit ein für allemal vorgehen, verkenne. Er stützt sich dabei auf gelegentliche Äußerungen des Bundesverfassungsgerichts, wonach etwa „bei strafprozessualen Maßnahme, die in den durch dieses Grundrecht (Art. 5 GG) geschützten Bereich der Presse eingreift, zwischen den Erfordernissen einer freien Presse und denen der Strafverfolgung abzuwägen ist" (BVerfGE 15, 78, 225). Das versteht *Bettermann*, weil er voraussetzt, daß die StPO grundsätzlich allgemeines Gesetz sei (JZ 1964, S. 605), dahin, daß das Bundesverfassungsgericht also die allgemeinen Gesetze der Meinungsfreiheit nicht schlechthin vorgehen lasse, wie es Art. 5 Abs. 2 GG gebietet, sondern sie zugunsten der Rechte des Art. 5 Abs. 1 GG durchbreche (JZ 1964, S. 602). Das ist aber ein Mißverständnis. Was das Bundesverfassungsgericht meint, ist, daß sich die Frage, ob ein bestimmtes Gesetz, etwa die StPO, „allgemeines Gesetz" ist, nicht generell entscheiden läßt, sondern nur im einzelnen Konfliktfall zwischen Meinungsfreiheit und kollidierendem Rechtsgut. Wenn es zwischen dem Interesse der Strafverfolgung und denen der freien Presse abwägt, so läßt es keine Ausnahme von einem allgemeinen Gesetz zu, begründet auch keine Privilegien zugunsten der Presse (so *Bettermann* JZ 1964, S. 602), sondern prüft, ob die StPO, in dieser ihrer konkreten Anwendung, überhaupt ein (den Rechten des Art. 5 Abs. 1 GG vorgehendes) allgemeines Gesetz ist.

Zustimmend zum Wechselwirkungsgedanken etwa *Dagtoglou* DÖV 1963, S. 637.

[152] Dieser Verweis trifft, auch abgesehen von der Differenz zwischen *Smend* und *Häntzschel/Rothenbücher*, die Sache nicht. Ebenso wie *von Mangoldt-Klein* übersieht das Gericht, daß in der Formulierung von *Maunz*: „Allgemeine Gesetze sind solche, die sich nicht gerade gegen die Meinungsfreiheit richten" eine kleine Differenz gegenüber Häntzschel liegt, indem bei Maunz deutlicher auf die „Tendenz" des einschränkenden Gesetzes abgestellt wird und die Vorstellung einer absoluten Grenze für Einschränkungen dementsprechend zurücktritt.

In Carl *Schmitts* Definition: „Allgemeine Gesetze sind solche, die ohne Rücksicht gerade auf eine bestimmte Meinung ein Rechtsgut schützen wollen, das an sich Schutz verdient" wird gar der Smendsche Gedanke einer Bewertung des mit der Meinungsfreiheit konkurrierenden Rechtsguts aufgenommen. Im übrigen ist nicht deutlich, ob mit dem bei *von Mangoldt-Klein* zitierten

ohne Namensnennung, wörtlich die von Häntzschel, Rothenbücher und Smend an, um dann, ohne sich mit ihnen auseinanderzusetzen und ohne an den Grundsatz der Wechselwirkung anzuknüpfen, fortzufahren wie folgt:

„Die Meinungsäußerung ist als solche, d. i. in ihrer rein geistigen Wirkung frei; wenn aber durch sie ein rechtlich geschütztes Interesse eines andern beeinträchtigt wird, dessen Schutz gegenüber der Meinungsfreiheit den Vorrang verdient, so wird dieser Eingriff nicht dadurch erlaubt, daß er mittels einer Meinungsäußerung begangen wird. Es wird deshalb eine Güterabwägung erforderlich; das Recht zur Meinungsäußerung muß zurücktreten, wenn schutzwürdige Interessen eines anderen von höherem Rang durch die Betätigung der Meinungsfreiheit verletzt würden. Ob solche überwiegenden Interessen anderer vorliegen, ist aufgrund aller Umstände des Falles zu ermitteln[153]."

Es ist den Kritikern des Bundesverfassungsgerichts, insbesondere Bettermann[154] zuzugeben, daß diese Formel nicht befriedigt.

Wie ersichtlich, faßt das Bundesverfassungsgericht die Smendsche und die Häntzschel/Rothenbüchersche Definition zusammen, wohl in dem Glauben, sie seien gleichbedeutend. Soweit dabei auf Smend Bezug genommen wird, hat es zunächst den Anschein, als habe das Bundesverfassungsgericht dessen grundsätzliche Einsicht, daß im Vorbehalt der „allgemeinen Gesetze" das verfassungsrechtliche Spannungsverhältnis zwischen Meinungsfreiheit und kollidierendem Rechtsgut zum Ausgleich gebracht werden müsse, in eine Interessenabwägung „nach zivilrechtlichem Muster" umgebogen[155]. Dieser Anschein täuscht jedoch. Tatsächlich spricht das Bundesverfassungsgericht im Lüth-Urteil, ausgehend von den konkreten Fallumständen, von der Abwägung der kollidierenden Interessen verschiedener Personen. Wie aus dem Zusammenhang der Entscheidung sowie aus der späteren Rechtsprechung des Bundesverfassungsgerichts erhellt[156], ist sich das Bundesverfassungsgericht aber durchaus darüber im klaren, daß es nur um Güterabwägung, nicht um Interessenabwägung gehen kann. Sieht man von dieser mißverständlichen Formulierung im Lüth-Urteil ab, so ist festzustellen, daß der Smendsche Gedanke vom Bundesverfassungsgericht nicht nur nicht „verflacht"[157], sondern im Gegenteil präzisiert worden ist. Als Gesichtspunkt

---

Satz tatsächlich die Meinung Carl *Schmitts* wiedergegeben wird; vgl. die nicht ganz eindeutigen Ausführungen Carl *Schmitts*, Verfassungslehre, S. 167, wo er einmal dafür plädiert, der Vorbehalt der allgemeinen Gesetze solle wie ein normaler Gesetzesvorbehalt verstanden werden, dann Rothenbücher zugestimmt wird, und schließlich Rothenbücher mit einer Formel wiedergegeben wird, die Smendsche Merkmale enthält.

[153] BVerfGE 7, 209.
[154] JZ 1964, S. 602.
[155] So *Bettermann*, JZ 1964, S. 602.
[156] Vgl. etwa BVerfGE 15, 78.
[157] So *Bettermann*, JZ 1964, S. 601.

IX. Die verfassungsrechtliche Modellentscheidung: Art. 5 Abs. 2 GG

für die Abwägung zwischen Meinungsfreiheit und kollidierendem Rechtsgut bewendet es nicht mehr bei dem so oder so zu verstehenden „Verfassungsleben" Smends. Etwas wesentlich Kompakteres, nämlich das vom Bundesverfassungsgericht an anderer Stelle mit Inhalt ausgefüllte Leitbild der freiheitlichen demokratischen Ordnung[158], tritt an seine Stelle. Dazu kommt folgendes: Während bei Smend das Ergebnis „konkrete Güterabwägung" aus allgemeinen Einsichten in das Wesen des Gesetzesvorbehalts resultierte, geht es dem Bundesverfassungsgericht ganz speziell darum, gerade der Meinungsfreiheit einen möglichst weitgehenden Schutz gegenüber kollidierenden Rechtsgütern zu sichern. Eben wegen der Bedeutung der Meinungsfreiheit in der freiheitlichen Demokratie sei es nötig, die unvermeidlichen Beschränkungen der Meinungsfreiheit in jedem Einzelfall durch die Gerichte, letztlich das Bundesverfassungsgericht, auf ihre Berechtigung hin überprüfen zu lassen. Man kann diese Motivation bei Smend schon im Ansatz enthalten sehen; sie offen ausgesprochen, zur Grundlage der Definition gemacht zu haben, ist die Neuerung des Bundesverfassungsgerichts[159].

Wenn das Gericht darüber hinaus die Häntzschel/Rothenbüchersche Formel aufgreift, so ist das zwar grundsätzlich zu begrüßen.

Es hat aber die richtige Kombination noch nicht gefunden. Das Bundesverfassungsgericht addiert zwar nicht einfach die beiden Formeln[160], was nicht möglich wäre, denn was nach Häntzschel ein „allgemeines Gesetz" ist, braucht nach Smend keines zu sein und umgekehrt[161], sondern legt die Häntzschel/Rothenbüchersche Formulierung zugrunde und verschärft sie — zugunsten der Meinungsfreiheit — durch das Smendsche Erfordernis der sachlichen Vorrangigkeit, so daß im Ergebnis alles, was für Häntzschel/Rothenbücher kein „allgemeines Gesetz" ist, auch für das Bundesverfassungsgericht keines sein kann. Damit ist das Bundesverfassungsgericht aber grundsätzlich denselben Bedenken ausgesetzt wie Häntzschel und Rothenbücher. Praktisch wird sich das vermutlich nicht auswirken, indem das Gericht immer dann, wenn es mit Häntzschels Definition Schwierigkeiten gibt, auf die Güterabwägung ausweichen wird. Dogmatisch befriedigender aber wäre es, wenn das Bundesverfassungsgericht bei der Kombination beider Definitionen sozusagen den umgekehrten Weg einschlagen wollte und, von Smend ausgehend, die

---

[158] Vgl. oben.
[159] Dazu kritisch *Nipperdey*, DVBl. 58, S. 449.
[160] Anderer Ansicht *Lerche*, Grundrechte des Soldaten, a. a. O., S. 474.
[161] Anderer Ansicht *Ridder*, a. a. O., S. 282. Seine Meinung dürfte aber nur zutreffen, wenn man als Richtpunkt der Güterabwägung von vorneherein (mit dem Bundesverfassungsgericht) auf die freiheitliche demokratische Grundordnung abstellt; so wie Smend formuliert, fallen die beiden Definitionen absolut auseinander, und eine Addition ist somit ausgeschlossen.

Häntzschel/Rothenbücherschen Gedanken als Anhaltspunkte bei der Güterabwägung betrachten würde (dazu siehe unten). Im übrigen wäre zu wünschen, daß das Gericht die Verbindung seines Begriffs der „allgemeinen Gesetze" mit seiner Theorie der Wechselwirkung zwischen Art. 5 Abs. 1 GG und Art. 5 Abs. 2 GG ausdrücklich herstellen würde.

d) Der Begriff der „allgemeinen Gesetze" bei Bettermann

Über diese Einwände hinaus ist die Rechtsprechung des Bundesverfassungsgerichts in neuerer Zeit heftigen Angriffen ausgesetzt worden. Vor allem war es Bettermann[162], der der Auffassung des Bundesverfassungsgerichts eine diametral entgegengesetzte Auffassung entgegensetzte. Seiner Auffassung nach kann der Smendsche Ansatz bei der Bestimmung der „allgemeinen Gesetze" überhaupt nicht verwendet werden, und zwar aus drei Gründen:

α) Einmal bedeute es einen Zirkelschluß, wenn man mit Smend oder ausgehend von ihm definiere, daß „allgemeine" und somit der Meinungsfreiheit vorgehende Gesetze solche seien, die den sachlichen Vorrang vor dem Schutz der Meinungsfreiheit verdienten.

β) Außerdem bedeute eine solche Definition, daß im Ergebnis die Verfassungsgerichtsbarkeit darüber zu entscheiden habe, welche Beschränkungen der Meinungsfreiheit zulässig seien, während doch in Wirklichkeit die Verfassung in Art. 5 Abs. 2 GG diese Entscheidung selbst getroffen habe[163].

γ) Smends Ausgangspunkt führe schließlich dazu, daß die beiden anderen in Art. 5 Abs. 2 GG genannten Schranken, nämlich das Recht der persönlichen Ehre und der Jugendschutz als Unterfälle der „allgemeinen Gesetze" anzusehen seien und damit leerlaufen würden.

Alle diese Einwände sind nicht zwingend.

Was den Zirkelschluß betrifft, so ist zuzugeben, daß, wie Smend selbst schon ausgeführt hat[164], die Smendsche Definition „demjenigen Typus juristischer Begriffsbestimmungen zuzurechnen ist, die den Tatbestand einer Rechtsfolge lediglich dahin bezeichnet, daß es ein die Rechtsfolge rechtfertigender Tatbestand sein müsse". Das bedeutet aber ebensowenig, daß eine derartige Definition logisch unzulässig, wie daß sie

---

[162] Der dabei an gewisse Äußerungen von *Bachof* in „Die Grundrechte", Bd. III, 1. Halbband, S. 195 und Ridder, JZ 1961, S. 539 anknüpfen konnte; ebenso wie Bettermann *Kemper*, Pressefreiheit und Polizei, S. 60 f.

[163] Dieser Gedanke auch bei *Roth-Stielow*, NJW 1963, S. 1860.

[164] VVDtStRL 4, S. 54.

IX. Die verfassungsrechtliche Modellentscheidung: Art. 5 Abs. 2 GG

inhaltsleer wäre. Sie besagt nämlich — logisch unbedenklich —, daß über die Frage, was „allgemeines Gesetz" ist, erst noch zu entscheiden ist, und sie gibt auch an, worauf es bei dieser Entscheidung ankommt, nämlich den sachlichen Vorrang des kollidierenden Rechtsguts. Tatsächlich, und damit ist auch der zweite Einwand entkräftet, hat der Grundgesetzgeber mit der Aufnahme der „allgemeinen Gesetze" in Art. 5 Abs. 2 GG ja keine, oder jedenfalls keine bestimmte Entscheidung über das Verhältnis der Meinungsfreiheit zu kollidierenden Rechtsgütern getroffen. Es entspricht dieser Sachlage nur, wenn Definitionen, die von Smend ausgehen, eine weitere Entscheidung über das Verhältnis von Meinungsfreiheit und kollidierendem Rechtsgut für notwendig erklären. Der Einwand, Smends Ansatz könne schon deshalb nicht richtig sein, weil dann Art. 5 Abs. 2 GG eine Hauptschranke und zwei Unterschranken enthalten würde und nicht, wie der Wortlaut nahelegt, drei selbständige Schranken, schließlich ist alt[165]. Er wird üblicherweise damit entkräftet[166], daß der Grundgesetzgeber in Richtung auf den Jugend- und Ehrenschutz besonders nachdrücklich habe eine Schranke für die freie Meinungsäußerung ziehen wollen, weil ihm insoweit die Erfahrung ständigen Mißbrauchs vor Augen gestanden habe. Ob dies voll überzeugt, braucht nicht entschieden zu werden. Jedenfalls ist das Argument, das darauf hinausläuft, man könne dem Verfassungsgeber keine Tautologien in die Schuhe schieben, so schwach, daß es gegenüber einer im übrigen befriedigenden Auslegung nicht durchschlagen kann. Daß der Smendsche Ausgangspunkt aber zu einer befriedigenden Lösung führt, wird unten gezeigt werden.

Ebenso wie Bettermanns Kritik am Ansatz Smends nicht durchgreift, kann seine eigene Bestimmung der „allgemeinen Gesetze" nicht befriedigen. Er faßt die „allgemeinen Gesetze" als solche Gesetze, die sich nicht gerade mit den Freiheiten des Art. 5 Abs. 1 GG befassen[167], die das Verhalten der Bürger regeln, unabhängig davon, ob der Bürger ein Recht des Art. 5 Abs. 1 GG oder ein anderes Grundrecht, insbesondere seine „allgemeine Handlungsfreiheit" ausübt. Musterbeispiele allgemeiner Gesetze sind für ihn somit etwa die StPO, die polizeiliche Generalklausel und alle nicht spezifisch presse- und publikationsrechtlichen Normen des Privatrechts und des Zivilprozeßrechts. Dagegen sind alle Vorschriften, die sich speziell mit den Rechten des Art. 5 Abs. 1 GG befassen, sei es offen oder verdeckt, für ihn keine allgemeinen Gesetze.

Diese Bestimmung führt Bettermann notwendig dazu anzunehmen, daß Art. 5 Abs. 2 GG keine abschließende Regelung der Schranken des

---

[165] Vgl. *Ridder*, JZ 1961, S. 539.
[166] Nachweise bei *Ridder*, ebenda.
[167] JZ 1964, S. 603, S. 604.

Art. 5 Abs. 1 GG enthalte, denn alle Normen, die sich speziell mit den Rechten des Art. 5 Abs. 1 GG befassen, ohne daß sie dem Jugend- oder Ehrenschutz dienen, wären ja unzulässig, wenn Art. 5 Abs. 2 GG eine abschließende Regelung der Schranken für die Rechte des Art. 5 Abs. 1 GG enthielte — ein unmögliches Ergebnis, wenn man an die Notwendigkeit etwa der §§ 84, 92, 93, 100 e, 103, 109 d, 109 f, 110, 111, 130, 131, 166, 184 Abs. 1 Nr. 1 StGB oder an den gesamten Bereich des Presserechts denkt. Insoweit will Bettermann das Verhältnis von Meinungsfreiheit und kollidierenden Rechtsgütern also unabhängig von Art. 5 Abs. 2 GG bestimmen, aus einer allgemeinen Schrankensystematik der Grundrechte, und er schließt nicht aus, daß dabei „Raum sei für die vom Bundesverfassungsgericht geforderte Abwägung"[168].

Gegen diese Lösung ist einzuwenden:

α) daß einmal die so heftig angegriffene Güterabwägung des Bundesverfassungsgerichts doch wieder eingeführt wird, wenn auch außerhalb des Rahmens des Art. 5 Abs. 2 GG;

β) daß Art. 5 Abs. 2 GG zu einer Teilregelung denaturiert wird, wohingegen es offenbar die Absicht des Verfassungsgebers war, die Bestimmung der Grenzen zwischen den Rechten des Art. 5 Abs. 1 GG und kollidierenden Rechtsgütern in Art. 5 Abs. 2 GG vorzunehmen und nicht irgendeiner Grundrechtsschrankensystematik zu überlassen;

γ) daß gewisse Gesetze, nämlich die, die Bettermann als „allgemeine" bezeichnet, den Rechten des Art. 5 Abs. 1 GG ohne weiteres Schranken setzen sollen, ohne daß es darauf ankäme, ob sich der mit diesem Gesetz verfolgte Zweck gegenüber dem Interesse am Schutz der Meinungsfreiheit legitimieren kann[169].

e) Die Definition Lerches

Ebenfalls gegen die vom Bundesverfassungsgericht geforderte Güterabwägung gerichtet, wenn auch im übrigen ganz anderer Natur, ist die Definition Lerches:

α) „Allgemeine Gesetze" sind für ihn Reflexgesetze, d. h. das die Meinungsfreiheit beschränkende Gesetz muß „die Berührung des grundrechtlichen Rechtsguts als notwendige Nebenwirkung zum Zweck

---

[168] JZ 1964, S. 605.

[169] Dazu im einzelnen unten. Ablehnend gegenüber Bettermann, wenn auch mit teilweise anderer Begründung, ebenfalls Ingo *Klinkhardt* „Die politische Meinungsfreiheit im Ausländerrecht" DVBl. 1965, S. 467 f., S. 469, S. 470.

IX. Die verfassungsrechtliche Modellentscheidung: Art. 5 Abs. 2 GG

der Verfolgung eines von dem Grundrecht unabhängigen Rechtsguts hinnehmen"; und weiter: „Die Berührung des Grundrechts darf nicht durch eine Bedachtnahme auf den Einzelfall beherrscht werden[170]."

β) „Allgemeine Gesetze" sind weiter nur die Reflexgesetze, in denen das geschützte Rechtsgut zur „fixierten Verfassungssubstanz" gehört[171].

γ) „Allgemeine Gesetze" sind zwar tatbestandlich gegeben, im Sinne des Art. 5 Abs. 2 GG aber unzulässig, wenn sie, die Erfordernisse α) und β) erfüllend, in ihrer normativen Gesamtwirkung einem direkten Eingriff in das grundrechtliche Rechtsgut gleichkommen[172, 173].

Zu α): In der Forderung, daß „allgemeine Gesetze" die Meinungsfreiheit nur in Form von Nebenwirkungen begrenzen dürfen, notwendigen Nebenwirkungen zur Verfolgung eines von der Meinungsfreiheit unabhängigen Rechtsguts, liegt ein Anklang an Häntzschel. Es liegt aber nicht dasselbe vor wie bei ihm. Häntzschel geht, sozusagen auf der einen Seite seiner zwiegesichtigen Formel[174], davon aus, daß es der Sinn der „allgemeinen Gesetze" sei, bestimmte Arten von Meinungsäußerungen, nämlich die „rein geistig wirkenden" absolut zu schützen. Davon ist bei Lerche nichts mehr vorhanden. Ob ein Reflexgesetz vorliegt, beantwortet sich ausschließlich von der Art des begrenzenden Gesetzes her, von seinem Sinn, von seiner Tendenz her. Die Frage ist nur, ob das beschränkende Gesetz seinem objektiven Sinn nach darauf gerichtet ist, ein von der Meinungsfreiheit unabhängiges Rechtsgut zu schützen.

Welche Rechtsgüter in diesem Sinn von der Meinungsfreiheit unabhängig sind und welche nicht, sagt Lerche selbst nicht. Man könnte sagen: nicht unabhängig von der Meinungsfreiheit ist das Interesse an der Aufrechterhaltung, Durchsetzung, Unterdrückung etc. bestimmter

---

[170] Grundrechte des Soldaten, a. a. O., S. 474.
[171] Ebenda, S. 475.
[172] Ebenda, S. 476.
[173] Vgl. schon *Lerche*, DVBl. 1958, S. 529, Anm. 54. Lerches Definition ist nicht zuletzt in dem größeren Zusammenhang seiner Systematik der Grundrechtsbegrenzungen und, darüber hinaus, seiner Theorie des Verfassungsaufbaus zu sehen. Nur so kann die auf den ersten Blick verblüffende Tatsache verstanden werden, daß ein Gesetz „allgemeines Gesetz" sein und trotzdem im Sinn des Art. 5 Abs. 2 GG unzulässig sein kann. Auf diesen Zusammenhang kann hier nicht näher eingegangen werden. Nur soviel sei angedeutet, daß, aus diesem Zusammenhang heraus, das „allgemeine Gesetz" für Lerche in einer doppelten Bedeutung erscheint: innerhalb der Grundrechtsbegrenzungen als Gegenpol des zielgerichteten Eingriffs, innerhalb des Verfassungsaufbaus im großen als Gegenspieler jener auf Individualisierung drängenden Verfassungsrichtlinien wie des Erforderlichkeits- und des Verhältnismäßigkeitsgebots. Ungeachtet dieser größeren Aspekte soll das „allgemeine Gesetz" hier nur von Art. 5 Abs. 2 GG her betrachtet werden.
[174] Dazu siehe oben.

Meinungen im Kommunikationsprozeß. Gesetze, die darauf abzielen, bestimmte Meinungen aus diesem Prozeß auszutilgen und andere zur „herrschenden Meinung" zu machen und dabei in die Meinungsfreiheit eingreifen, wären danach keine Reflexgesetze.

Das ist freilich keine Definition, unter die man im Sinn einer einfachen logischen Operation subsumieren kann. Es wird kaum ein Gesetz geben, das einen solchen Zweck unmittelbar und offen verfolgt. Regelmäßig wird das die Meinungsfreiheit beschränkende Gesetz seinem ganzen Sinn nach behaupten, die vorgesehene Beschränkung der Meinungsfreiheit sei notwendig zum Schutz eines Rechtsguts, das an sich schon unabhängig von der Meinungsfreiheit ist, etwa der Staatssicherheit oder auch des Berufsbeamtentums bzw. Militärs. Soll das Erfordernis des Reflexgesetzes seinen Sinn behalten, so muß diese Behauptung also nachgeprüft werden. Das heißt aber nichts anderes, als daß man nachprüft, ob eine bestimmte Beschränkung der Meinungsfreiheit durch ein solches, an sich von der Meinungsfreiheit unabhängiges Rechtsgut sachlich noch gerechtfertigt wird oder nicht. Beispielsweise kann man kaum bestreiten, daß ein Verbot für jedermann, kommunistische Presse zu lesen, oder DDR-Sender zu hören, oder gesprächsweise kommunistische Meinungen zu äußern, der Staatssicherheit zuträglich wäre. Trotzdem, sagt man, rechtfertigt die Staatssicherheit, ein von der Meinungsfreiheit unabhängiges Rechtsgut, ein solches Verbot nicht; an diesem Punkt, sagt man, darf die Staatssicherheit noch nicht verteidigt werden, hier handelt es sich noch um Kampf gegen Meinungen, der durch das Erfordernis des Reflexgesetzes ausgeschlossen ist. Andererseits ist man vielleicht geneigt, und Lerche ist das[175], die in dieselbe Richtung gehenden politischen Treupflichten für Beamte und Soldaten als durch die Verfassungsentscheidung des GG für Beamtentum und Militär gerechtfertigt anzusehen, jedenfalls in bestimmtem Umfang, obwohl auch hier zweifellos eine gewisse Beeinflussung des allgemeinen Kommunikationsprozesses die Folge ist.

In Wirklichkeit wird also eine Relation hergestellt zwischen Meinungsfreiheit und kollidierendem Rechtsgut und, indem beide Rechtsgüter ins Auge gefaßt werden, wertend entschieden, was noch gerechtfertigter Schutz des kollidierenden Rechtsguts ist und was, mangels einer solchen Rechtfertigung, schon als Manipulation der öffentlichen Meinung angesehen werden muß.

Trotzdem liegt nicht dasselbe vor wie bei der Güterabwägung des Bundesverfassungsgerichts. Wenn dort eine Güterabwägung erfolgt aus der konkreten, in der Verfassungsbeschwerde vorliegenden Situation

---

[175] Grundrechte des Soldaten, a. a. O., S. 477.

IX. Die verfassungsrechtliche Modellentscheidung: Art. 5 Abs. 2 GG

heraus, so steht bei Lerche das die Meinungsfreiheit beschränkende Gesetz als solches im Vordergrund[176].

Zu β): War das Erfordernis des Reflexgesetzes die Häntzschel und Rothenbücher verpflichtete Seite in Lerches Definition, so will er die Forderung von Smend und Erich Kaufmann nach „Allgemeingültigkeit" der „allgemeinen Gesetze" befriedigen, wenn er verlangt, daß das im Reflexgesetz geschützte Rechtsgut zur „Verfassungssubstanz" gehöre. Wenn er fordert, daß diese „Verfassungssubstanz" bereits „fixiert" sei, trägt er gleichzeitig den Bedenken Häntzschels[177] Rechnung.

Was „fixierte Verfassungssubstanz" heißt zu bestimmen, ist nicht einfach. Es würde zu offenbar unmöglichen Ergebnissen führen, wollte man annehmen, darunter könne nur fallen, was im Verfassungstext ausdrücklich erwähnt ist. Die Hauptquelle für Rechtsgüterwähnungen im Grundgesetz ist der Kompetenzkatalog. Da die in die ausschließliche Länderzuständigkeit fallenden Materien nicht erwähnt sind, ist z. B. ein Rechtsgut wie die öffentliche Sicherheit und Ordnung, zugunsten dessen die Meinungsfreiheit sicherlich eingeschränkt werden können muß, im Verfassungstext nicht erwähnt. Man muß also formulieren: Zur „fixierten Verfassungssubstanz" gehört, was nach dem Sinn der Verfassung zu den von ihr geforderten und zugrunde gelegten zentralen Rechtsgütern gehört — irgendein Niederschlag in der Verfassung wird dann meist zu finden sein.

Auch dies ist also ein Begriff, der nur durch wertende Sinnerfassung ausgefüllt werden kann, — eine Wertung, die, da die Meinungsfreiheit selbst unzweifelhaft auch zur Substanz der Verfassung gehört, die Bedeutung des Art. 5 Abs. 1 GG nicht außer acht lassen darf; diese Tatsache drängt vielmehr dazu, den Begriff der „fixierten Verfassungssubstanz" zurückhaltend auszulegen. Das ändert aber nichts daran, daß innerhalb eines somit eng gefaßten Begriffs der Verfassungssubstanz jedes Rechtsgut den Vorrang vor der Meinungsfreiheit hat (vorbehaltlich eingriffsgleicher Wirkungen, dazu anschließend). Ob das noch dem Postulat der „Allgemeingültigkeit" entspricht, das doch darauf abstellt, daß eine Beschränkung der Meinungsfreiheit als berechtigt empfunden wird, ist problematisch.

Zu γ): Ein zusätzliches Erfordernis für die Zulässigkeit eines die Meinungsfreiheit beschränkenden Gesetzes ist für Lerche, daß die Meinungsfreiheit nicht „eingriffsgleich" beschränkt wird.

---

[176] Der Begriff des Reflexgesetzes verlangt weiter, daß die Begrenzung nicht durch eine Bedachtnahme auf den Einzelfall beherrscht wird. Dies Erfordernis ist eine Folgerung aus der umfassenden Bedeutung, die das „Allgemeine" für *Lerche* als Gegenspieler der auf Individualisierung drängenden Verfassungstendenzen hat.
[177] HdBdDtStR, II, S. 659.

Ursprünglich stellt die Unterscheidung zwischen Eingriff und reflektiver Begrenzung nicht ab auf die Schwere der Grundrechtsbeeinträchtigung, sondern auf die Tendenz, die Richtung der beschränkenden Maßnahme. Zwar ist es so, daß der zielgerichtete Eingriff in der Regel tiefer geht als eine reflektive Begrenzung. Die Bildung eines materialen Begriffs „eingriffsgleich" wird aber doch sehr erschwert durch die Tatsache, daß es ganz verschieden schwere Eingriffe geben kann. Angesichts dieser begrifflichen Schwierigkeiten wird man nicht umhin können, sich bei der konkreten Entscheidung, ob eine eingriffsgleiche Beeinträchtigung vorliegt, an der Schutzbedürftigkeit der Meinungsfreiheit in diesem Fall zu orientieren. Ähnlich wie die Frage, ob überhaupt ein Reflexgesetz vorliegt, muß auch die Frage, ob noch eine wirklich reflektive Begrenzung vorliegt oder ob die Grundrechtsbeeinträchtigung schon „eingriffsgleich" ist, unter Rücksichtnahme auf die wertend erfaßte Bedeutung der Meinungsfreiheit beantwortet werden.

f) Die Definition des Verfassers

Wie ein roter Faden durchzieht Lerches Versuch die Bemühung, durch eine begriffliche Konstruktion der „allgemeinen Gesetze" Rechtssicherheit zu gewährleisten und insbesondere zu verhindern, daß sich das Bundesverfassungsgericht die Frage mittels seiner Theorie der konkreten Güterabwägung im Sinne Forsthoffs[178] offenhält, d. h. unter Vorbehalt einer erleuchteteren Entscheidung judiziert.

Tatsächlich wird die konstruktive Seite vom Bundesverfassungsgericht vernachlässigt. Der jetzige Zusammenbau der Häntzschelschen mit der Smendschen Definition befriedigt nicht. Von dem grundsätzlichen Standpunkt des Gerichts aus, wäre es, wie angedeutet, besser, von Smends Formel auszugehen und die Gedanken von Häntzschel und Rothenbücher als spezifizierende Gesichtspunkte zu verwerten. Im übrigen müßte das Gericht den von ihm entwickelten Wechselwirkungsgedanken stärker für die Einzelauslegung fruchtbar machen.

Geht man von diesen Bedenken aus, unter gleichzeitiger Beibehaltung des grundsätzlichen Ansatzes des Bundesverfassungsgerichts, dann drängt sich folgende Sicht des Problems auf:

Der Wechselwirkungsgrundsatz besagt, daß die nach Art. 5 Abs. 2 GG zuzulassenden Beschränkungen der Meinungsfreiheit im Lichte der Bedeutung gesehen werden müssen, die die Meinungsfreiheit in der freiheitlichen Demokratie hat. Das bedeutet, daß sich jede Beschränkung der

---

[178] Carl Schmitt-Festschrift, S. 57.

IX. Die verfassungsrechtliche Modellentscheidung: Art. 5 Abs. 2 GG

Meinungsfreiheit nach Umfang und verfolgtem Zweck gegenüber dem Interesse, das in der freiheitlichen Demokratie an einem möglichst umfassenden Schutz der Meinungsfreiheit besteht, rechtfertigen muß. Insoweit ist dem Bundesverfassungsgericht zuzustimmen, wenn es eine Güterabwägung verlangt.

Es ist nun aber nicht so, und darin wird von der Auffassung des Bundesverfassungsgerichts abgewichen, daß diese Abwägung in jedem Fall aufgrund der konkreten Fallumstände rechtsschöpferisch durch das erkennende Gericht erfolgen müßte, daß es keinerlei durchgehende Kriterien für das Wertverhältnis von Meinungsfreiheit und kollidierendem Rechtsgut gäbe. Man wird vielmehr in Anknüpfung an Lerche sagen müssen, daß ein mit der Meinungsfreiheit kollidierendes Rechtsgut vor dieser nur dann den Vorrang beanspruchen kann, wenn es in der Verfassung schon eine gewisse Anerkennung erfahren hat oder doch zu den von ihr vorausgesetzten Grundwerten gehört und in diesem Sinn Teil der „fixierten Verfassungssubstanz" ist. Und man muß weiter sagen, daß ein der Meinungsfreiheit vorrangiges Rechtsgut mit Sicherheit nie vorliegen kann, wenn es darum geht, daß der Kommunikationsprozeß manipuliert werden soll, wenn bestimmte Meinungen in der Öffentlichkeit propagiert und andere verdrängt werden sollen.

Im übrigen freilich, wenn das kollidierende Rechtsgut sowohl zur Verfassungssubstanz gehört wie dem Gebot des Reflexgesetzes entsprochen ist, muß aufgrund der konkreten Umstände des Einzelfalls abgewogen werden, ob die Beschränkung gegenüber dem Interesse am Schutz der Meinungsfreiheit gerechtfertigt werden kann.

Im einzelnen:

Die Meinungsäußerungsfreiheit ist das Kernstück der Kommunikationsgrundrechte, die zusammen, wie angedeutet, die „Einrichtung" der freien Kommunikation gewährleisten sollen, die für die freiheitliche westliche Demokratie charakteristisch ist. Es wurde zwar erkannt, daß es nicht der einzige Inhalt der Kommunikationsrechte ist, die freie Kommunikation als solche, die freie Bildung der Meinungen und Vorstellungen und letztlich des Staatswillens zu gewährleisten, sondern daß sie ihren Sinn auch von dem sittlichen Recht des einzelnen, die Wahrheit sagen zu dürfen, her empfängt. Dennoch wird man den Autoren zustimmen dürfen, die das Schwergewicht beim Verständnis der Meinungsäußerungsfreiheit auf ihren Aspekt als Strukturprinzip der freiheitlichen Demokratie legen[179]. Insofern empfängt der Schutz der Meinungsfreiheit seinen Sinn von dem fundamentalen Interesse an der

---

[179] *Kröger*, Meinungsfreiheit, S. 173 f. mit Nachweisen sowie oben.

Freiheit des Kommunikationsprozesses selbst und ist mit diesem Interesse so sehr verbunden, daß ein der Meinungsfreiheit vorgehendes Interesse im obigen Sinn niemals als vorliegend angenommen werden kann, wenn die Freiheit dieses Prozesses beeinträchtigt werden soll. Hat man so das Gebot des Reflexgesetzes auf den Wertgehalt der Meinungsfreiheit zurückgeführt, dann kann es nicht erstaunen, wenn bei der Frage, wann im Einzelfall ein Reflexgesetz vorliegt, Wertentscheidungen notwendig sind. Jede Beschränkung der Meinungsfreiheit wird vorgeben, dem Schutz eines im Sinne Lerches von der Meinungsfreiheit unabhängigen Rechtsguts zu dienen. Muß nun wertend entschieden werden, ob dieses Rechtsgut die Beschränkung der Meinungsfreiheit noch trägt, so wird nur auf die Quelle zurückgeblickt, aus der der Grundsatz des Gebots des Reflexgesetzes selbst geflossen ist, nämlich auf den Wertgehalt der Meinungsfreiheit in der freiheitlichen Demokratie.

Auch der andere Grundsatz, daß ein kollidierendes Rechtsgut nur dann den Vorrang vor der Meinungsfreiheit beanspruchen kann, wenn es schon eine gewisse Anerkennung durch die Verfassung erfahren hat, läßt sich aus dem verfassungsrechtlichen Wertgehalt der Meinungsfreiheit herleiten, und zwar ist es die formale Seite dieses Wertgehalts, der verfassungsrechtliche Rang der Meinungsfreiheit, der sich hier auswirkt. Es kann nicht angängig sein, daß ein Rechtsgut von der verfassungsrechtlichen Verankerung der Meinungsfreiheit vor einem Rechtsgut zurücktreten muß, daß nach den im Grundgesetz zum Ausdruck gekommenen Vorstellungen ein Rechtsgut zweiter Ordnung ist.

Geht man also davon aus, daß „allgemeine Gesetze" im Sinn des Art. 5 Abs. 2 GG die sind, die Rechtsgüter schützen, die vor der Meinungsfreiheit den Vorrang haben, und ergänzt dies dahin, daß ein Rechtsgut nur dann einen solchen Vorrang beanspruchen kann, wenn es zur „Verfassungssubstanz" gehört, und weiter dahin, daß ein vorrangiges Rechtsgut nie gegeben sein kann, wenn eine Manipulation des Kommunikationsprozesses vorliegt, so hat man die oben gegen die Lehre des Bundesverfassungsgerichts geäußerten Bedenken ausgeräumt, ohne dessen grundsätzlichen Standpunkt aufzugeben. In die grundsätzlich beibehaltene Güterabwägungsformel sind zwei typische Wertentscheidungen (standards) eingebaut worden, wodurch nicht nur die Rechtsklarheit und Rechtssicherheit vergrößert, sondern dem Gericht auch in vielen Fällen eine rasche Vorentscheidung ermöglicht wird.

Trotz der weitgehenden Bezugnahme auf die Erkenntnisse Lerches unterscheidet sich eine solche Definition der „allgemeinen Gesetze" wesentlich von der seinen. Sie bleibt, trotz Einbau der begrifflichen Stützen, eine Güterabwägungsformel. Das ist nach Meinung des Verfassers auch notwendig.

IX. Die verfassungsrechtliche Modellentscheidung: Art. 5 Abs. 2 GG

Eine wie oben fortentwickelte Güterabwägungsformel hat vor der Definition Lerches den Vorzug, daß sie klar ausspricht, daß Wertentscheidungen erforderlich sind. Ihre Notwendigkeit aber liegt darin, daß sie jeden Eingriff in die Meinungsfreiheit verfassungsgerichtlicher Kontrolle unterwirft. Es gibt Gesichtspunkte dafür, wann sicher kein Eingriff in die Meinungsfreiheit erfolgen darf; das ist aber nicht genug. Die Bedeutung, die der Schutz der Meinungsfreiheit in der freiheitlichen Demokratie hat, verlangt, daß auch darüber hinaus jeder Eingriff auf seine sachliche Berechtigung geprüft werden kann[180].

Freilich, dieser Gesichtspunkt wird überlagert und in gewissem Sinn in seiner Durchschlagskraft geschwächt durch die Meinungsverschiedenheiten über die Funktion der Verfassungsgerichtsbarkeit, die hier inmitten liegen. Es ist die Gesamttendenz des Lercheschen Versuchs, die Tätigkeit des Bundesverfassungsgerichts vorhersehbar zu machen, dem Staatsbürger Rechtssicherheit und dem einfachen Gesetzgeber einen berechenbaren Spielraum freier Initiative zu garantieren. Das zielt auf Stärkung des Rechtsstaats im überlieferten Sinn[181] und letztlich kann man dem nicht Argumente aus dem Kreis des einzelnen Grundrechts entgegenstellen, sondern nur eine ebenso grundsätzliche Auffassung von der Funktion der Verfassungsgerichtsbarkeit. Die vom Bundesverfassungsgericht vorausgesetzte Auffassung ist, daß die möglichste Wahrung materieller Gehalte vor diesen formalen Strukturen den Vorrang hat. Sofern in der hier vertretenen Formel von der wertenden Einzelfallentscheidung ausgegangen wird, wird diese Auffassung des Bundesverfassungsgerichts geteilt, in der Meinung, daß bei den gegenwärtigen Verhältnissen in der Bundesrepublik die verbindende Wirkung sachlich überzeugender Grundsatzentscheidungen, betreffend die Fundamentalrechte der menschlichen Person, eine Bedeutung erhalten hat, die noch weit über das hinausgeht, was Rudolf Smend voraussehen konnte, als er den Begriff der sachlichen Integration prägte. Dabei ist es letztlich

---

[180] Daraus ergibt sich, daß die früher global vertretene Auffassung, die Beamten- und Soldatengesetze seien „allgemeine Gesetze":
so für die WRV: *Anschütz*, Reichsverfassung, S. 556; *Arndt*, Reichsbeamtengesetz, § 10, I, 2; *Brand*, in „Die Grundrechte" (Nipperdey), II, S. 237;
für das GG: BVerwG, DVBl. 54, 368; Bay. Dienststrafhof, EBDH 3, S. 300; *Scheuner*, Politische Treupflicht im öffentlichen Dienst, S. 87; *Köttgen*, Meinungsfreiheit des Soldaten, a. a. O., S. 71; *Salzmann*, Der Gedanke des Rechtsstaats in der Wehrverfassung der BRD, S. 99; *Perwo*, ZBR 1956, S. 113; *Ule*, Öffentlicher Dienst, a. a. O., S. 603; H. J. *Wolff*, Verwaltungsrecht II, S. 325; *Hamann*, a. a. O., Anm. B 10 zu Art. 5 GG; *von Mangoldt-Klein*, Anm. IX, 3, a zu Art. 5 GG und neuerdings etwa OVG Münster, DÖV 1965, S. 205 sowie Bay. VerfGH, DVBl. 1965, S 879 mit Nachweisen;
heute in dieser Allgemeinheit nicht mehr aufrechterhalten werden kann, sondern daß jede einzelne Regelung des Beamten- und Soldatenrechts darauf geprüft werden muß, ob sie „allgemeines Gesetz" ist.

[181] Dazu *Forsthoff*, VVDtStRL 12, S. 8 f. (S. 30).

eine Frage des Vertrauens, von wem man erwartet, daß er ein angemessenes Verhältnis zwischen Meinungsfreiheit und kollidierenden Rechtsgütern finden wird, von der Rechtsprechung, d. h. letztlich vom Bundesverfassungsgericht, oder von der Legislative. Die gesetzliche Regelung der politischen Treupflicht in den §§ 52 Abs. 2 BBG, 35 Abs. 1 Satz 3 BRRG, 8 SoldG kann nicht ermutigen, dieses Vertrauensvotum dem Gesetzgeber zu erteilen[182].

X. Lehren aus der Auslegung des Art. 5 Abs. 2 GG für die Bestimmung des Verhältnisses von Beamtenrecht und Kommunikationsgrundrechten

Betrachtet man das zu Art. 5 Abs. 2 GG gewonnene Ergebnis, so bestätigt sich auch praktisch der oben nur formal abgeleitete Satz, daß die Auslegung, die Art. 5 Abs. 2 GG gefunden hat (bzw. zu finden hat) geeignet ist, Hinweise für die Bewältigung der Problematik zu geben, die sich ergibt, wenn man, wie hier, aus dem Gegenüber der beiden Verfassungsentscheidungen für das Berufsbeamtentum einerseits, für die Kommunikationsgrundrechte andererseits, Rechtssätze über die Zulässigkeit beamtenrechtlicher Schranken dieser Freiheiten und speziell über die Zulässigkeit einer politischen Treupflicht der Beamten gewinnen will.

Wie schon hervorgehoben, ergibt sich die Zulässigkeit besonderer beamtenrechtlicher Beschränkungen der Kommunikationsgrundrechte unmittelbar aus der institutionellen Anerkennung des Berufsbeamtentums in Art. 33 Abs. 4 und 5 GG, ohne daß es eines Rückgriffs auf die bei den einzelnen Kommunikationsgrundrechten ausdrücklich vorgesehenen Schranken und Vorbehalte bedarf. Deshalb hat die Auslegung, die Art. 5 Abs. 2 GG gefunden hat, für die vorliegende Problematik nur Hinweischarakter. In diesem Sinn, als Hinweis, ist sie aber nun auch wirklich geeignet, bei der Bewältigung der vorliegenden Problematik weiterzuhelfen.

Es hat sich oben ergeben, daß aus der gegenseitigen Verschränkung der beiden Verfassungsentscheidungen folgt, daß der vom Bundesverfassungsgericht für das Verhältnis von Art. 5 Abs. 1 GG zu Art. 5 Abs. 2 GG entwickelte Wechselwirkungsgrundsatz allgemein auf das Verhältnis zwischen Beamtenrecht und Kommunikationsrechten anzuwenden ist.

---

[182] Vgl. auch *Dürig*, DÖV 1958, S. 197 sowie Statusbericht des Bundesverfassungsgerichts, JöR 6, S. 109 f., insbesondere *Leibholz*, ebenda, S. 124, 125, 126.
Neuerdings etwa *Stein*, NJW 1964, S. 1745 f. und *Knöpfle*, Die Berufung des Bayerischen Verfassungsgerichtshofs zum Schutz der verfassungsmäßigen Ordnung, BayVBl. 1965, S. 73 f., je mit Nachweisen.

X. Schranken der Kommunikationsfreiheit im Beamtenverhältnis

Es wurde weiter erkannt, daß der relativen Unabhängigkeit beider Verfassungsentscheidungen nur eine Auslegung gerecht wird, die von dem Gedanken geleitet ist, den hinter jeder der beiden Verfassungsentscheidungen stehenden verfassungspolitischen Leitgedanken zur größtmöglichen Wirksamkeit in der Verfassungswirklichkeit zu verhelfen (Effektivitätsprinzip). Es mußten jedoch Zweifel geäußert werden, ob dieser Ansatzpunkt es erlauben würde, hinreichend bestimmte Rechtssätze über die Zulässigkeit beamtenrechtlicher Beschränkungen der Kommunikationsfreiheit zu gewinnen, ob die Verfassungsexegese nicht vor den hier auftretenden Schwierigkeiten kapitulieren und dem einfachen Gesetzgeber das Feld überlassen müsse. Hier, an diesem Punkt, tröstet ein Blick auf die Schwierigkeiten, die die Auslegung bei der Bestimmung des Sinnes des Art. 5 Abs. 2 GG zu bewältigen hatte. Faßte man, wie die herrschende Auffassung, Art. 5 Abs. 2 GG als abschließende Schrankenziehung zwischen den Rechten des Art. 5 Abs. 1 GG und konkurrierenden Rechtsgütern, so war die Schwierigkeit, den Inhalt dieser Schranke zu ermitteln, ja noch viel größer als die hier inmitten stehende Schwierigkeit, handelte es sich doch nicht nur darum, das Verhältnis der Meinungsfreiheit zu einem bestimmten Rechtsgut, wie dem Berufsbeamtentum, das überdies in der Verfassung ausdrücklich anerkannt ist, zu bestimmen, sondern das Verhältnis dieser Freiheit zu schlechthin allen konkurrierenden Rechtsgütern. Dennoch hat das Bundesverfassungsgericht nicht kapituliert, sondern, nach Bestimmung des allgemeinen Verhältnisses, das in der freiheitlichen Demokratie des Grundgesetzes für das Verhältnis der Meinungsfreiheit zu kollidierenden Rechtsgütern gilt, die Entscheidung über die konkrete Schrankenziehung in die verfassungsgerichtliche Einzelfallentscheidung verwiesen.

Was gegen ein solches Vorgehen spricht, das im Ergebnis darauf hinausläuft, daß eine Unbestimmtheit der verfassungsgesetzlichen Regelung nicht dem einfachen Gesetzgeber einen freien Spielraum, sondern der Verfassungsgerichtsbarkeit eine „Ausfüllungsbefugnis" gibt, wurde erörtert. Wenn dieser Ansatz dennoch gebilligt wurde, aus dem Gedanken heraus, daß eine den Gesamttendenzen des Grundgesetzes entsprechende „Ausfüllung" vom Bundesverfassungsgericht eher zu erwarten ist als vom Gesetzgeber, so ist es nur folgerichtig, auch bei Bestimmung des verfassungsrechtlichen Verhältnisses zwischen Berufsbeamtentum und Kommunikationsrechten für die Verfassungsgerichtsbarkeit — und das ist gleichbedeutend mit: für die verfassungsrechtliche Auslegung — das Recht in Anspruch zu nehmen, aus den gewonnenen allgemeinen Grundsätzen und Richtlinien einzelne konkrete Folgerungen über die Zulässigkeit bestimmter Freiheitsschranken im Beamtenverhältnis zu entwickeln, auch wenn sie sich aus diesen allgemeinen Prinzipien nicht in dem Sinn zwingend ergeben, daß sie bereits vollständig in diesen enthalten wären und nur noch entfaltet zu werden brauchten.

Hinsichtlich des Effektivitätsgrundsatzes etwa wurde oben schon dargetan, daß er bezüglich der Frage, *wie* die hinter einer Verfassungsentscheidung stehenden verfassungspolitischen Leitgedanken in der Verfassungswirklichkeit maximal zu verwirklichen sind, eine Abschätzung und Bewertung der tatsächlichen Verhältnisse verlangt. Diese Abschätzung muß also trotz der darin liegenden Unsicherheiten und Schwierigkeiten von der Auslegung (bzw. Verfassungsrechtsprechung) vorgenommen werden[183].

Daß hierbei größte Vorsicht geboten ist, ist selbstverständlich[184], daß ein vergleichender Blick auf die Lösungen verwandter Rechtsordnungen nützlich sein kann, leuchtet ein.

War dies die Lehre, die für die vorliegende Problematik in grundsätzlicher Hinsicht — bezüglich der Frage, ob verfassungsrechtliche Aussagen über Einzelfragen einer politischen Treupflicht überhaupt gewonnen werden können, — aus der Auslegung des Art. 5 Abs. 2 GG gewonnen werden konnte, so bewendet es dabei nicht.

Auch zu einer bestimmten Einzelfrage der Auslegung kann das zu Art. 5 Abs. 2 GG gewonnene Ergebnis übernommen werden, nämlich zu der Frage, ob es die institutionelle Anerkennung des Berufsbeamtentums rechtfertigen kann, in die Freiheit des Kommunikationsprozesses als solchen einzugreifen, diesen zu beeinflussen, bestimmte Meinungen aus ihm zu verdrängen und andere zu fördern. Es wurde oben erkannt, daß die Gewährleistung eines freien Kommunikationsprozesses, einer freien Staatswillensbildung, ein Kerninhalt der in Art. 4, 5, 8, 9 GG getroffenen Verfassungsentscheidung ist. Wollte man zulassen, daß in die Freiheit dieses Prozesses unter Berufung auf die Verfassungsentscheidung des Art. 33 Abs. 4 und 5 GG eingegriffen würde, so würde man eklatant gegen den Grundsatz der relativen Unabhängigkeit beider Verfassungsentscheidungen und damit auch gegen das Effektivitätsprinzip verstoßen, würde das doch bedeuten, daß die den Kommunikationsgrundrechten zugrunde liegende verfassungspolitische Zielsetzung aufs schwerste beeinträchtigt würde, und das aus Gründen, die nicht einmal spezifisch beamtenrechtliche sind: denn wenn man auf das Verhältnis

---

[183] Auf nichts anderes läuft es hinaus, wenn etwa der Bayer. Verfassungsgerichtshof, DVBl. 1965, S. 879, darauf abstellt, daß die beamtenrechtlichen Gesetze „keine unbillige und unsachliche Knebelung der Meinungsfreiheit herbeiführen dürften" und offenbar davon ausgeht, daß es Aufgabe der Rechtsprechung sei, die Einhaltung dieser Grenze zu überwachen.
[184] Vgl. Justice *Stone:* „The only check upon our own exercise of power is our own sense of self-restraint." — zitiert bei *Leibholz* JöR 6, S. 126.

X. Schranken der Kommunikationsfreiheit im Beamtenverhältnis

von Beamtenrecht und Kommunikationsrechten den Wechselwirkungsgedanken anwendet, kann es nicht als zum Wesen des grundgesetzlichen Berufsbeamtentums gehörig angesehen werden, daß der Beamte den Kommunikationsprozeß zu beeinflussen hat.

Auch für beamtenrechtliche Beschränkungen der Kommunikationsgrundrechte gilt deshalb das Gebot des Reflexgesetzes[185].

---

[185] In ähnlicher Richtung zielt es, wenn man, wie teilweise angenommen wird — vgl. schon Carl *Schmitt*, HdBdDStR II, S. 591; ferner *von Mangoldt-Klein*, Art. 9, IV, 3; ausdrücklich *Lerche*, Grundrechte des Soldaten, a. a. O., S. 473, 479 — davon ausgeht, daß Art. 5 Abs. 2 GG einen allgemeinen, für alle Kommunikationsgrundrechte geltenden Rechtsgedanken enthalte.

Fünftes Kapitel

Folgerungen für das Bestehen einer politischen Treupflicht der Beamten — der zulässige Inhalt der §§ 52 Abs. 2 BBG, 35 Abs. 1 Satz 3 BRRG

I. Die Unzulässigkeit von Propagandapflichten

Ist damit der verfassungsrechtliche Ausgangspunkt, unter Ausschaltung aller nach Meinung des Verfassers ungeeigneten Ansätze, endlich erarbeitet, so gilt es nunmehr, das in Anspruch genommene Recht der Auslegung auszuüben und aus den allgemeinen Grundsätzen, die sich aus der Konfrontation der beiden Verfassungsentscheidungen für die Kommunikationsrechte einerseits, das Berufsbeamtentum andererseits, ergeben, konkrete Aussagen über die Zulässigkeit einer politischen Treupflicht der Beamten zu gewinnen.

Dabei ergibt sich als erstes und sicherstes, daß eine politische Treupflicht, verstanden als Propagandapflicht des einzelnen Beamten, unzulässig ist.

Der Wortlaut der §§ 52 Abs. 2 BBG, 35 Abs. 1 Satz 3 BRRG ließe ein solches Verständnis zu. Wenn es dort heißt, daß der Beamte durch sein gesamtes Verhalten für die Erhaltung der freiheitlichen demokratischen Grundordnung im Sinne des GG eintreten müsse, dann kann man dies sehr wohl dahin verstehen, daß der Beamte auch kommunikativ für die Erhaltung der Grundordnung wirken und bestrebt sein müsse, das Gedankengut der freiheitlichen Demokratie in der öffentlichen Meinung zu festigen und zu verbreiten, sei es durch Teilnahme an organisierten Propagandaaktionen, sei es durch Einzelwerbung im Gespräch und über die öffentlichen Medien. „Eintreten für die Erhaltung der freiheitlichen Grundordnung", wie es in §§ 52 Abs. 2 BBG, 35 Abs. 1 Satz 3 BRRG heißt, sagt eben nichts Bestimmteres, als Handlungen vornehmen, deren Zweck die Erhaltung, Stärkung und Festigung dieser Grundordnung ist, und solche zu unterlassen, die dem zuwiderlaufen[1].

---

[1] *Böttcher*, Bay.BtZ 1960, S. 83.

I. Die Unzulässigkeit von Propagandapflichten

Eine Auslegung der §§ 52 Abs. 2 BBG, 35 Abs. 1 Satz 3 BRRG in diesem Sinn wäre aber verfassungswidrig, der Wortlaut dieser Bestimmungen muß insofern als irreführend erkannt werden[2].

Damit wird vor allem Lerche widersprochen. Er schreibt insoweit bezüglich der Soldaten[3]:

„An zahlreichen Stellen bürdet das Soldatengesetz dem Soldaten als *Einzelperson* die Pflicht auf, aus seinem Schweigen herauszutreten und in bestimmter Richtung sozial aktiv zu werden, d. h. sich dem Kommunikationsprozeß mit einem bestimmten Beitrag einzufügen. Es handelt sich mithin um Kommunikationspflichten des Soldaten. Diese erschöpfen sich aber darin nicht, denn auch dem Soldaten obliegen vielfältige staatsbürgerliche Pflichten des allgemeinen Gewaltverhältnisses. Um die Besonderheit des erstgenannten Pflichtenkreises herauszuheben, ist es daher notwendig, auf den dort vorhandenen Demonstrationswert hinzuweisen: der Soldat als selbstverantwortliche Einzelperson hat in bestimmter Richtung den Kommunikationsprozeß zu beeinflussen, um damit die hinter ihm stehenden Gehalte in diesen Prozeß einzuführen: Demonstrationspflichten des Soldaten. In großer Spannweite reichen sie von der bloßen „Anerkennung" der freiheitlichen demokratischen Grundordnung bis zum angeordneten Eintreten für deren Erhaltung, erfassen aber auch Eid und Gelöbnis, unter Umständen sogar die Befehlsverweigerungspflicht des § 11 Abs. 2 SoldG, weil und soweit auch diesen Pflichten ein entsprechender sozial ausstrahlender Demonstrationswert innewohnt. Ausgeschieden aus diesem Kreis werden folgerichtig nur jene Pflichten, die entweder die geforderte Ausstrahlung in die Öffentlichkeit (Sozialbezug) vermissen lassen oder den Soldaten nicht unmittelbar in seiner Eigenschaft als verantwortliche Einzelperson treffen[4]."

Wie sich aus diesem Zitat ergibt, ist der hier von Lerche eingeführte Begriff der Demonstration nicht identisch mit dem der Propaganda. Lerche sieht eine Demonstrationspflicht dann als gegeben an, wenn von den Beamten (Soldaten) Handlungen verlangt werden, die eine kommunikative Ausstrahlung in die Öffentlichkeit haben, auch wenn diese

---

[2] Freilich ist zuzugeben, daß der im folgenden zu bestimmende z u l ä s s i g e Inhalt der politischen Treupflicht des Beamten gesetzestechnisch schwierig zu erfassen ist.
Vgl. die entsprechende Problematik in der Schweiz, wo das Bundesbeamtengesetz von 1927 in Art. 22 noch vager formuliert:
„Le fonctionnaire est tenu de remplir fidèlement et consciencieusement les obligations de service, de faire tout ce qui est conforme aux intérêts de la Confédération et de s'abstenir de tout ce qui leur porte préjudice."
(Ebenso der italienische Text; die deutsche Fassung wird allgemein als mißglückt empfunden — vgl. *Richner*, Umfang und Grenzen der Freiheitsrechte der Beamten nach schweizerischem Recht, S. 104 mit Nachweisen und *Grisel*, La liberté d'opinion des fonctionnaires en droit fédéral suisse, S. 59.).

[3] Bezüglich der Pflicht, für die Erhaltung der freiheitlichen demokratischen Grundordnung einzutreten, stimmen die §§ 52 Abs. 2 BBG, 35 Abs. 1 Satz 3 BRRG einerseits, § 8 SoldG andererseits im wesentlichen überein, so daß *Lerches* Ausführungen bezüglich des Soldatenrechts auch für das Beamtenrecht Gültigkeit beanspruchen müssen.

[4] Grundrechte des Soldaten, a. a. O., S. 481 f.

Handlungen primär einen ganz anderen Zweck verfolgen als den, den öffentlichen Kommunikationsprozeß in einer bestimmten Richtung zu beeinflussen, wie etwa Eid und Gelöbnis.

Trotz dieses abweichenden Ansatzes wird man in Lerches Ausführungen aber auch die Anerkennung einer Propagandapflicht im hier gemeinten Sinn erblicken können[5], und insoweit kann ihm nicht zugestimmt werden. Propaganda, Beeinflussung der öffentlichen Meinung, kann von dem Beamten (wie von dem Soldaten — dazu unten) unter keinen Umständen verlangt werden, auch wenn es um die Propagandierung verfassungsrechtlich so wertvollen Gedankenguts wie des der freiheitlichen Demokratie geht[6]. Es trifft zwar sicherlich zu, daß die institutionelle Garantie des Berufsbeamtentums auf dem Hintergrund des Art. 79 Abs. 3 GG zu sehen ist und von daher in enger Verbindung mit dem Schutzgut der freiheitlichen demokratischen Grundordnung steht. Aber dasselbe läßt sich für die Kommunikationsgrundrechte sagen; ihre Gewährleistung und Geltung ist ja gerade Kerninhalt des Begriffs der freiheitlichen Demokratie und so bewendet es auch insoweit bei dem Verbot einer Manipulierung des Prozesses der öffentlichen Meinungsbildung[7].

---

[5] Ebenso andeutungsweise eine frühe Äußerung von *Scheuner*, Politische Treupflicht im öffentlichen Dienst, S. 78, wenn er davon spricht, an die Stelle (der unter der WRV bestehenden) „mehr negativen Pflicht zur Unterlassung staatsfeindlicher Betätigung" sei unter dem GG „die positive Pflicht des Beamten zum Einsatz für die bestehende Verfassungsordnung getreten".

[6] Auf diesen Wertgehalt stellt *Lerche*, a. a. O., S. 485 ab.

[7] Die Vernünftigkeit dieses Ergebnisses wird dadurch bestätigt, daß auch sonst in der freiheitlichen Demokratie des Westens eine Propagandapflicht der Beamten nicht anerkannt ist. Nur um auf die Gefahren der weiten Fassung des Art. 22 Schweiz. BBG hinzuweisen, spricht André *Grisel* (a. a. O., S. 59) davon, daß der Wortlaut dieser Regelung es zulasse, die Beamten als „instruments de propagande" einzusetzen; im übrigen wird eine solche Pflicht für die Beamten in Lehre und Rechtsprechung der Schweiz nicht einmal erwogen (vgl. Schweiz.BGE 65, II, 245 und BGE 75, II, 331 sowie *Richner*, a. a. O., S. 106, 113 mit Nachweisen). Auch in den USA wurde selbst zur Zeit der heftigsten Antikommunistenkampagne nie daran gedacht, den Beamten eine Propagandapflicht aufzuerlegen; auch als die Anforderungen an die politische Treupflicht der Beamten am weitesten gespannt waren (Hatch Act von 1939, Act Mac Carran von 1950, Präsidialverordnung Nr. 9835 von 1951 (Truman) und dazu Adler v. Board of Education (342 US 485 [1952]) und im einzelnen *Corvin*, a. a. O., S. 801, 802 und *Löwenstein*, Amerik. Verfassungsrecht, a. a. O., S. 551 f.) ging es immer nur darum, daß der Beamte (unter Umständen durch positive Beteuerungen) seine Loyalität dartat, nie darum, daß er andere vom Wert der freiheitlichen Verfassungsprinzipien überzeugte (vgl. *Löwenstein*, a. a. O., S. 553, 554).

Ebensowenig werden etwa Art. 7 und 9 des Belg. Beamtenstatuts vom 2. 10. 1937 im Sinn einer Propagandapflicht verstanden (vgl. *Telküve*, ZBR 1964, S. 3).

Dazu, daß sich die im französischen Beamtenrecht anerkannte „obligation de réserve" nicht im Sinn einer Propagandapflicht verstehen läßt, vgl. *Bourdoncle*, Fontion publique et liberté d'opinion, S. 97 f.; *Waline*, Droit admini-

I. Die Unzulässigkeit von Propagandapflichten

Vom hier gewonnenen Standpunkt aus erweisen sich weiter eine Reihe von Bestimmungen aus den Nachkriegsbeamtengesetzen der Länder als grundgesetzwidrig. Wenn es dort hieß, daß der Beamte „auch außerhalb des Dienstes nach Kräften für die Festigung und Vertiefung des demokratischen Gedankens" oder „der demokratischen Staatsordnung" eintreten müsse (Art. 15 Abs. 3 Bayer. Beamtengesetz vom 28. 10. 1946; § 3 Abs. 2 Beamtengesetz vom 13. 12. 1949 des Landes Rheinland-Pfalz; § 10 Abs. 1 Hessisches Beamtengesetz vom 25. 6. 1946 und § 11 Abs. 1 Satz 3 Hessisches Beamtengesetz in der Fassung vom 11. November 1954), so kann das nicht anders verstanden werden als im Sinn einer Propagandapflicht, die nach dem Grundgesetz verfassungswidrig ist[8, 9].

Es muß von hier aus schließlich dem Beamtenrechtsausschuß des Bundestags widersprochen werden, wenn er in seinen Verlautbarungen zu § 52 Abs. 2 BBG erklärte, der Beamte werde durch § 52 Abs. 2 BBG unter Umständen verpflichtet, das Wort zur Verteidigung der freiheitlichen demokratischen Grundordnung zu ergreifen[10]. Eine solche Verpflichtung würde nichts anderes bedeuten, als daß man dem Beamten auferlegte, seine Gesprächspartner vom Wert der freiheitlichen Demokratie zu überzeugen; das wäre aber Beeinflussung des Prozesses der öffentlichen Meinungsbildung und damit unzulässige Propaganda[11].

---

stratif, S. 761; *de Laubadère*, Traité élémentaire de droit administratif, S. 679; *Vedel*, Droit administratif, S. 502 und *Fourrier*, La liberté d'opinion du fonctionnaire, S. 376.
Eine Propagandapflicht für die Beamten erscheint somit als typisches Requisit der Diktatur.
Vgl. neben den zitierten Bestimmungen des DBG 1937 auch Art. 6 der Verfassung der DDR und nochmals § 3 Abs. 2 der Disziplinar-Ordnung vom 10. 3. 1955 (GVBl. DDR, S. 217):
„Die Mitarbeiter des Staatsapparates haben sich innerhalb und außerhalb ihrer dienstlichen Tätigkeit aktiv für die Verwirklichung der Ziele der DDR einzusetzen, am gesellschaftlichen Leben vorbildlich zu beteiligen, die demokratische Gesetzlichkeit zu wahren, das Volkseigentum zu schützen, Wachsamkeit zu üben und feindliche Auffassungen jederzeit zu bekämpfen..."
Dazu *Baring*, ZBR 1961, S. 261.
[8] Nicht unbedenklich auch Art. 96 Bayer. Verfassung, wenn er formuliert, der Beamte habe auch außerhalb des Dienstes „zum demokratisch-konstitutionellen Staat zu stehen".
[9] So groß deshalb die Bedenken gegen die Formulierung der §§ 52 Abs. 2 BBG, 35 Abs. 1 Satz 3 BRRG sind, so ist sie doch gegenüber diesen Länderregelungen als Fortschritt zu begrüßen.
[10] Bericht des Beamtenrechtsausschusses, S. 13088 zu § 52 Abs. 2 BBG (zitiert bei *Bochalli*, BBG, Anm. 3 zu § 52).
[11] Daß der Beamtenrechtsausschuß dies auch gemeint hat, ergibt sich insbesondere aus dem Nachtrag zu seinem schriftlichen Bericht (BT-Drucksache Nr. 4266, I. Wahlperiode, S. 8), wo es heißt, der Beamte müsse Bestrebungen, die die freiheitliche demokratische Grundordnung zu lockern oder verächtlich zu machen suchen, auch wenn sie in privaten Kreise auftreten, mit Entschiedenheit entgegentreten, wenn sich die Gelegenheit dazu biete.
Damit wird jeder Beamte zu einem kleinen Propagandazentrum gemacht.

Das Verbot der Propagandapflichten beherrscht sowohl die an das Verhalten im Dienst wie die an das außerdienstliche Verhalten zu stellenden Anforderungen[12]. Weder im Dienst noch außer dem Dienst dürfen die Kommunikationsrechte des Beamten mit der Zielsetzung beschränkt werden, die öffentliche Meinung zu beeinflussen. Bezüglich des Verhaltens im Dienst ist in diesem Zusammenhang freilich von Bedeutung, daß in die Kommunikationsrechte des Beamten nur eingegriffen wird, wenn er als Einzelperson zu einer bestimmten Kommunikation verpflichtet wird. Soweit er lediglich amtliche Stellungnahmen weitergeben muß, werden seine Kommunikationsrechte nicht berührt, und ein Verstoß gegen das Gebot des Reflexgesetzes kann deshalb nicht vorliegen. Insbesondere bei kollektiven Aktionen, denen ein Demonstrationswert innewohnt, z. B. bei Teilnahme an Kundgebungen, die der Festigung freiheitlichen demokratischen Gedankenguts dienen, ist deshalb immer zu prüfen, ob der Beamte hierbei als bloßes Mitglied der Behörde, als Repräsentant der Verwaltung auftritt oder ob er als Einzelperson erfaßt wird. Nur in letzterem Fall kann ein Verstoß gegen das Verbot von Propagandapflichten vorliegen.

Die hier zu treffende Unterscheidung kann im Einzelfall schwierig sein; sie ist aber nicht unmöglich.

II. Der zulässige Inhalt der politischen Treupflicht

Ergab sich das Verbot politischer Propagandapflichten mit großer Klarheit, so lassen sich darüber hinausgehende Aussagen über die Zulässigkeit oder Unzulässigkeit einer politischen Treuepflicht für die Beamten nicht mit derselben Sicherheit gewinnen. Man ist insoweit darauf verwiesen, im Weg einer Güterabwägung aus der unmittelbaren Konfrontation der Verfassungsentscheidungen in Art. 5, 8 und 9 GG einerseits, in Art. 33 Abs. 4 und 5 GG andererseits Aussagen zu gewinnen, indem man sich von dem Gedanken leiten läßt, daß die hinter beiden Verfassungsentscheidungen stehenden politischen Leitgedanken je in weitestgehendem Umfang zu verwirklichen sind.

Fragt man nach den hinter der Verfassungsentscheidung in Art. 33 Abs. 4 und 5 GG stehenden Leitgedanken, so springt, darauf wurde schon hingewiesen, der Zusammenhang ins Auge, der zwischen der Grundsatznorm des Art. 79 Abs. 3 GG und der institutionellen Anerkennung des Berufsbeamtentums besteht, genauer gesagt: der Zusammenhang, der hier besteht, wenn man nach dem vom Grundgesetz intendierten Inhalt des Beamtendienstes fragt.

---

[12] Zur Erheblichkeit dieser Unterscheidung *von Münch*, ZBR 1960, S. 307 mit Nachweisen. Neuerdings *Fischbach*, BBG, § 7, I, 2, e. Sie wird etwa auch von *Evers*, Festgabe für Herrfahrdt, S. 20, als selbstverständlich vorausgesetzt.

II. Der zulässige Inhalt der politischen Treupflicht

Der Beamte dient dem Staat. Er dient ihm in seiner jeweiligen konkreten Gestalt, so wie er durch Regierung und Parlamentsmehrheit bestimmt wird[13]. Wie es aber die Eigentümlichkeit des durch das Grundgesetz konstituierten Staats gegenüber der Weimarer Republik ist, daß er über diese wechselnden politischen Konstellationen hinaus bestimmte, ein für allemal feststehende materielle Charakteristika hat (Art. 79 Abs. 3 GG), so erschöpft sich auch der Dienst des Beamten nicht im Dienst an dem jeweiligen Staat, sondern darin liegt eingeschlossen ein Dienst an dem staatlichen Kernbestand, den materiellen Grundlagen des Staats, die Art. 79 Abs. 3 GG für jeder Verfassungsänderung entzogen erklärt[14]. Innerhalb der Legalität, von Rechts wegen, dient der Beamte immer einem Staat, der die Merkmale des Art. 79 Abs. 3 GG aufweist, und da, wie festgestellt[15], die Auslegung, die die herrschende Lehre dem Begriff der freiheitlichen demokratischen Grundordnung zuteil werden läßt, nicht über das hinausgeht, was in Art. 79 Abs. 3 GG gewährleistet ist, heißt das, daß der Dienst des Beamten von Verfassungs wegen immer Dienst an der freiheitlichen demokratischen Grundordnung ist. Der Schluß vom Staatsdienst auf den Dienst an der freiheitlichen Demokratie mag formal erscheinen, weil es unbestreitbar eine große Zahl von Beamtenfunktionen gibt, die unter jedem Regime erfüllt werden müssen und auch erfüllt werden, technische Verwaltungsaufgaben, die sich aus dem heutigen Stand der Zivilisation ergeben. Aber indem die so beschäftigten Beamten die dem Staat zufallenden Aufgaben erfüllen, stützen sie doch in tatsächlicher Hinsicht das jeweilige Regime. Wenn diese Verwaltungsaufgaben unter dem Grundgesetz im Rahmen einer freiheitlichen Demokratie erfüllt werden, ist es deshalb berechtigt, auch insoweit von Dienst an der freiheitlichen demokratischen Grundordnung zu sprechen[16].

Der Satz, daß Beamtendienst immer auch Dienst an der freiheitlichen demokratischen Grundordnung ist, läßt sich zulässig dahin abwandeln, daß es kein gehöriger, verfassungsmäßiger Beamtendienst ist, wenn der Beamte durch seinen Dienst nicht auch der Erhaltung der freiheitlichen Demokratie dient, mit anderen Worten, wenn er seinen Dienst nicht im Sinn der freiheitlichen Demokratie versieht. Angesichts dieser Tatsache geht man sicher nicht fehl, wenn man in den §§ 52 Abs. 2 BBG, 35 Abs. 1 Satz 3 BRRG, über die Statuierung besonderer politischer Treupflichten

---

[13] Dazu im einzelnen *Scheuner*, Erfahrungen und Probleme, a. a. O., S. 19 f.
[14] Für die Landesbeamten vgl. Art. 28 Abs. 1 Satz 1 GG.
[15] Vgl. oben.
[16] Vgl. auch *Thiele*, DöD 62, 41 f., der von „einem Wesenszusammenhang" zwischen Art. 20 Abs. 1 GG und Art. 33 Abs. 5 GG spricht (a. a. O., S. 45, Anm. 43). Der Gedanke wird gestreift bei *Thieme*, Der öffentliche Dienst in der Verfassungsordnung des Grundgesetzes, S. 74.

hinaus, einen Ausspruch dieser allgemeinen Situation sieht, in die sich der Beamte bei seinem Dienst gestellt sieht[17].

Die Frage ist nun aber, ob sich aus dieser Verfassungslage auch Hinweise auf die Anerkennung einer besonderen politischen Treupflicht durch das Grundgesetz gewinnen lassen.

a) Politische Treupflicht und das Verhalten des Beamten im Dienst

Was zunächst das Verhalten des Beamten im Dienst betrifft — daß die herkömmliche Scheidung zwischen dem innerdienstlichen und dem außerdienstlichen Verhalten des Beamten noch ein brauchbarer Ansatzpunkt ist, hat von Münch zutreffend dargetan[18] — so drängt sich hier der Gedanke auf, daß es nicht den Vorstellungen, die das Grundgesetz vom Dienst des Beamten hat, entsprechen kann, wenn der Beamte während des Dienstes eine gegen die freiheitliche Demokratie gerichtete oder sie auch nur in Frage stellende Kommunikation betreibt. Er würde damit das, was er mit der einen Hand (nämlich durch seine sachliche Arbeit) für die Erhaltung der freiheitlichen Demokratie leistet und leisten muß, mit der anderen, nämlich durch seine gegen die freiheitliche Demokratie gerichtete Kommunikation, wieder zerstören.

Man muß sagen: wenn das Grundgesetz wollte, daß der Beamtendienst Dienst an der freiheitlichen Demokratie sei, und das wollte es, dann würde es dieser Verfassungsintention zuwiderlaufen, ihre maximale Umsetzung in die Staatswirklichkeit beeinträchtigen, wenn man zulassen würde, daß der Beamte während des Dienstes eine gegen die freiheitliche Demokratie gerichtete Kommunikation betreiben würde.

Freilich, auch die Gewährleistung der Kommunikationsrechte steht in engem Zusammenhang mit Art. 79 Abs. 3 GG, ja sie ist, wie gesehen,

---

[17] Dafür spricht auch die systematische Stellung des § 52 Abs. 2 BBG in dem von der Hauptpflicht des Beamten handelnden § 52 BBG. Vgl. auch *Fischbach*, BBG, Vorbemerkung zu § 52:
„Die Grundverpflichtung des Beamten beinhaltet nicht nur gewissenhafte Erfüllung der ihm gestellten Aufgaben, sondern auch eine solche im Geist der freiheitlichen demokratischen Grundordnung im Sinn des GG."
Kalisch, AöR, 78, S. 340 spricht von der Pflicht des Beamten, „den geistigen Gehalt des Staates zu verwirklichen" und weiter davon, daß der Beamte „unmittelbar im Dienste der den Staat ... fundierenden ideellen Werte stehe" (S. 341). Auch die Ausführungen von *Evers*, a. a. O., S. 24, S. 25 zielen in diese Richtung.
Der Einfluß dieser gegenüber der WRV veränderten Rechtsstellung des Beamten ist verkannt bei *Jüsgen*, DÖV 1951, S. 474 und *Grabendorff*, DÖV 1951, S. 550 f. Richtig dagegen *Thieme*, Der Beamte im sozialen Rechtsstaat, ZBR 1960, S. 169 f.

[18] ZBR 1960, S. 307 mit Nachweisen.

II. Der zulässige Inhalt der politischen Treupflicht

Wesensbestandteil gerade dieses Kernbegriffs der freiheitlichen Demokratie, um dessen Verwirklichung es im Dienst des Beamten geht; und wie weiter festgestellt, ist der Schutz einer, die freiheitliche Demokratie in Frage stellenden Kommunikation durch die Kommunikationsgrundrechte ebenso gewährleistet wie jede andere Kommunikation auch.

Es läuft deshalb darauf hinaus, zu entscheiden, ob es die in beiden Fällen vom Grundgesetz intendierte Erhaltung und dauernde Verwirklichung der freiheitlichen Demokratie fordert, daß, zum Zwecke der Verwirklichung dieser Intention im ganzen, eine der wesentlichen Grundforderungen der freiheitlichen Demokratie, nämlich der unbeschränkte Gebrauch der verfassungsmäßigen Kommunikationsrechte durch *alle*, nur beschränkt erfüllt werden darf. Es ist im Grundsatz dasselbe Problem, vor das sich der Verfassungsgeber selbst bei Schaffung der Art. 18 und 21 GG gestellt sah.

Wendet man an diesem Punkt den Effektivitätsgrundsatz an, so kommt man zu dem Schluß, daß eine sachgerechte Auslegung tatsächlich verlangt, dem Beamten während des Dienstes eine gegen die freiheitliche Demokratie gerichtete oder sie in Frage stellende Kommunikation zu untersagen. Die Verbindung des Beamtendienstes mit dem Schutzgut der freiheitlichen Demokratie würde tatsächlich zerrissen, die Erfüllung der Aufgabe, die dem Beamtentum nach den Grundentscheidungen des GG bei der Erhaltung und Verwirklichung der freiheitlichen Demokratie zukommt, würde unmöglich gemacht, würde man dem Beamten erlauben, während des Dienstes das Hauptschutzgut seines Dienstes, nämlich die Erhaltung der freiheitlichen Demokratie, durch parallellaufende private Kommunikation in Frage zu stellen oder zu bekämpfen.

Dagegen wird der Prozeß der freien öffentlichen Meinungsbildung vergleichsweise nur unwesentlich berührt, wenn man den Beamten insoweit Kommunikationsbeschränkungen auferlegt. Daran, daß die Staatsform der freiheitlichen Demokratie in diesem Prozeß in Frage gestellt werden kann, ändert sich nichts, und auch der einzelne Beamte ist durch eine solche Beschränkung nicht gehindert, an diesem Prozeß teilzunehmen und ein Nichteinverständnis mit der freiheitlichen Demokratie zum Ausdruck zu bringen, nur eben nicht während des Dienstes.

Muß man somit dem Beamten während des Dienstes jede gegen die freiheitliche Demokratie gerichtete oder sie in Frage stellende Kommunikation untersagen, so muß, zurückkommend auf die alte Scheidung zwischen dem Verhalten des Beamten „im Dienst" und dem „außer Dienst", noch hervorgehoben werden, daß die oben gebrauchte Wendung „während des Dienstes" zwar anknüpft an den alten Begriff des „Verhaltens des Beamten im Dienst", aber nicht mit ihm zusammenfällt. Das angesprochene Verhalten des Beamten „während des Dienstes" ist, das leuchtet nach der Ableitung oben unmittelbar ein, nicht dasselbe wie das Verhalten des Beamten während der Dienstzeit oder während des Aufenthalts in den Diensträumen. Das oben abgeleitete Kommunikationsverbot kann nur dann Geltung beanspruchen, wenn der Beamte wirklich dienstlich tätig ist. Auf ein privates Telefongespräch etwa, das keine Ausstrahlung auf den Dienstbetrieb, d. h. auf den Verkehr mit dem Publikum und mit den anderen Behördenangestellten haben kann, kann es sich nicht beziehen. Dieser Fall, und es lassen sich gleichgelagerte Fälle denken, kann nicht anders behandelt werden als private Kommunikation des Beamten nach Dienstschluß und außerhalb des Bereichs dienstlicher Tätigkeit. Ob der Beamte aber insoweit Kommunikationsbeschränkungen aus dem Gedanken der engen Verbindung zwischen Art. 33 Abs. 4 und 5 GG und Art. 79 Abs. 3 GG heraus unterliegt, ist erst noch zu untersuchen.

b) Politische Treupflicht und das Verhalten des Beamten außerhalb des Dienstes

Ist die Lage während der Dienstausübung des Beamten so, daß eine gegen die freiheitliche Demokratie gerichtete oder sie in Frage stellende Kommunikation des Beamten unmittelbar die Erfüllung der dem Beamtentum durch das Grundgesetz in bezug auf die Erhaltung der freiheitlichen demokratischen Grundordnung gesetzten Aufgaben unmöglich machen würde, so läßt sich dasselbe für das außerdienstliche Verhalten des Beamten nicht sagen. Hier beeinträchtigt eine gegen die freiheitliche Demokratie gerichtete Kommunikation die vom Grundgesetz gewollte sachliche Dienstausübung nicht unmittelbar.

Es besteht jedoch die Möglichkeit einer mittelbaren Beeinträchtigung. Angesichts des Zusammenhangs, der zwischen den sachlichen Aufgaben des Beamtentums und der Erhaltung der freiheitlichen Demokratie, wie er oben geschildert wurde, besteht, ist es ein beachtlicher Gedanke, wenn man sagt, daß der Beamte, der sich außerdienstlich gegen die freiheitliche Demokratie erklärt, sowohl bei seiner Behörde als auch in der Öffentlichkeit Zweifel weckt, ob er, wie von Verfassungs wegen von ihm verlangt werden muß, unter allen Umständen seine sachlichen Aufgaben im Geist der freiheitlichen Demokratie erfüllen wird. In vielen Fällen mag ein solcher Zweifel nicht aufkommen, weil es, für die Behörde sowohl als auch für das Publikum, offenbar ist, daß der Beamte nicht daran denkt, aus seinen privat geäußerten Ansichten irgendwelche Schlüsse auf seine praktische Dienstausübung zu ziehen. Für die große Zahl der Fälle ist ein solcher Zweifel, vor allem in einem Land, das wie

II. Der zulässige Inhalt der politischen Treupflicht

die Bundesrepublik im Zentrum der Auseinandersetzung zwischen freiheitlich demokratischen und volksdemokratischen Staatsformen liegt, nicht von der Hand zu weisen. Es ist einleuchtend, wenn man sagt, daß ein solcher Zweifel das ordnungsgemäße Funktionieren des Beamtenapparats beeinträchtige und deshalb ausgeschaltet werden müsse. Man kann argumentieren, daß die Behörden dem Beamten, gegen den ein solcher Zweifel besteht, keine Schlüsselstellung anvertrauen können, daß sie im Gegenteil im Hinblick auf ihre Verantwortung gegenüber dem (notwendig freiheitlich demokratischen) Staat der Bundesrepublik oder eines Landes bemüht sein müssen, den Beamten von allen entscheidenden Funktionen fernzuhalten und daß dies mit einer ordnungsgemäßen Verwaltung nicht zu vereinbaren sei.

Dieser Gesichtspunkt stand offenbar auch dem Bundesgesetzgeber vor Augen, wenn er in den §§ 7 Abs. 1 Ziff. 2 BBG, 4 Abs. 1 Ziff. 2 BRRG bestimmte, daß in das Beamtenverhältnis nur übernommen werden könne, wer die Gewähr dafür biete, daß er jederzeit für die Erhaltung der freiheitlichen demokratischen Grundordnung im Sinn des Grundgesetzes eintrete.

Denkt man so, dann nimmt man Bezug auf den alten Gedanken, daß das Beamtenverhältnis als öffentlich-rechtliches Pflicht- und Treueverhältnis (Art. 33 Abs. 4 GG) ein von gegenseitigem Vertrauen beherrschtes Verhältnis sein müsse. Das Bundesbeamtengesetz bestimmt in § 54, 2 ausdrücklich, daß das Verhalten des Beamten innerhalb und außerhalb des Dienstes der Achtung und dem Vertrauen gerecht werden müsse, die sein Beruf erfordert (ebenso § 36 Satz 3 BRRG). Dabei denkt man zwar normalerweise nur an das Verhältnis des Beamten zum Publikum[19] und versteht die Vorschrift so, daß der Beamte das Ansehen der Behörde, ihrer Mitglieder wie sein eigenes, beim Publikum nicht beeinträchtigen dürfe. Doch ist das nur die Verengung eines ursprünglich viel weiteren, auch das Verhältnis des Beamten zum Staat umspannenden Begriffs des Vertrauens[20]. Unter der Monarchie ging man ganz allgemein davon aus, daß der Beamte sich auch durch sein politisches Verhalten des Vertrauens würdig zeigen müsse, das der Monarch in ihn gesetzt hatte, indem er ihn berief[21]. Zu prüfen ist, ob dieses Vertrauensmoment derart gewichtig ist, daß es geeignet ist, sich gegenüber dem Interesse an möglichst weitgehender Geltung der Kommunikationsrechte durchzusetzen.

---

[19] *Bochalli*, BBG, § 54, Anm. 3; *Fischbach*, BBG, § 54, Anm. 4 mit zahlreichen Nachweisen.
Für das Soldatenverhältnis BDH, Wehrdienstsenat, EBDH 5, S. 257.
[20] Vgl. *Thiele*, DöD 1963, S. 101 und *Fischbach*, BBG, § 7, I, 2, e.
[21] Vgl. PrOVG 14, 407 und später PrOVG 66, 437 f.

Dabei ist davon auszugehen, daß die hier inmitten stehenden Beschränkungen der Kommunikationsgrundrechte wesentlich schwerer wiegen als die oben für das dienstliche Verhalten erörterten. Es geht nicht mehr darum, daß der Beamte während einer bestimmten Zeit des Tages in seinen Kommunikationsrechten beschränkt ist, sondern um eine umfassende Schranke für seine politische Kommunikation. Das bringt nicht nur eine wesentlich stärkere Knebelung des einzelnen Beamten mit sich, auch die Auswirkungen auf den Prozeß der freien Kommunikation als solchen sind wesentlich stärker, geht es doch darum, daß eine verhältnismäßig große Gruppe der Bevölkerung von einem Teil dieses Prozesses, nämlich der freien Diskussion der mit dem System der freiheitlichen Demokratie verbundenen Vor- und Nachteile, ganz oder teilweise ausgeschlossen werden soll.

Faßt man diese Auswirkungen ins Auge, so ist ohne weiteres klar, daß die Anforderungen, die man an die politische Vertrauenswürdigkeit des Beamten im oben geschilderten Sinn stellt, nicht beliebig weit gespannt werden dürfen. Keineswegs kann ein Ermessensspielraum für den Dienstherrn des Inhalts bestehen, daß er einseitig festsetzen kann, unter welchen Voraussetzungen er Zweifel hat, daß der Beamte seine dienstlichen Aufgaben im Geist der freiheitlichen Demokratie erfüllen wird[22]. Wenn überhaupt, wird man Schranken für die außerdienstliche politische Kommunikation des Beamten nur unter dem Gesichtspunkt

---

[22] Anderer Auffassung das Bundesverwaltungsgericht. In der Entscheidung vom 6. 5. 1964, NJW 65, S. 123 f., ergangen allerdings zu § 37 Abs. 1 Nr. 2 SoldG, spricht es davon, daß es auf die „Überzeugung" und die „Erfahrung der Ernennungsbehörde" ankomme, wenn zu entscheiden sei, ob ein Soldat die in § 37 Abs. 1 Nr. 2 geforderte Gewähr biete, daß er jederzeit für die freiheitliche demokratische Grundordnung im Sinne des GG eintreten werde (a. a. O., S. 124). Die Ernennungsbehörde müsse darüber entscheiden, welche Umstände sie als geeignet ansehe, die Erfüllung der politischen Treupflicht durch den Soldaten in Frage zu stellen.

Die Aktualität dieser Entscheidung für den vorliegenden Zusammenhang wird nicht dadurch beeinträchtigt, daß sie nicht zu § 8 SoldG als der eigentlichen Regelung der politischen Treupflicht im Soldatenrecht, sondern zu der Vorschrift des § 37 Abs. 1 Nr. 2 SoldG ergangen ist, der § 7 Abs. 1 Ziff. 1 BBG entspricht. Die Frage, ob dem Dienstherrn ein Ermessen bei der Beurteilung der freiheitlich demokratischen Zuverlässigkeit eines Beamten (Soldaten) zukommt, ist nämlich für beide Bestimmungen gleich zu beantworten.

Zwar besteht kein Rechtsanspruch des einzelnen Bewerbers, in das Soldaten(Beamten)verhältnis aufgenommen zu werden. Dennoch ist der Gesetzgeber nicht frei darin, welche subjektiven Zulassungsvoraussetzungen er aufstellen will (vgl. Art. 33 Abs. 2 GG). Eine Zulassungsvoraussetzung insbesondere wie § 7 Abs. 1 Ziff. 1 BBG, § 37 Abs. 1 Nr. 2 SoldG kann nur als zulässig angesehen werden, insoweit von dem Beamten und Soldaten, ist er ernannt, ein Eintreten für die freiheitliche demokratische Grundordnung im Sinn des GG auch wirklich verlangt werden kann.

Kommt es somit während des Bestehens des Beamten- bzw. des Soldatenverhältnisses darauf an, ob der Beamte (Soldat) durch seine Kommunikation objektiv einen erheblichen Zweifel an seiner freiheitlich demokratischen Zuverlässigkeit begründet, und ist die Entscheidung darüber dem Ermessen des

II. Der zulässige Inhalt der politischen Treupflicht 127

anerkennen können, daß der Beamte, der hierbei *objektiv* erhebliche Zweifel setzt, daß er seinen Dienst im Geist der freiheitlichen Demokratie erfüllen wird, für einen geordneten Dienstbetrieb untragbar ist. Nicht darauf, welche Schlüsse der einzelne Dienstvorgesetzte aus einer bestimmten politischen Kommunikation des Beamten zieht, kann es ankommen, sondern nur darauf, ob eine bestimmte politische Kommunikation des Beamten in den Augen eines verständigen Betrachters geeignet ist, Zweifel zu erwecken, daß er seinen Dienst in freiheitlich demokratischem Geist versehen wird.

Begreift man den Vertrauensgedanken aber in diesem Sinn objektiv, so wird man, wendet man das Effektivitätsprinzip an, wohl nicht leugnen können, daß er Schranken für die politische Kommunikation des Beamten setzt. Die Erfüllung des dem Beamtentum vom Grundgesetz mitgegebenen Auftrags, an der Erhaltung und Festigung der freiheitlichen Demokratie mitzuwirken, wäre weitgehend unmöglich gemacht, wenn der Staat keine Möglichkeit hätte, Mitglieder aus seinem Beamtenkorps zu entfernen (bzw. in leichteren Fällen disziplinarisch auf sie einzuwirken), die durch ihre außerdienstliche politische Kommunikation erhebliche Zweifel begründen, ob sie an dieser Hauptaufgabe des Beamtentums noch mitzuwirken bereit sind. Die Verwirklichung der hinter der Verfassungsentscheidung in Art. 33 Abs. 4 und 5 GG stehenden Leitgedanken wäre grundsätzlich in Frage gestellt.

Demgegenüber wird der Prozeß der freien Diskussion über Vor- und Nachteile des freiheitlich demokratischen Systems doch nur verhältnismäßig gering beeinträchtigt, wenn man in dem obigen, objektiv gefaßten Vertrauensgedanken eine Schranke für die politische Kommunikation des Beamten sieht. Die Freiheit dieses Prozesses wird als solche nicht aufgehoben, wenngleich die Tatsache, daß die große Gruppe der Beamten sozusagen aus ihm herausgezogen wird, natürlich den verfassungspolitischen Zielsetzungen, die hinter der Einrichtung eines freien Kommunikationsprozesses durch die Verfassung stehen, erheblich widerspricht.

Freilich, betrachtet man die Situation des einzelnen Beamten (Doppelnatur der Kommunikationsrechte!), so stellt sich der Konflikt zwischen dem Interesse an der Verwirklichung der dem Beamtentum gesetzten verfassungsstabilisierenden Aufgabe und dem Interesse an

---

Dienstherrn entzogen, so kann es auch vor der Ernennung nur darauf ankommen, ob objektiv erhebliche Zweifel bestehen, daß der Beamte (Soldat) seiner politischen Treupflicht nachkommen wird.
  Es besteht also eine echte Differenz gegenüber dem Bundesverwaltungsgericht. Angesichts des Fehlens jeglicher Begründung für die These des Bundesverwaltungsgerichts muß an der hier vertretenen Auffassung festgehalten werden.

möglichst unbeschränkter Gewähr der grundgesetzlichen Kommunikationsrechte *an alle* noch schärfer, kann es doch die Beschwer des einzelnen Beamten nicht mildern, wenn die freie Diskussion um die freiheitliche Demokratie den Nichtbeamten weiterhin gestattet ist. Aber auch bei dieser, auf den einzelnen Grundrechtsträger abstellenden Betrachtung wird man zu dem Ergebnis kommen müssen, daß das Interesse an einer Schranke für die Kommunikationsfreiheit, wenn diese das verfassungsmäßige Funktionieren des Beamtentums sicherstellen soll, die entgegenstehenden Interessen des Grundrechtsträgers überwiegt.

Man muß sich in diesem Zusammenhang daran erinnern, was oben über die Bedeutung der Freiwilligkeit des Beamtenverhältnisses gesagt worden ist. Die Freiwilligkeit rechtfertigt als solche nicht eine Beschränkung der Kommunikationsrechte, insbesondere kann die Rechtsfigur des Grundrechtsverzichts hier nicht verwandt werden. Sie läßt aber eine, aus anderen Gründen gerechtfertigte Beschränkung der Kommunikationsrechte weniger schwer, zumutbarer erscheinen. Grundsätzlich kann sich der Beamte einer durch Art. 33 Abs. 4 und 5 GG geforderten Beschränkung der Kommunikationsrechte durch Quittierung des Dienstes entziehen, und wenn diese Möglichkeit in vielen Fällen auch mit großen wirtschaftlichen Opfern verbunden ist, ja nach Lage des Falls praktisch nicht von ihm genutzt werden kann, so läßt sie doch prinzipiell die beamtenrechtlichen Freiheitsbeschränkungen weniger schwer erscheinen als sie erscheinen würden, wenn diese Möglichkeit nicht bestände. Außerdem besteht eben der geschilderte enge Zusammenhang zwischen der sachlichen Pflichterfüllung des Beamten und seiner außerdienstlichen Kommunikation. Daß er seinen Dienst im Geist der freiheitlichen Demokratie erfüllt, ist Haupt- und Kardinalpflicht des Beamten. Das weiß er und darauf hat er sich eingerichtet, als er Beamter wurde. Wenn er sich für den Beamtenberuf entscheidet, obwohl er Zweifel am Wert der freiheitlichen Demokratie hat, oder, was häufiger vorkommen wird, wenn sich seine politischen Grundvorstellungen später dahin ändern, daß er geneigt ist, eine gegen die freiheitliche Demokratie oder sie in Frage stellende Kommunikation zu betreiben, so muß sein, an sich legitimes Interesse daran hinter dem Interesse an dem verfassungsgewollten Funktionieren des Berufsbeamtentums zurücktreten.

Auch in der Schweiz werden, gestützt auf das Vertrauensmoment, besondere Schranken für die außerdienstliche Kommunikation des Beamten anerkannt.

Nachdem sich das noch vor Erlaß des Schweizerischen Bundesbeamtengesetzes von 1927 erstattete Gutachten des Eidgenössischen Justiz- und Polizeidepartements von 1921 noch der biologistischen Wendung bediente, der Staat könne in seinem Organismus nicht Elemente dulden,

II. Der zulässige Inhalt der politischen Treupflicht

die an seiner Zerstörung arbeiten (und daß, wenn nach schweizerischer Auffassung den Beamten für ihre politische Überzeugung und Betätigung die größtmögliche Freiheit gewährt bleiben müsse, dies auf der Voraussetzung beruhe, daß die angestrebten politischen Veränderungen nur innerhalb des bestehenden Staats und im Rahmen des demokratischen Gedankens angestrebt würden)[23], stellten die Weisungen des Bundesrats vom 5. 9. 1950 über die Auflösung des Dienstverhältnisses vertrauensunwürdiger Beamter, Angestellter und Arbeiter[24] klar auf den Vertrauensgedanken ab:

„Les fonctionnaires, employés ou ouvriers de la Confédération qui, par leur activité politique, ne méritent pas la confiance qu'exige l'exercice de leur charge sont congédiés. Ne mérite pas cette confiance celui dont on ne peut plus être sûr qu'il est indéfectiblement fidèle au pays, qu'il fera tout ce qui est conforme au statut de la Confédération et qu'il s'abstiendra de tout ce qui leur porte préjudice[25]."

Diese schweizerische Formel mag wegen der in ihr verwandten unbestimmten und weitreichenden Begriffe insgesamt wenig attraktiv erscheinen. Die in ihr zugrunde gelegte Anerkennung des Vertrauensgedankens ist die einzige Möglichkeit, eine politische Treupflicht für die Beamten gegenüber den Kommunikationsrechten zu rechtfertigen. Durch den Vertrauensgedanken im obigen Sinn wird die politische Treupflicht auf den unmittelbaren Sinn des Art. 33 Abs. 4 und 5 GG, nämlich ein im geltenden Verfassungssystem wurzelndes Beamtentum zur Erfüllung bestimmter sachlicher Aufgaben zu schaffen, zurückgeführt. Anders als durch eine solche Reduktion kann eine politische Treupflicht für die Beamten nicht begründet werden[26].

Es mag eine Bestätigung sein, daß auch in einem so traditionell demokratischen Staat wie in der Schweiz der Vertrauensgedanke zur Rechtfertigung von Schranken für die politische Kommunikationsfreiheit der Beamten herangezogen wird.

Ähnliches gilt für die Rechtsprechung des Supreme Court der USA, die die Gültigkeit von Gesetzen und Verwaltungsanordnungen bestätigt hat, die bestimmten, daß Personen, deren Loyalität zweifelhaft ist, aus

---

[23] Nachweise bei *Richner*, a. a. O., S. 139.
[24] *Fourrier*, a. a. O., S. 186 f.
[25] Vor liegt nur der französische Text, — *Fourrier*, a. a. O.
[26] Vgl. die ausgezeichnete Bemerkung des Bayer. Dienststrafhofs (Entscheidung vom 11. 8. 1960 in „Das Recht im Amt", 1963, S. 23):
„Um das zwischen dem Staat und dem Beamten bestehende Treueverhältnis zu erhalten (!), schränkt die Verfassung die allgemein verbürgte Freiheit der Meinungsäußerung ein ... die Beschränkung dieses ... Rechts der freien Meinungsäußerung erfolgt ... zur Erhaltung der sonst gefährdeten Werte des Berufsbeamtentums."

dem Bundesdienst zu entfernen sind, soweit sie nicht in ganz untergeordneter Stellung tätig sind[27].

Im Ergebnis ist davon auszugehen, daß für die außerdienstliche Kommunikation des Beamten eine Schranke des Inhalts besteht, daß ihm eine Kommunikation verboten ist, die für einen verständigen Beobachter geeignet ist, erhebliche Zweifel daran zu begründen, daß der Beamte seine Dienstpflichten auch in Zukunft im Geist der freiheitlichen Demokratie erfüllen wird[28].

Für die Pflicht des Beamten, bei seiner politischen Kommunikation diese Schranken zu respektieren und für die oben schon abgeleitete Pflicht des Beamten, während des Dienstes jede gegen die freiheitliche Demokratie gerichtete oder sie in Frage stellende Kommunikation zu unterlassen, wird, um die sprachliche Bezeichnung dem rechtlichen Inhalt anzupassen, statt der heute üblichen Bezeichnung „politische Treupflicht" die Bezeichnung „politische Loyalitätspflicht" vorgeschlagen. Im deutschen Sprachgebrauch bedeuten „Treue" und „Loyalität" ja nicht dasselbe. Unter „Loyalität" wird vielmehr etwas weniger Anspruchsvolles verstanden. „Loyalität" drückt ein distanzierteres Verhältnis aus. Sie geht niemals bis zur Selbstaufopferung. In Verhältnissen der Partnerschaft, der Zusammenarbeit, des Dienstes hat das Wort „Loyalität" vielmehr den spezifischen Sinn, diejenigen Voraussetzungen zu erhalten, die für eine vertrauensvolle Zusammenarbeit unerläßlich sind. In solchem Sinn wird die „politische Treupflicht" gesehen, wenn man, wie geschehen, eine Propagandapflicht des Beamten ablehnt und im übrigen die den Beamten bezüglich seiner politischen Kommunikation treffenden Beschränkungen so ableitet und abgrenzt wie oben.

c) Die Schranken für die außerdienstliche politische Kommunikation des Beamten im einzelnen — die politische Loyalitätspflicht des Beamten

Die Aufgabe ist nunmehr, den Umfang der politischen Loyalitätspflicht des Beamten im einzelnen zu bestimmen. Das ist gleichbedeutend

---

[27] Cole v. Young, 351 US 536 und, speziell für Lehrer, Adler v. Board of Education of the City of New York, 342 US, 485, 493 mit dem bemerkenswerten Dissenting Vote von J. *Douglas:*
„What happens under the law is typical of what happens in a police state. Teachers are under constant surveillance; their pasts are combed for signs of disloyalty their utterances are watched for dues of dangerous thoughts... where suspicion fills the air... there can be no exercise of the free intellect... The teacher is no longer the stimulant of adventurous thinking; he becomes instead a pipeline for safe and sound information..." (342 US 510).
Vgl. zum Ganzen *Grossmann,* JöR 10, S. 235 f., S. 236.

[28] So, wenn auch ohne Begründung, wohl auch *Evers,* a. a. O., S. 38, wenn er ausführt, der Beamte dürfe nicht den nachhaltigen Verdacht verfassungsfeindlicher Betätigung hervorrufen und dürfe nicht sein Bekenntnis zur freiheitlichen demokratischen Grundordnung durch andere, mit diesem Bekenntnis nicht vereinbare Handlungen unglaubwürdig machen.

II. Der zulässige Inhalt der politischen Treupflicht

mit der Aufgabe, Kriterien dafür zu entwickeln, wann eine Vertrauensstörung im obigen Sinn vorliegt, unter welchen Umständen die politische Kommunikation des Beamten (oder gar das Unterlassen bestimmter Kommunikation) geeignet ist, für einen verständigen Betrachter erhebliche Zweifel daran zu begründen, ob der Beamte zukünftig seinen Dienst im Geist der freiheitlichen Demokratie erfüllen wird.

a) Die Erforderlichkeit durchgehender Merkmale für das Vorliegen einer Vertrauensstörung

Die Schweizer Bundesratsbeschlüsse vom 5.9.1950 stellten in dem Sinn unmittelbar auf den Vertrauensgedanken ab, daß sie es der Verwaltung überließen, in jedem Einzelfall zu prüfen, ob das erforderliche Vertrauen gegeben sei, ohne ihr hierfür irgendwelche durchgehende Gesichtspunkte an die Hand zu geben. In dieser Weise kann unter dem Grundgesetz nicht verfahren werden. Es ist zwar festzustellen, daß die weitgehende Ermächtigung der Verwaltung in der Schweiz nicht zu einem Mißbrauch geführt hat[29], daß sie auch nicht mit dem Zweck gegeben wurde, um der Verwaltung ein möglichst rigoroses Vorgehen zu ermöglichen, sondern daß es im Gegenteil der Sinn der Formulierung war, nur einige wenige, besonders vertrauensunwürdige Beamte aus ihren Positionen zu entfernen[30]; Tatsache bleibt jedoch, daß der Wortlaut der Beschlüsse keine Sicherungen gegen Mißbrauch und subjektive Willkür enthielt[31]. Da verfassungsrechtliche Beschränkungen der Kom-

---

[29] Nach dem Bericht, den das Eidgenössische Personalamt im Jahre 1953 gab, wurden aufgrund der Bundesratsweisungen Maßnahmen gegen insgesamt 34 Beamte ergriffen; davon wurden 10 entlassen und 24 aus dem Beamtenverhältnis ins Angestelltenverhältnis überführt (*Fourrier*, a. a. O., S. 190).

[30] Vgl. den vom damaligen Vizekanzler Dr. *Oser* abgegebenen Kommentar:
„Il n'est pas question d'expulser d'office tout extrémiste (de gauche ou de droite), ce qui risquerait de frapper des gens en qui on peut avoir confiance malgré leur appartenance à un parti etrémiste. D'ailleurs, pour les communistes, ce n'eut guère été compatible avec le fait que le Parti de Travail n'est pas interdit et qu'il est représenté aux Chambres Fédérales... l'autorité se fondera donc sur le critère — plus nuancé — de la confiance que peut inspirer un extrémiste. L'appréciation sera plus large pour un fonctionnaire occupant un poste où il ne pourrait exercer une action nuisible au pays. Elle sera plus rigoureuse pour le fonctionnaire — haut placé ou non — que ses fonctions mettraient à même d'exercer une activité dommageable. Il avait été question de se fonder pour ce qui concerne la confiance à accorder ou à refuser à un agent, sur l'attitude et (!) l'activité politiques. Le Conseil Fédéral a décidé de ne prendre en considération que l'activité politique montrant ainsi qu'il faut, à la charge du fonctionnaire, quelque chose de plus qu'une simple attitude"
(zitiert bei *Fourrier*, a. a. O., S. 188, S. 189).

[31] Deshalb nicht ohne Berechtigung *Fourrier*, a. a. O., S. 189, S. 190:
„Il faut désormais que le fonctionnaire suisse inspire confiance... Comme aux États-Unis de M. Mac Carthy le fonctionnaire poursuivi s'il veut se dé-

munikationsgrundrechte des Beamten im Hinblick auf das Rechtsstaatsgebot nur zulässig sein können, wenn sie derart bestimmt sind, daß der Beamte den Umfang der Beschränkung und insbesondere den Umfang des ihm verbleibenden Freiheitsraums übersehen kann, und da in tatsächlicher Hinsicht für die Bundesrepublik nicht von einem derart gefestigten Freiheitsbewußtsein ausgegangen werden kann, wie es wohl in der Schweiz möglich ist[32], besteht die Aufgabe, im Hinblick auf Wechselwirkungsgedanken und Effektivitätsprinzip möglichst exakte Gesichtspunkte dafür zu entwickeln, wann eine erhebliche Störung des in den Beamten zu setzenden Vertrauens vorliegen kann.

β) Die Erfordernisse der Publizität und der Dezidiertheit

Hierfür lassen sich im Anschluß an die Auslegung, die die im französischen Beamtenrecht anerkannte „obligation de réserve"[33] in der fran-

---

fendre, doit faire une preuve impossible à établir: il ne suffit pas qu'il prouve la fausseté des faits retenus contre lui, il faut en outre qu'il prouve qu'il mérite la confiance des autorités administratives, ce que nul ne saurait faire puisque la confiance est un sentiment subjectif qui ne se commande point de l'extérieur... Il n'y a pas d'autre manière pour faire naître un sentiment positif de confiance que de crier bien fort, à tout propos et même hors de propos, qu'un est un des plus fidèles soutiens du régime et de ses représentants."

[32] Vgl. die Selbstverständlichkeit, mit der *Richner*, a. a. O., S. 114, gegenüber dem Vorwurf *Grisels* (a. a. O., S. 59), Art. 22 Schweiz. BBG sei zu weit, auf die Möglichkeit verfassungskonformer Auslegung und damit auf die Grundsätze des liberalen Rechtsstaats verweist. Siehe auch Schweiz. BGE 65, II, S. 245 und BGE 75, II, S. 331.

Zu den Mißständen, die im Rahmen der großen Kommunistenverfolgung in den USA Anfang der fünfziger Jahre bei den Staatstreueüberprüfungsverfahren eingetreten sind, vgl. *Löwenstein*, a. a. O., S. 558.

[33] Zu unterscheiden von dem in der einschlägigen Literatur ebenfalls auftauchenden Begriff des „loyalisme".

Dieser wurde in älterer Zeit zur Kennzeichnung einer persönlichen Bindung an das Staatsoberhaupt gebraucht, aus der sich mehr oder weniger weitgehende Identifikationspflichten mit den politischen Ansichten des Dienstherrn ableiteten. Für das heutige Recht wird das Bestehen einer Pflicht zum „loyalisme" in diesem Sinn allgemein geleugnet, vgl. *Fourrier*, a. a. O., S. 23 f., S. 52 f. und schon *Jèze:* Das Verwaltungsrecht der Französischen Republik, S. 162 und Les Principaux Généraux du Droit Administratif, S. 91.

In jüngerer Zeit taucht das Wort zur Umschreibung einer patriotischen, gegenüber der Nation bestehenden Pflicht auf. *Bourdoncle*, a. a. O., S. 75, bemerkt dazu, es handle sich nicht um eine eigentliche Beamtenpflicht, sondern primär um eine jedermann treffende Pflicht zur Treue gegenüber der Nation, und charakterisiert ihren Inhalt so:

„Ne sont constitutifs de manquement du devoir de loyalisme que certains faits bouchant du près ou du loin à la trahison." (a. a. O., S. 76).

In den von ihm aufgeführten Entscheidungen des Conseil d'Etat handelt es sich dementsprechend fast ausschließlich um Fälle, in denen die Gemaßregelten während des Kriegs mit den Deutschen kollaborierten, sich für ein Obsie-

II. Der zulässige Inhalt der politischen Treupflicht

zösischen Lehre und in der Rechtsprechung des Conseil d'Etat[34] erfahren hat, zwei allgemeine Erfordernisse aufstellen.

Ein Zweifel, daß der Beamte seine sachlichen Aufgaben stets im Geist der freiheitlichen Demokratie erfüllen wird, kann nur durch eine Kommunikation begründet werden, der eine gewisse Publizität zukommt[35].

Sie ist immer gegeben beim Gebrauchmachen von dem Grundrecht des Art. 9 GG und regelmäßig beim Gebrauchmachen von dem Grundrecht des Art. 8 GG. Beim Gebrauchmachen von der Meinungsäußerungsfreiheit des Art. 5 Abs. 1 Satz 1 GG aber ist zu unterscheiden. Solange sich der Beamte nur in gelegentlichem privatem Gespräch, insbesondere mit Familienangehörigen, gegen die freiheitliche demokratische Grundordnung erklärt und von keiner der sich zahlreich bietenden Möglichkeiten Gebrauch macht, mit diesen Meinungen an die Öffentlichkeit zu treten,

---

gen Deutschlands aussprachen, usw. *(Bourdoncle,* a. a. O., S. 76, S. 77; vgl. auch *Fourrier,* a. a. O., S. 359 und M. *Waline,* Droit Administratif, S. 760).

Der Begriff der „obligation de réserve" wird vom Conseil d'Etat seit dem arrêt Bouzanquet (1935) gebraucht (vgl. *Fourrier,* a. a. O., S. 363). Gesetzliche Grundlagen sind nicht vorhanden. Das erklärt die große Verschiedenheit, mit der der Begriff von den einzelnen Autoren definiert wird *(Fourrier,* a. a. O., S. 634: „Lorsque ... on se réfère sur ce point aux traités de Droit Administratif, on est déçu de découvrir que chaque auteur a sa définition personelle"). Der Conseil d'Etat hat bisher an keiner Stelle allgemein ausgesprochen, was er unter der „obligation de réserve" versteht; er beschränkt sich darauf, in jedem Einzelfall zu entscheiden, ob eine Verletzung dieser Pflicht vorliegt *(Bourdoncle,* a. a. O., S. 93).

[34] Die der Rechtsprechung des Conseil d'Etat zugrunde liegenden Grundsätze sind:
  a) Die „obligation de réserve" legt dem Beamten nur Unterlassungspflichten auf; sie ist rein negativ.
  b) Die „obligation de réserve" wird nur berührt durch Handlungen, die eine gewisse Publizität haben. Streng private Meinungsäußerungen des Beamten, von denen die Behörde nur aufgrund des „on dit" oder von „commérages" Kenntnis erhält, sind unbeachtlich.
  c) Die „obligation de réserve" wird nur verletzt, wenn durch die Kommunikation des Beamten die weitere Erfüllung der Dienstpflichten durch den Beamten erschwert oder wenn das Ansehen des Amtes oder des öffentlichen Dienstes allgemein beeinträchtigt ist.

(Bourdoncle, a. a. O., S. 97 f. und die arrêts ville d'Armentières (1933), Lingois (1952), Hanger (1955), zitiert ebenda; übereinstimmend *Waline,* a. a. O., S. 761). Der in der Verwaltung bestehenden Neigung, in der bloßen Zugehörigkeit zu bestimmten politischen Gruppierungen und der Tätigkeit für diese eine Verletzung der „obligation de réserve" zu sehen, ist der Conseil d'Etat bisher nicht gefolgt, vgl. die arrêts Guille und Teissier, zitiert bei *Bourdoncle,* a. a. O., S. 149, 167 und *Fourrier,* a. a. O., S. 309, 343, 363, 381 sowie *de Laubadère,* a. a. O., S. 679.

Zur Meinungsfreiheit des Beamten allgemein und ihren Schranken vgl. noch *Bonnard,* Précis de Droit Administratif, S. 488 und *Vedel,* a. a. O., S. 502.

[35] So im Ergebnis auch *Fischbach,* BBG, § 7 Anm. I, 2, e, der nur eine „Kundmachung (Manifestation)" der gegen die freiheitliche demokratische Grundordnung gerichteten Anschauungen für unzulässig hält. Ähnlich die — freilich sehr vagen — Äußerungen *Thiemes* in DDB 64, S. 74.

für sie zu werben, sie zu demonstrieren, sie zu organisieren, sie mit Gleichgesinnten auszutauschen und im Umgang mit ihnen zu bestärken, kann man füglich nicht annehmen, daß er entschlossen ist, aus seinen Ansichten Konsequenzen auf seine Dienstausübung zu ziehen. Ein erheblicher Zweifel an seiner freiheitlich demokratischen Zuverlässigkeit wird durch solche Äußerungen also nicht begründet.

Im übrigen werden im hier berührten Intimbereich des Beamten die Kommunikationsrechte in besonderer Weise durch den Grundsatz vom Schutz der Menschenwürde verstärkt und bieten beamtenrechtlichen Anforderungen besonders großen Widerstand. Wie es dem Beamten unbenommen sein muß, faschistische Selbstgespräche zu führen oder sein Tagebuch mit faschistischen Gedanken anzufüllen[36] — das Gegenteil käme einer Aufhebung seiner Persönlichkeit gleich — so muß es ihm analog gestattet sein, gegenüber seinen engeren Familienangehörigen, gegenüber einem Freund über die Vorteile des Kommunismus zu sprechen. Legitime Interessen des Dienstherrn werden hierdurch nicht berührt. Im übrigen könnte dieser von der solchermaßen privaten Kommunikation des Beamten nur über Spitzeleien und Klatsch — commérages — Kenntnis erhalten. Dergleichen zu ermutigen kann nicht der Sinn einer Rechtsordnung sein, die in Art. 1 Abs. 1 GG den Schutz der Menschenwürde und in Art. 6 GG den Schutz der Familie zu ihren Grundsätzen zählt[37].

Der Raum, der somit der freien privaten Kommunikation vorbehalten ist, hängt allerdings von der Stellung des einzelnen Beamten ab[38]. Bei einem höhergestellten Beamten wird man nur den engsten Familienkreis dazuzählen können. Kommunikation außerhalb dieses engen Raums, insbesondere Gespräche mit Kollegen und sonstigen Bekannten, wird man, entsprechend dem erhöhten Interesse des Dienstherrn

---

[36] Sehr bedenklich deshalb die unveröffentlichte Entscheidung des Bayer. Dienststrafhofs vom 31. 7. 1963, Nr. 5 DS II/63, in der Anmerkungen, die der Beschuldigte in ein ihm gehörendes Buch geschrieben hatte, verwertet wurden. Zutreffend insoweit *Fischbach*, BBG, § 7, I, 2, e.

[37] Entsprechend *Fischbach*, BBG, Anm. III zu § 52 BBG.

[38] Zum selben Ergebnis, wenn auch auf anderem Weg, kommt *Evers*, a. a. O., S. 20, indem er annimmt, die Frage, wann der einzelne Beamte im Dienst sei, beurteile sich je nach Rang und Verantwortung verschieden. („Der Staatssekretär ist immer im Dienst!") Würde man ihm folgen, dann würde das für das dienstliche Verhalten des Beamten entwickelte absolute Verbot einer die freiheitliche demokratische Grundordnung ablehnenden oder sie in Frage stellenden Kommunikation bei den höhergestellten Beamten über die eigentliche Diensttätigkeit hinausreichen. Es entspricht der Verfassungslage aber mehr, wenn man auch für die höheren Beamten davon ausgeht, daß es außerhalb der eigentlichen dienstlichen Inanspruchnahme einen grundsätzlich privaten Raum gibt und die insoweit gebotenen Kommunikationsschranken aus dem Vertrauensgedanken herleitet.

II. Der zulässige Inhalt der politischen Treupflicht

wie der Allgemeinheit an der Person des leitenden Beamten, als den Schranken der Loyalitätspflicht unterworfene nichtprivate Kommunikation ansehen müssen[39].

Damit durch außerdienstliche Kommunikation des Beamten ein Zweifel in seine sachliche Zuverlässigkeit geweckt werden kann, muß sie weiter so beschaffen sein, daß in ihr eine *ernsthafte* und *bestimmte* Stellungnahme gegen die freiheitliche demokratische Grundordnung gesehen werden kann[40].

Das hat wiederum besondere Bedeutung für das Gebrauchmachen von dem Grundrecht des Art. 5 Abs. 1 Satz 1 GG. Von einem gelegentlichen Zweifel an einzelnen Grundsätzen der freiheitlichen Demokratie bis zur planmäßigen Propagierung einer totalitären Staatsauffassung sind alle Übergangsformen denkbar. Wann man davon ausgehen muß, daß eine bestimmte Meinungsäußerung einer Stellungnahme gegen die freiheitliche Demokratie gleichkommt, läßt sich nicht generell beantworten, sondern muß in jedem Einzelfall entschieden werden[41]; so ist es zwar

---

[39] Zweifelhaft die unveröffentlichte Entscheidung des Bayer. Dienststrafhofs vom 24. 11. 1956 — 27 DS I/56, in der ein Gespräch zwischen einfachen Polizeibeamten zur Grundlage disziplinarrechtlichen Einschreitens gemacht wurde.
[40] Im Ergebnis ähnlich *Fischbach*, BBG, § 7, I, 2, e.
[41] Zutreffend die unveröffentlichte Entscheidung des Bayer. Dienststrafhofs vom 31. 7. 1963, Nr. 5 DS II/63, in der die Veröffentlichung eines Artikels mit antisemitischer Tendenz in einem als antisemitisch bekannten Organ der sog. Ludendorffbewegung als Dienstvergehen gewürdigt wurde.
Anschauungen wie die des Antisemitismus sind mit den Prinzipien der freiheitlichen Demokratie (Art. 3 GG) unvereinbar (ebenso Hessischer Dienststrafhof vom 19. 5. 1953, EBDH 1, 213).
Die Kundmachung solcher Anschauungen in einem Zeitungsartikel, besonders wenn dieser in einem als antisemitisch bekannten Blatt erscheint, ist eine hinreichend bestimmte Stellungnahme gegen die freiheitliche demokratische Grundordnung im obigen Sinn. Im Gegensatz zu der zeitlich vorangegangenen Begründung für die Einleitung eines förmlichen Dienststrafverfahrens durch die Regierung von Oberbayern hebt der Dienststrafhof diesen Gedanken allerdings nicht deutlich hervor.
Zutreffend in der Argumentation die (unveröffentlichte) Entscheidung der Bayer. Dienststrafkammer München vom 11. 4. 1956 — D 9/56 —, in der bei der Würdigung von nationalsozialistischen Äußerungen eines Polizeibeamten darauf abgestellt wurde, ob diese „unter Berücksichtigung der Persönlichkeit des Beschuldigten und aller Tatumstände ... Ausdruck einer staatsverneinenden Gesinnung wären ..." und dabei der Umstand besonders gewürdigt wurde, daß die betreffenden Äußerungen nicht in der Öffentlichkeit, sondern im privaten Gespräch mit Kollegen erfolgten.
In seinem schon erwähnten Berufungsurteil vom 24. 11. 1956 — 27 DS I/56 hat der Bayer. Dienststrafhof, bei anderer tatsächlicher Würdigung, die Richtigkeit dieses Ansatzes grundsätzlich anerkannt.
Im Ergebnis ebenfalls zutreffend die (unveröffentlichte) Entscheidung des Bayer. Dienststrafhofs vom 2. 12. 1963 — 14 DS I/62, wenn sie davon ausgeht, daß Äußerungen eines Beamten, die im Rahmen eines verwaltungsgerichtlichen Verfahrens schriftsätzlich in Vertretung eines anderen abgegeben werden, grundsätzlich keinen Verstoß gegen die politische Loyalitätspflicht darstellen können.

grundsätzlich möglich, daß die bloße Äußerung von Zweifeln schon eine solche Stellungnahme darstellt. Sie wird es aber nur in Ausnahmefällen tun, etwa wenn ein besonders hochgestellter Beamter, von dem man erwarten muß, daß er seine Worte sorgfältig wägt, einen solchen Zweifel äußert, oder wenn die Äußerung des Zweifels besonders nachdrücklich erfolgt wie in einer öffentlichen Rede oder in einem Zeitungsartikel. Wenn dagegen ein in Rang und Verantwortung weniger hervorgehobener Beamter sich im Gespräch mit Kollegen gelegentlich zu Zweifeln an der freiheitlichen Demokratie versteigt, so wird man darin regelmäßig keine ernsthafte Stellungnahme gegen die freiheitliche demokratische Grundordnung erblicken können.

Das Gebrauchmachen vom Grundrecht des Art. 9 GG ist anders zu beurteilen. Tritt der Beamte einer Vereinigung oder einer politischen Partei bei, die die freiheitliche Demokratie ablehnt, so wird man darin objektiv immer eine hinreichend bestimmte und ernsthafte Stellungnahme gegen die freiheitliche demokratische Grundordnung sehen müssen. Diese Auffassung, auf der der Beschluß der Bundesregierung vom 19. 9. 1950 beruht, ist neuerdings von Scheuner[42], entgegen seiner eigenen früheren Stellungnahme[43], in Zweifel gezogen worden. Meines Erachtens ist dies nicht berechtigt. Auch wenn es sich um eine bloß „nominelle", sich in der Zahlung von Mitgliedsbeiträgen erschöpfende Mitgliedschaft handelt, gibt der einzelne durch sie doch zu erkennen, daß er über das rein innerliche Sympathisieren hinaus sich zu den von der Vereinigung verfolgten Zwecken bekennt und zur Verwirklichung dieser Ziele einen, wenn auch vielleicht geringen, Beitrag zu leisten gewillt ist. Das genügt aber, um einen Zweifel zu begründen, ob er seine Amtspflicht in jedem Fall im Geist der freiheitlichen Demokratie erfüllen wird. In den Fällen, in denen der Beamte arglos, ohne genaue Kenntnis von ihren Zielsetzungen, einer solchen Vereinigung beitritt, kann er mangels Verschulden[44] ohnehin disziplinarrechtlich nicht belangt werden.

Die unter der Weimarer Verfassung übliche Unterscheidung zwischen aktiver Betätigung für verfassungsfeindliche Organisationen und passiver Mitgliedschaft in ihnen ist unter dem Grundgesetz hinfällig; beide Formen der Kommunikation sind dem Beamten verboten, wobei gegenüber der Weimarer Praxis noch zu betonen ist, daß „verfassungsfeindlich" in diesem Sinn weder verlangt, daß die betreffende Organisation den gewaltsamen Umsturz vorbereitet, noch, daß sie, in dem eingeschränkten Sinn des Art. 21 Abs. 2 GG, gegenüber der freiheitlichen

---

[42] Erfahrungen und Probleme, a. a. O., S. 32.
[43] Politische Treupflicht im öffentlichen Dienst, S. 92.
[44] Dazu unten.

II. Der zulässige Inhalt der politischen Treupflicht

demokratischen Grundordnung eine aggressive Haltung einnimmt[45], sondern daß es genügt, wenn sie die freiheitliche Demokratie ablehnt[46]. Der Beschluß der Bundesregierung vom 19. 9. 1950 ist deshalb verfassungsmäßig[47].

Auch beim Gebrauchmachen von dem Grundrecht des Art. 8 GG, wenn der Beamte an Versammlungen teilnimmt, die von Tendenzen beherrscht werden, die die freiheitliche Demokratie ablehnen, insbesondere die von Vereinigungen veranstaltet werden, die ihrerseits gegen die freiheitliche Demokratie gerichtet sind, liegt regelmäßig eine hinreichend bestimmte und ernsthafte Stellungnahme gegen die freiheitliche demokratische Grundordnung im obigen Sinn vor. Es kann hier allerdings leichter als bei dem entsprechenden Fall des Beitritts zu einer Vereinigung der Fall eintreten, daß der Beamte unabsichtlich in eine Versammlung gerät, die eine die freiheitliche Demokratie ablehnende Tendenz hat. Insbesondere ist der Fall denkbar, daß auf einer von dem Beamten besuchten Veranstaltung, die von einer die freiheitliche Demokratie grundsätzlich bejahenden Organisation getragen wird, sich unvorhergesehenerweise Strömungen breitmachen, die die freiheitliche demokratische Grundordnung ablehnen, daß links- oder rechtsextremistische Ansichten vorgetragen werden und beginnen, den Charakter der Veranstaltung zu bestimmen. In diesen Fällen wollte der Beamte mit seiner Teilnahme an der Veranstaltung natürlich keine Stellungnahme gegen die freiheitliche Demokratie abgeben. Es fragt sich aber, ob er sich auf diesen seinen guten ursprünglichen Absichten ausruhen darf oder ob die besondere Situation nicht ein spezifisches Tätigwerden von ihm verlangt.

---

[45] Vgl. BVerfGE 5, 141.
[46] So im Ergebnis zutreffend BVerwGE 10, 216.
[47] So vor allem *Grewe*, Politische Treupflicht im öffentlichen Dienst, S. 64; *Koellreutter*, DÖV 51, 471; *Maunz*, Staatsrecht, S. 285; *Fischbach*, BBG, Anm. 4 zu § 7 BBG; *Plog-Wiedow*, BBG, Anm. 5 zu § 52 BBG.
Das OVG Berlin, OVGE Berlin, Bd. 5, S. 6, sieht in der bloß nominellen Mitgliedschaft zu der, in West-Berlin zugelassenen SED und zur „Gesellschaft für deutsch-sowjetische Freundschaft" unter Verweis auf die unveröffentlichte Entscheidung des Bundesverwaltungsgerichts VI B 79/56 sogar ein „Betätigen gegen die freiheitliche demokratische Grundordnung" im Sinn von § 167 BBG; wenn der Betroffene diesen Organisationen ohne äußeren Zwang beigetreten sei, so gebe er damit zu erkennen, daß er deren auf Beseitigung der freiheitlichen demokratischen Grundordnung gehende Pläne billige und sich im Rahmen seiner Möglichkeiten für die Erreichung dieses Ziels einsetze.
Zurückhaltender noch Dienststrafhof beim OVG Berlin, EBDH 3, 335, der aus der nominellen Mitgliedschaft in der SED nur eine „Vermutung" für eine Betätigung gegen die freiheitliche demokratische Grundordnung im Sinn des § 167 BBG gewinnt.
Zutreffend im Ergebnis Hessischer Dienststrafhof vom 1. 4. 1955, EBDH 3, 324 bezüglich der KPD-Mitgliedschaft eines Beamten.

γ) *Gibt es ein Schweigerecht des Beamten?*

In diesen Zusammenhang gehört die von Köttgen mit großem Nachdruck gestellte Frage, ob Beamter und Soldat im Rahmen der politischen Treupflicht auch zu positiven Äußerungen verpflichtet sind oder ob ihnen in jedem Fall, wie Köttgen meint[48], ein Schweigerecht zur Seite steht. Er schreibt:

„Das innermenschliche Verhältnis zu der artikulierten Verfassungssubstanz ist auch im Fall des Statusinhabers durch die Schweigepflichten des Art. 18 GG abschließend geregelt. Keinem „allgemeinen Gesetz" ist es gestattet, diese Schweigepflichten durch statusrechtliche Bekenntnispflichten zu überhöhen. Die durch das Wahlrecht beispielhaft garantierte Geheimsphäre des Individuums in Fragen letzter persönlicher Überzeugung kann auch dem Statusinhaber nicht beschränkt werden. Dabei ist nicht nur der Gegenstand dieses Bekenntnisses irrelevant, sondern auch die freiwillige Unterwerfung des Statusinhabers, dem das weltliche Recht keine Verkündigungspflichten oktroyieren kann[49]."

Soweit Köttgen damit sagt, daß dem Beamten keine Propagandapflichten (Verkündigungspflichten) auferlegt werden können, wurde ihm oben schon zugestimmt. Sofern er weiter die freiwillige Unterwerfung des Beamten für unbeachtlich erklärt, wird seine Auffassung geteilt[50].

Insoweit er aber meint, daß der Beamte im Rahmen der politischen Loyalitätspflicht ein absolutes Recht zum Stillhalten habe, unter keinen Umständen zu einer positiven Kommunikation verpflichtet werden könne, kann ihm nicht zugestimmt werden.

Der Beamtenrechtsausschuß des Bundestags ließ, wie schon bemerkt, bei Beratung des § 52 Abs. 2 BBG verlauten, der Beamte werde durch § 52 Abs. 2 BBG mindestens verpflichtet, eine Versammlung zu verlassen, auf der Angriffe gegen die freiheitliche Demokratie vorgetragen würden; unter Umständen habe er das Wort zu ihrer Verteidigung zu ergreifen[51].

Gemeint ist der Fall, daß es auf einer Versammlung, die nicht von vornherein eine gegen die freiheitliche demokratische Grundordnung

---

[48] Meinungsfreiheit des Soldaten, a. a. O., S. 68; grundsätzlich anderer Auffassung noch in „Berufsbeamtentum und parlamentarische Demokratie", S. 70, 113, 118, 272.
Gegenüber *Köttgen* kritisch *Gross*, DVBl. 57, S. 325, der meint, „es sei schlechterdings nicht einzusehen, wie jemand für die Erhaltung der freiheitlichen demokratischen Grundordnung (wie der Soldat) eintreten könne, der sich nicht zu ihr bekennt, sondern verschweigt". Hier dürfte allerdings die in einer Pflicht zum ausdrücklichen Bekenntnis enthaltene besondere Beschwer zu gering geschätzt sein.

[49] Ebenda, S. 68.

[50] Vgl. oben.

[51] Zitiert bei *Bocballi*, BBG, Anm. 3 zu § 52.

II. Der zulässige Inhalt der politischen Treupflicht

gerichtete Tendenz hat, — an solchen darf der Beamte ohnehin nicht teilnehmen — zu extremistischen Abweichungen kommt. Die vom Ausschuß vertretene Auffassung wurde oben schon dahin eingeschränkt, daß von einer Pflicht zur Verteidigung der freiheitlichen Demokratie nicht gesprochen werden darf, weil das auf eine unmittelbare Beeinflussung des Kommunikationsprozesses und damit auf unzulässige Propaganda hinauslaufen würde. Trotzdem stand dem Ausschuß etwas Richtiges vor Augen:

Der Beamte, der in einer solchen Situation nichts unternimmt, bloß schweigt, gerät in Verdacht, sich mit den vorgetragenen Angriffen gegen die freiheitliche Demokratie zu identifizieren. Unter dem Gesichtspunkt des die Loyalitätspflicht des Beamten beherrschenden Vertrauensgedankens muß man verlangen, daß der Beamte diesen Verdacht von sich abwehrt; mindestens (insofern ist der Formulierung des Ausschusses voll zuzustimmen) wird man verlangen können, daß der Beamte aufsteht und den Raum verläßt. Sind die konkreten Umstände aber so, daß das nicht ausreicht, um die Gefahr einer Identifikation von sich abzuwehren — man denke daran, daß das Verlassen der Versammlung wegen deren Größe oder Bewegtheit überhaupt nicht auffällt und deshalb auch keinen Demonstrationswert hat —, dann muß man von dem Beamten darüber hinaus verlangen, daß er auf andere Weise, notfalls durch eine ausdrückliche Erklärung, den Verdacht von sich abwehrt, der durch seine vorgängige Anwesenheit bei den gegen die freiheitliche demokratische Grundordnung gerichteten Angriffen entstanden ist.

Bezüglich des Adressaten einer solchen notfalls erforderlichen Erklärung wird man unterscheiden müssen. Ist es für den Beamten nach dem Charakter der Veranstaltung ohne weiteres möglich, sich zu Wort zu melden, eine Erklärung abzugeben und die Veranstaltung zu verlassen, so hat er diesen, zur Zerstreuung eines Zweifels sicherlich am besten geeigneten Weg zu wählen. Ist dieser Weg aber nicht begehbar, etwa weil die Größe oder die Organisation der Versammlung es ausschließen, daß ein einzelner Teilnehmer sich zu Wort meldet, oder ist es dem Beamten nicht zumutbar, weil er bei Abgabe einer entsprechenden Erklärung gegenüber der Versammlung befürchten müßte, tätlich angegriffen oder sonstwie gedemütigt zu werden, so muß es genügen, wenn er die Erklärung nachträglich seinem Dienstherrn gegenüber abgibt. In diesem Sinn ist dem Beamtenrechtsausschuß zuzustimmen, wenn er empfiehlt, daß der Beamte in solchen Fällen einen schriftlichen Bericht zu den Akten geben soll.

Bei der Frage, ob der eine oder der andere Fall vorliegt, ist im Zweifel, d. h. wenn sich die Situation in der betreffenden Versammlung bei der nachträglichen disziplinarrechtlichen Überprüfung nicht mehr exakt rekonstruieren läßt, zugunsten des Beamten davon auszugehen, daß die Abgabe einer Erklärung gegenüber der Versammlung selbst nicht zumutbar war. Es ist nicht der Sinn der Loyalitätspflicht, Märtyrertaten von dem Beamten zu verlangen.

Das „Wie" der Erklärung richtet sich nach dem Zweck, der ihr im Rahmen der Loyalitätspflicht zukommt. Auch wenn die Erklärung unmittelbar gegenüber der Versammlung zu erfolgen hat, beschränkt sie sich darauf, klarzustellen, daß der Beamte für seine Person sich von den gegen die freiheitliche Demokratie vorgetragenen Angriffen distanziere; nie geht es darum, Einfluß auf den Gang der Versammlung und die übrigen Teilnehmer der Veranstaltung zu nehmen.

Hat der Beamte so gegenüber der Versammlung, oder wenn das nicht erforderlich war, durch nachträglichen Bericht gegenüber seinem Dienstherrn klargestellt, daß er sich von den gegen die freiheitliche demokratische Grundordnung gerichteten Angriffen distanziere, so hat er das zur Behebung eines vernünftigen Zweifels seinerseits Erforderliche getan. Eine Wiederholung dieser Erklärung ist weder gegenüber dem Dienstherrn erforderlich, insoweit kann der Beamte auf seine bereits abgegebene Erklärung verweisen, noch gar gegenüber dem Publikum. Ist in der Bevölkerung eine Unsicherheit darüber entstanden, ob der Beamte seine Amtspflicht im Geist der freiheitlichen Demokratie erfüllen wird, so ist es Sache des Dienstherrn, durch eine entsprechende Erklärung an die Öffentlichkeit diesen Zweifel auszuräumen.

Diese, am Beispiel eines Gebrauchmachens von der Versammlungsfreiheit des Art. 8 GG entwickelten Grundsätze sind entsprechend anwendbar, wenn es sich um das Gebrauchmachen von der Vereinigungsfreiheit des Art. 9 GG handelt. Ist der Beamte Mitglied einer ursprünglich nicht gegen die freiheitliche Demokratie gerichteten Vereinigung und fällt es dieser bei, sich gegen die freiheitliche Demokratie zu wenden, sei es durch Änderung ihres Programms, sei es durch das Verhalten einzelner führender Mitglieder, so muß der Beamte durch seinen Austritt aus der Vereinigung und notfalls durch eine entsprechende Erklärung kundtun, daß er für seine Person von dieser Entwicklung der Vereinigung sich distanziere[52].

---

[52] Vgl. den vom Conseil d'Etat entschiedenen Fall Teissier (zitiert bei *Fourrier*, a. a. O., S. 363, 381 und *Bourdoncle*, a. a. O., S. 99): Professor T., Direktor des Centre National de la Recherche Scientifique, war einer der Ehrenpräsidenten der Union Française Universitaire (UFU) und als solcher im Briefkopf der UFU genannt. In seiner Abwesenheit entwarf die UFU einen offenen Protestbrief gegen Maßnahmen der französischen Regierung, in dem heftige Worte gebraucht wurden (scandaleux, odieux, inqualificable). T. hatte dieses Schreiben nicht unterzeichnet. Nach dem Bekanntwerden forderte der Minister T. zum Rücktritt auf. Als T. sich weigerte, ersuchte ihn der Minister zu

Ist also der allgemeine Grundsatz der, daß die politische Loyalitätspflicht von dem Beamten nur verlangt, in der Öffentlichkeit (so wie sie oben bestimmt wurde) keine ernsthafte und bestimmte Erklärung gegen die freiheitliche Demokratie abzugeben, so muß das dahin ergänzt werden, daß der Beamte, wenn er in eine Situation gerät, in der er vernünftigerweise mit gegen die freiheitliche Demokratie gerichteten Angriffen identifiziert werden kann, sich durch positives Tun eindeutig von diesen Angriffen distanzieren muß[53].

Eine weitergehende Bekenntnispflicht des Beamten besteht allerdings nicht[54].

δ) Gibt es ein allgemeines Recht des Dienstherrn, politische Loyalitätserklärungen von seinen Beamten zu verlangen?

Hiervon ist die Frage zu unterscheiden, ob der Beamte unabhängig von solchen konkreten Zweifelsfällen zu Loyalitätserklärungen gegenüber der freiheitlichen demokratischen Grundordnung gezwungen werden kann, etwa, indem er von Zeit zu Zeit fragebogenmäßig versichern muß, einer verfassungsfeindlichen Organisation nicht anzugehören und eine solche auch nicht sonstwie zu unterstützen[55].

---

erklären, ob er den Brief billige und sich mit seinen Verfassern solidarisch erkläre. Als T. sich demgegenüber auf die Freiheit seines Gewissens berief, wurde er entlassen.
Der Conseil d'Etat hat diese Maßnahme bestätigt und erklärt, T. habe seine „obligation de réserve" verletzt, weil er „doit être regardé comme s'étant solidarisé avec les signataires" (*Bourdoncle*, a. a. O., S. 99).

[53] Zu weit, aber im Kern richtig die noch unter der WRV gemachte Bemerkung *Brechts* (v. *Brauchitsch*, a. a. O., S. 327), der es zur allgemeinen Beamtenpflicht erklärte, daß der Beamte sich in der Öffentlichkeit nicht schuldhaft durch Handlungen oder Unterlassungen (!) hinsichtlich seiner Amtspflichten in ein zweifelhaftes, zweideutiges Licht setzen dürfe, und daraus folgert, daß man von dem Beamten gegebenenfalls eine Klarstellung verlangen könne, daß er sich von illegalen Strömungen, die in einer Vereinigung, der er angehört, auftreten, distanziere.
Vgl. auch die ähnlichen Bemerkungen des OVG Münster, Beschluß vom 28. 8. 1959, VerwRspr. Bd. 12, Nr. 105 und des BDH in JZ 55, S. 79.

[54] Nicht eindeutig *Kalisch*, AöR 78, 352, 353, der einerseits allgemein und nicht differenzierend davon spricht, daß der Beamte sich insbesondere zu den im Grundrechtsteil des GG zum Ausdruck gelangten Werten durch sein gesamtes dienstliches und außerdienstliches Verhalten zu bekennen habe, andererseits als praktische Ausformungen dieser Pflicht aber nur erwähnt, daß der Beamte sich für straf- und grundgesetzwidrige Vereinigungen nicht betätigen, noch ihnen als Mitglied angehören, noch sich zu ihnen bekennen dürfe.

[55] Es kann hier, wie überhaupt bei einer Erklärung des Beamten gegenüber seinem Dienstherrn, im Einzelfall zweifelhaft sein, ob noch eine Loyalitätserklärung, das ist eine Meinungsäußerung im Sinn des Art. 5 Abs. 1 Satz 1 GG oder eine bloße, dem Art. 5 Abs. 1 Satz 1 GG nicht unterfallende Tatsachenmitteilung vorliegt.

Hinsichtlich der fragebogenmäßigen Erklärung des Beamten über seine politische Parteizugehörigkeit im allgemeinen ergingen im Jahr 1954 zwei aufsehenerregende Beschlüsse des BDH[56], die nicht nur Adolf Arndt dazu hinrissen, dem Gericht eine Verkennung sowohl des Nationalsozialismus wie auch der freiheitlichen Demokratie vorzuwerfen[57], sondern auch die Bundesregierung veranlaßten, durch den damaligen Bundesinnenminister Dr. Schröder in der 116. Sitzung des 2. Bundestags erklären zu lassen, sie teile nicht die Ansicht des Gerichtshofs[58]. Der Bundesdisziplinarhof hatte nämlich schlicht erklärt, der Staat habe allgemein ein berechtigtes Interesse daran, die Parteizugehörigkeit seiner Beamten zu kennen, um ihre zweckmäßigste Verwendung zu erreichen[59].

Das ist sicher unrichtig[60]. Der Grundsatz, daß die Zulassung zu einem öffentlichen Amt unabhängig von der Parteizugehörigkeit (im Sinn der freiheitlichen demokratischen Parteien) des Bewerbers ist, wäre empfindlich getroffen, wollte man solche Fragen zulassen.

Etwas anderes und in der damaligen Erörterung nicht Behandeltes ist es, ob Fragen nach der Zugehörigkeit zu verfassungsfeindlichen Parteien und Organisationen zulässig sind. In den USA waren solche Fragen nicht nur während der großen Antikommunistenwelle Anfang der fünfziger Jahre üblich, auch als sich das Klima wieder beruhigt hatte, wurden Angehörige solcher Behörden, die unter dem Gesichtspunkt der Staatssicherheit „sensitive" erschienen, derartige Fragen vorgelegt[61]. Sie wurden vom Supreme Court auch für zulässig gehalten[62].

Ein Bedürfnis nach derartigen Befragungen kann nicht von der Hand gewiesen werden. So ist insbesondere denkbar, daß das Gerücht entsteht, eine wichtige Behörde, etwa das Außen- oder das Verteidigungsministerium, sei von Angehörigen bestimmter extremistischer Organisatio-

---

Wegen der Gemengelage, die hier in der Wirklichkeit bestehen kann, wird diese Differenzierung hier nicht durchgeführt und die den Beamten insoweit treffenden Erklärungspflichten ohne Rücksicht darauf behandelt, ob der Bereich des Art. 5 Abs. 1 Satz 1 GG schon verlassen ist oder nicht.

[56] Beschluß vom 28. 9. 1954, ZBR 54, 343 und vom 4. 10. 1954, JZ 56, 94 f.; dazu *Perwo*, ZBR 56, 113 f. und *Grabendorff*, ZBR 56, 139 f.

[57] JZ 56, S. 80.

[58] Stenographischer Bericht, S. 6193 D.

[59] JZ 56, 95.

[60] Ebenso *Ule*, Öffentlicher Dienst, a. a. O., S. 592 und *von Münch*, ZBR 60, S. 247.

[61] Vgl. *Löwenstein*, a. a. O., S. 556, S. 562 f.

[62] Vgl. *Lerner v. Casey*, 357 US 468 sowie Bailau v. Board of Publication 357 US 399 — in beiden Fällen dissentierten freilich Ch. J. Warren, J. Black, J. Douglas und J. Brennan — vgl. *Grossmann*, JöR, NF 10, S. 236.

II. Der zulässige Inhalt der politischen Treupflicht

nen unterwandert[63]. In einem solchen Fall mag es der Dienstherr als sachdienlich empfinden, wenn er von den betroffenen Beamten fragebogenmäßig eine Erklärung einfordern kann.

Trotzdem muß die Zulässigkeit solcher Fragen verneint werden[64]. Wenn oben eine Ausnahme von dem Grundsatz zugelassen wurde, daß dem Beamten durch die politische Loyalitätspflicht grundsätzlich nur Unterlassungspflichten auferlegt werden, so deshalb, weil der die politische Loyalitätspflicht des Beamten insgesamt tragende Vertrauensgedanke diese Ausnahme unumgänglich erscheinen ließ. Ist der Beamte im Rahmen der ihm erlaubten Kommunikation durch besondere Umstände in eine Situation geraten, in der er vernünftigerweise mit Angriffen gegen die freiheitliche Demokratie identifiziert werden muß, so gibt es keine andere Möglichkeit, um das Vertrauen zu erhalten, daß der Beamte sein Amt jederzeit im Geist der freiheitlichen Demokratie ausfüllen wird, als daß der Beamte sich von diesen Angriffen distanziert. Ähnlich wie bei der strafrechtlichen Figur der Garantenpflicht aus vorangegangenem Tun im Rahmen der unechten Unterlassungsdelikte ist der Gedanke der, daß der Beamte, der die zu Zweifeln Anlaß gebende Situation durch seine eigene Kommunikation heraufbeschworen hat, nun auch das Seine tun muß, um diesen Zweifel wieder zu zerstreuen.

Dieser Rechtsgedanke kann zur Rechtfertigung der fragebogenmäßigen Befragung ganzer Gruppen von Beamten nicht herangezogen werden. Der Dienstherr kann und muß den vielleicht mühsameren Weg gehen, in einem solchen Fall zu warten, bis der einzelne Beamte durch sein Verhalten Anlaß gibt, an seiner Loyalität zu zweifeln. Das Interesse an besonderem Schutz gerade der negativen Kommunikationsfreiheit muß sich hier durchsetzen, da ihm kein „Existenzbedürfnis" des Beamtentums gegenübertritt, sondern nur ein (freilich an sich legitimes) technisch-organisatorisches Bedürfnis. Die Frage, ob ein Beamter das erforderliche Vertrauen in seine freiheitlich demokratische Zuverlässigkeit verdient, kann auch ohne eine solche generelle Befragung geklärt werden. Die verfassungsrechtliche Erforderlichkeit für eine solche Pflicht zu turnusmäßigen Loyalitätserklärungen ist deshalb nicht gegeben.

---

[63] In den USA war es vor allem die von den Republikanern erhobene Behauptung, die (demokratische) Regierung und Verwaltung sei mit einer großen Zahl Kommunisten durchsetzt, die Präsident Truman veranlaßte, das Verfahren zur Überprüfung der Staatstreue der Beamten einzurichten; vgl. *Löwenstein*, a. a. O., S. 552.

[64] Ebenso, ohne Begründung, *Fischbach*, BBG, Anm. 2 zu § 52 BBG und § 7, I, 2, e. Dagegen meint *Plog-Wiedow*, Anm. 5 zu § 52 BBG, daß der Beamte „wenn festgestellt sei, daß eine bestimmte Partei, Organisation oder Einrichtung die Grundprinzipien der freiheitlichen demokratischen Verfassung bekämpfe" auf Verlangen Auskunft über Zugehörigkeit zu und Tätigkeit für solche Gruppierungen geben müsse. Eine Begründung wird hierfür nicht gegeben.

Im übrigen wäre es wohl auch praktisch unmöglich, ein Recht des Dienstherrn zu generellen Loyalitätsbefragungen so zu begrenzen, daß die Gefahr der Gesinnungsschnüffelei und des unerlaubten Grenzübertritts zu Fragen nach der politischen Einstellung allgemein gebannt wäre.

ε) Die politische Loyalitätspflicht des Beamten und die Unantastbarkeit des Wahlrechts

Gebietet die politische Loyalitätspflicht, daß der Beamte sich bei seiner außerdienstlichen Kommunikation jeder Stellungnahme gegen die freiheitliche Demokratie in der Öffentlichkeit enthalten muß, so ist noch festzustellen, daß das Wahlrecht des Beamten hiervon nicht berührt wird[65]. Abgesehen davon, daß es angesichts der in Art. 38 Abs. 1 Satz 1 GG, Art. 28 Abs. 1 Satz 2 GG garantierten Geheimheit der Wahl unmöglich wäre, die Ausübung des Wahlrechts durch die Beamten zu kontrollieren[66], liegt in dieser Geheimheit der Wahl gerade beschlossen, daß durch die Stimmabgabe des Beamten bei einer Wahl das in ihn zu setzende Vertrauen in keinem Fall beeinträchtigt werden kann.

Im übrigen hat das Grundgesetz, wenn es sich für das geheime Wahlrecht entschied, zum Ausdruck gebracht, daß die Freiheit der Wahl keinerlei Beschränkungen unterworfen sein soll.

ζ) Die politische Loyalitätspflicht des Beamten und die Informationsfreiheit (Art. 5 Abs. 1 Satz 1 GG 2. Halbsatz)

Die bisherigen Ausführungen zur politischen Loyalitätspflicht des Beamten bezogen sich auf die aktive Kommunikation bzw. auf das Recht, sich gegenüber dem Kommunikationsprozeß zu verschweigen.

Darüber hinaus gewährt Art. 5 Abs. 1 Satz 1 GG das Recht, sich aus allgemein zugänglichen Quellen ungehindert zu informieren. Dieses Recht kann für den Beamten bezüglich seines außerdienstlichen Lebens keinen besonderen beamtenrechtlichen Beschränkungen unterworfen werden. Das dürfte sich schon aus der engen Verbindung dieses Rechts

---

[65] Allgemeine Ansicht. Vgl. *Köttgen*, Meinungsfreiheit des Soldaten, a. a. O. S. 68 und *Scheuner*, Erfahrungen und Probleme, a. a. O., S. 30, 31. Die unter der Monarchie vereinzelt vertretene gegenteilige Auffassung (Aufruf des Innenministers *Eulenburg* vom 24. 9. 1863 — Pr.Min.Bl. 1863, S. 190 f.) fand schon durch die Disziplinarrechtsprechung der Monarchie keine Unterstützung. Im übrigen siehe dazu oben.

[66] Darauf stellt *Scheuner*, Erfahrungen und Probleme, a. a. O., S. 31 ab.

II. Der zulässige Inhalt der politischen Treupflicht

zum Wahlrecht ergeben[67]. Die Gewährung eines unbeschränkten Wahlrechts setzt voraus, daß der Beamte die Möglichkeit hat, sich bezüglich aller in der Bundesrepublik existierender politischer Strömungen und Gruppierungen eine eigene Meinung zu bilden. Das kann er aber nur, wenn er alle Informationsquellen, soweit sie überhaupt allgemein zugänglich sind, ungehindert benutzen kann.

Im übrigen kann der Vertrauensgedanke, so wie er oben verstanden wurde, eine Beschränkung der Informationsfreiheit auch nicht rechtfertigen. Das Halten einer Zeitung mit extremistischen Tendenzen etwa kann, soweit solche in der Bundesrepublik überhaupt vertrieben werden dürfen, für sich allein niemals als eine Stellungnahme gegen die freiheitliche Demokratie gewertet werden[68]. Solange der Beamte eine ausdrückliche Stellungnahme gegen die freiheitliche demokratische Grundordnung vermeidet, muß davon ausgegangen werden, daß es ihm lediglich um Information, um Beschaffung von Material für eine politische Stellungnahme, nicht aber um eine solche selbst zu tun ist. Eine Pflicht des Beamten, jede Möglichkeit, daß er in seinen freiheitlich demokratischen Gesinnungen erschüttert und totalitären Anschauungen zugeführt wird, von sich aus vorbeugend auszuschalten, besteht nicht[69].

Was für die positive Informationsfreiheit gilt, gilt auch für die negative: Ebensowenig wie dem Beamten der Bezug bestimmter allgemein zugänglicher Informationsquellen verboten werden kann, kann ihm der anderer aufgezwungen werden. Eine Regelung in der Art, wie sie der

---

[67] Ähnlich *Lerche*, Grundrechte des Soldaten, a. a. O., S. 471.

[68] Abzulehnen deshalb die in der Schweiz zeitweilig vertretene Auffassung, das Halten von kommunistischer Presse sei dem Beamten auch dann verboten, wenn die Kommunistische Partei selbst zugelassen ist — vgl. *Fleiner-Giacometti*, Schweiz. Bundesstaatsrecht, S. 675, Anm. 26.

[69] Nicht unbedenklich deshalb die, die Kommunikationsrechte nicht unmittelbar berührende Entschließung des Bayer. Staatsministeriums des Innern vom 30. 8. 1955 — ZRO 667/55 — in der Reisen von Polizeibeamten nach Mitteldeutschland einem Genehmigungsvorbehalt unterworfen wurden, weil die Erfahrung gezeigt habe, daß der Staatssicherheitsdienst der DDR versuche, diese Beamten politisch zu beeinflussen und für Spionagedienste zu gewinnen. Wenn der Bayer. Verfassungsgerichtshof (VerfGH 11, II, S. 55) in der Prüfung dieser Entschließung annahm, der Beamte müsse auch während eines Urlaubs alle Handlungen unterlassen, die die Gefahr mit sich bringen, daß er dem Staat die geschuldeten Dienste nicht mehr leisten könne (a. a. O., S. 58) und daraus die Rechtmäßigkeit der Entschließung herleitete, so wird dabei zu wenig betont, daß es sich, jedenfalls solange der Staatssicherheitsdienst der DDR die Beamten lediglich durch politische Argumentation und nicht durch Erpressung zu gewinnen versucht, gar nicht eigentlich darum handelt, daß die Reise nach Mitteldeutschland für den Beamten die Gefahr mit sich bringt, daß er die dem Staat geschuldeten Dienste nicht mehr leisten *kann*, sondern daß er sie nicht mehr leisten *will*.
Insoweit dürfte ihn aber eine vorbeugende Unterlassungspflicht nicht treffen.

Runderlaß des Reichsministers des Innern vom 11. 6. 1933[70] betreffend die Pflicht des Beamten zur Lektüre der NS-Presse enthielt, ist verfassungswidrig.

Unterliegt der Beamte somit in seinem außerdienstlichen Leben keinen besonderen beamtenrechtlichen Beschränkungen hinsichtlich der Informationsfreiheit, so kann seine dienstliche Lektüre uneingeschränkt durch den Dienstherrn beschränkt werden. Einen Anspruch auf freie Wahl seiner dienstlichen Lektüre, ein Recht auf Bestimmung der von seiner Behörde zu haltenden Zeitungen etc., hat der Beamte nicht.

η) *Zusammenfassung — sind die §§ 52 Abs. 2 BBG, 35 Abs. 1 Satz 3 BRRG nichtig oder ist eine verfassungskonforme Auslegung möglich?*

Das waren, abschließend, die Beschränkungen, denen der Beamte hinsichtlich seiner Kommunikationsrechte unter dem Gesichtspunkt der politischen Loyalitätspflicht unterliegt.

Für die verfassungsrechtliche Betrachtung stellt sich nun noch die Frage, ob die positive Regelung in §§ 52 Abs. 2 BBG, 35 Abs. 1 Satz 3 BRRG in der Lage ist, diesen aus der Verfassung entwickelten Inhalt der politischen Loyalitätspflicht aufzunehmen, oder ob diese Bestimmungen als verfassungswidrig angesehen werden müssen. Es wurde schon darauf hingewiesen, daß der Wortsinn dieser Gesetzesbestimmungen erheblich über den zulässigen Inhalt der politischen Loyalitätspflicht hinausgeht. Das zwingt aber nicht zu der Annahme einer Verfassungswidrigkeit.

Nach den Grundsätzen, die das Bundesverfassungsgericht über die Möglichkeit, ja Gebotenheit der verfassungskonformen Auslegung entwickelt hat[71], ist vielmehr darauf abzustellen, ob die — von der Verfassung gebotene — einschränkende Auslegung dieser Bestimmungen mit dem Wortlaut vereinbar ist und den Bestimmungen einen vernünftigen, dem erkennbaren Gesetzeszweck jedenfalls nicht zuwiderlaufenden Sinn beläßt. Man wird annehmen müssen, daß diese Voraussetzungen gegeben sind.

Sinn der Bestimmungen der §§ 52 Abs. 2 BBG, 35 Abs. 1 Satz 3 BRRG war es, die besondere Beziehung des Beamten zum Kernbereich der freiheitlichen Demokratie zum Ausdruck zu bringen und darzutun, daß dies

---

[70] Vgl. *Stuckart-Hoffmann*, S. 243.
[71] Vgl. u. a. BVerfGE 2, 264 f. (282); 8, 28 f. (33); 9, 194 f. (200); 12, 45 f. (61) und dazu *Sigloch* in *Maunz-Sigloch-Schmidt-Bleibtreu-Klein*, BVerfGG, RdNr. 71 zu § 80 BVerfGG.

II. Der zulässige Inhalt der politischen Treupflicht

für sein dienstliches wie für sein außerdienstliches Verhalten Folgerungen mit sich bringt, dergestalt, daß ihn auch bei seiner politischen Kommunikation Schranken treffen, denen der einfache Staatsbürger nicht unterliegt. Dem entspricht der oben entwickelte Inhalt der politischen Loyalitätspflicht. Daß tatsächlich von einem „Bekenntnis zur freiheitlichen demokratischen Grundordnung", wie es diese Gesetzesbestimmungen verlangen, nicht oder nur in ganz eingeschränktem Sinn die Rede sein kann, solange man darunter ein positives und öffentliches Sicherklären verlangt, kann nicht entscheidend ins Gewicht fallen, nachdem nicht feststeht, was im einzelnen der Gesetzgeber mit dem von ihm geforderten „Bekenntnis" gemeint hat[72]. Immerhin läßt sich der Wortsinn der §§ 52 Abs. 2 BBG, 35 Abs. 1 Satz 3 BRRG auch dahin vestehen, daß das „Bekenntnis" nicht so sehr durch positive Erklärungen als — konkludent — durch das Gesamtverhalten des Beamten kundgemacht werden müsse; diesem letzteren Sinn aber entspricht in etwa die politische Loyalitätspflicht, so wie sie oben für verfassungsrechtlich zulässig und geboten erkannt wurde.

Die §§ 52 Abs. 2 BBG, 35 Abs. 1 Satz 3 BRRG sind also der verfassungskonformen Auslegung zugänglich und somit, mit dem Inhalt, wie er oben für die politische Loyalitätspflicht entwickelt wurde, wirksam.

ϑ) Die politische Loyalitätspflicht des Beamten und der Verschuldensgrundsatz im Disziplinarrecht

Nicht so sehr verfassungsrechtlich ist noch ein anderer notwendiger Hinweis, nämlich der Hinweis auf das Verschuldensprinzip im Disziplinarrecht. Grundsätzlich setzt eine disziplinarische Maßnahme im Beamtenrecht ein Verschulden des Gemaßregelten voraus, §§ 77 Abs. 1 BBG, 45 Abs. 1 BRRG[73]. Dies gilt auch für die politische Loyalitätspflicht des Beamten und hat erhebliche Bedeutung[74]. Es kann für den Beamten im Einzelfall schwierig zu erkennen sein, ob eine Vereinigung, der er angehört, eine Versammlung, die er besucht, einen die freiheitliche Demokratie ablehnenden Charakter hat. Vor allem dem einfachen Beamten wird ein Schuldvorwurf insofern regelmäßig erst gemacht werden können, wenn der Dienstherr ihm vorher, im Sinn des Beschlusses der Bundesregierung vom 19. 9. 1950, bekanntgemacht hat, daß er bestimmte Vereinigungen und Veranstaltungen für gegen die freiheit-

---

[72] Vgl. die oben zitierten Äußerungen des Beamtenrechtsausschusses des Bundestags.
[73] Dazu etwa Bayer. Dienststrafhof, EBDH 3, 290; H. J. *Wolff*, Verwaltungsrecht II, S. 370; *Römer*, BDO, S. 96; ausführlich *Schütz*, DÖD 62, S. 23 f., S. 25.
[74] Vgl. etwa auch J. *Murphy* in Schneidemann v. US, 320 US, 118, 136 — *Großmann* JöR, NF 10, S. 23 f.

liche demokratische Grundordnung gerichtet ansieht. Hat er dies aber getan und richtet sich der Beamte nicht danach, weil er die Auffassung des Dienstherrn über eine bestimmte Vereinigung oder Veranstaltung für unzutreffend hält, dann wird jedenfalls Fahrlässigkeit des Beamten anzunehmen sein.

Das Erfordernis des Verschuldens hat weiter vor allem dann Bedeutung, wenn sich für den Beamten aus dem Verhalten anderer eine Pflicht zur Klarstellung ergibt, daß er für seine Person sich von der dort zum Ausdruck gekommenen Ablehnung der freiheitlichen Demokratie distanziere. Hier kann es zunächst zweifelhaft sein, ob der Beamte überhaupt erkennen konnte, daß die Gefahr einer Identifikation bestand. Und wenn dies noch zu bejahen ist, erhebt sich die weitere Frage, ob es dem Beamten zumutbar war, unmittelbar in der die Gefahr der Identifikation heraufbeschwörenden Situation eine distanzierende Erklärung abzugeben. Aus beiden Gründen wird in vielen Fällen ein Verschulden des Beamten erst dann angenommen werden können, wenn er auch nachträglich gegenüber seinem Dienstherrn eine distanzierende Erklärung verweigert[75].

---

[75] Zum Verbotsirrtum im Disziplinarrecht OVG Münster, Amtl. Sammlung der OVG Münster und Lüneburg, Bd. 16, S. 59.

Sechstes Kapitel

Das Militär im Grundgesetz und die politische Treupflicht der Soldaten

I. Verfassungsrechtliche Grundlagen. Das Militär im Grundgesetz— die Kommunikationsgrundrechte im Soldatenverhältnis

1. Art. 17 a GG und die institutionelle Anerkennung des Soldatenverhältnisses durch das Grundgesetz

Anders als das Beamtenverhältnis hat das Grundgesetz das Soldatenverhältnis nicht nur institutionell anerkannt[1], sondern in Art. 17 a GG einen Vorbehalt geschaffen, der auch Kommunikationsgrundrechte miteinbezieht. Gesetze „über Wehrdienst und Ersatzdienst" können hiernach bestimmen, daß für die Angehörigen der Streitkräfte und des Ersatzdienstes während der Zeit des Wehr- oder Ersatzdienstes die Grundrechte der Art. 5 Abs. 1 Satz 1 GG erster Halbsatz und Art. 8 GG beschränkt werden. Damit scheint auf den ersten Blick ein herkömmlicher Gesetzesvorbehalt eröffnet, der die umfänglichen Untersuchungen überflüssig macht, die oben für das Beamtenverhältnis über das verfassungsrechtliche Verhältnis von Grundrechtsgürtel und institutioneller Anerkennung angestellt werden mußten, um zu bestimmen, welche Beschränkungen der Kommunikationsgrundrechte im Beamtenverhältnis zulässig sind.

Allein schon der Wortlaut spricht gegen ein solches Verständnis des Art. 17 a GG. Entgegen der traditionellen Fassung eines Gesetzesvor-

---

[1] Man wird mit dem Bundesverfassungsgericht, BVerfGE 12, S. 45 f., S. 50 annehmen müssen, daß diese institutionelle Anerkennung schon durch Art. 73 Nr. 1 GG erfolgt ist. Die Tatsache, daß es sich hierbei primär um eine Kompetenznorm handelt, kann nicht entscheidend ins Gewicht fallen. Die Frage braucht aber nicht weiter vertieft werden, da jedenfalls aus dem Zusammenhalt von Art. 73 Nr. 1 GG und Art. 17 a GG eine klare institutionelle Anerkennung des Militärs durch das Grundgesetz sich ergibt.
Vgl. zu der Frage weiter *Hamann*, Art. 73 Anm. B 2; *Mann*, DÖV 60, S. 410; *Maunz-Dürig*, Anm. 18 zu Art. 17 a GG; *Römer*, JZ 56, 193; Schriftlicher Bericht des Bundestagsausschusses für Rechtswesen und Verfassungsrecht, Drucksache 2156, II. Wahlperiode, 1953.

behalts läßt Art. 17 a GG Beschränkungen der dort bezeichneten Grundrechte nur durch besonders bezeichnete Gesetze, nämlich „Gesetze über Wehrdienst und Ersatzdienst" zu, Gesetze also, die ein bestimmtes Sachgebiet regeln sollen und die deshalb in ihrer Zulässigkeit davon abhängen, was „Wehrdienst und Ersatzdienst" im Sinn des Art. 17 a GG ist. Es ist offenbar, daß die Bestimmung dieses Begriffs nicht dem einfachen Gesetzgeber überlassen sein kann. Ein „Gesetz über Wehrdienst und Ersatzdienst" im Sinn des Art. 17 a GG kann nur vorliegen, wenn es den Vorstellungen des Grundgesetzes über Wehrdienst und Ersatzdienst entspricht[2]. Das bedeutet aber nichts anderes, als daß Art. 17 a GG und damit die im Soldatenverhältnis zulässigen Beschränkungen der Kommunikationsgrundrechte von der institutionellen Anerkennung des Militärs im Grundgesetz her bestimmt werden müssen[3].

Kommt es somit auch im Rahmen des Art. 17 a GG darauf an, ob eine bestimmte Beschränkung der Kommunikationsgrundrechte durch die institutionelle Anerkennung des Soldatenverhältnisses in der Verfassung gedeckt wird, so haben die oben für die Auslegung der institutionellen Anerkennung des Berufsbeamtentums entwickelten Grundsätze auch für das Soldatenrecht Bedeutung. Wie dort muß die institutionelle Anerkennung im Rahmen der Gesamtverfassung und in Zuordnung auf deren Kernbereich, die freiheitliche demokratische Grundordnung, gesehen werden.

Das bedeutet: Wie in Art. 1 Abs. 3 GG („vollziehende Gewalt") positivrechtlich bereits zum Ausdruck gekommen, hat der Soldat grundsätzlich Kommunikationsgrundrechte wie jeder andere Staatsbürger. Diese stehen zu den durch das militärische Dienstverhältnis mit sich gebrachten Beschränkungen in demselben Verhältnis der Wechselwirkung, wie es das Bundesverfassungsgericht für das Verhältnis zwischen Art. 5 Abs. 1 GG und Art. 5 Abs. 2 GG festgestellt hat[4]. Wie im Fall des Beamtenverhältnisses muß die Frage, welche Zwecke im Rahmen des Art. 17 a GG

---

[2] Diesem Gedanken entspricht es, wenn *Lepper*, Die verfassungsrechtliche Stellung der militärischen Streitkräfte im gewaltenteilenden Rechtsstaat, S. 19, S. 59, die Entwicklung eines „materiellen Begriffs" der „Streitkräfte" in Art. 17 a GG, Art. 65 a GG fordert.

[3] Vgl. *Maunz-Dürig*, Anm. 21 zu Art. 17 a GG und *Lerche*, Grundrechte des Soldaten, a. a. O., S. 447, S. 460, S. 462, der ebenfalls ausführt, daß Art. 17 a GG kein überkommener Gesetzesvorbehalt sei und nicht davon entbinde, Grundrechtsgürtel und Statusentscheidung einander zuzuordnen (a. a. O., S. 449), wobei sich ein kompliziertes Verhältnis gegenseitiger Abhängigkeit ergebe, das im Einzelfall nur behutsam zu bestimmen sei (a. a. O., S 460). .
Siehe weiter *Mann*, DÖV 60, 410, 412 und im Ergebnis auch *Hamann*, a. a. O., Art. 17 a B 1.

[4] Vgl. oben. Voll zustimmend *Mann*, DÖV 60, S. 414, Anm. 72. *Lerche*, Grundrechte des Soldaten, a. a. O., S. 460, spricht von dem „ähnlichen Fall" im Lüth-Urteil des Bundesverfassungsgerichts.

I. Die Kommunikationsgrundrechte im Soldatenverhältnis

unter Berufung auf die institutionelle Anerkennung des Militärs verfolgt werden dürfen, im Licht der durch Art. 17 a GG für einschränkbar erklärten Grundrechte gesehen werden. Wie dort bedeutet das, daß eine Beschränkung der Kommunikationsrechte, um zulässig zu sein, den Geboten der Verhältnismäßigkeit und Erforderlichkeit entsprechen muß[5]. Wie dort führt das Gegenüber der beiden Verfassungsentscheidungen für das Militär einerseits, die Kommunikationsrechte andererseits zur Anwendung des Effektivitätsprinzips, d. h. des Grundsatzes, daß das gegenseitige Verhältnis derart bestimmt werden muß, daß die je hinter den beiden Verfassungsentscheidungen stehenden politischen Leitgedanken je in größtmöglichem Umfang verwirklicht werden können.

Insoweit kann auf die Darlegungen zum Beamtenverhältnis verwiesen werden.

Wenn die Formel vom „Staatsbürger in Uniform"[6] dieses Verhältnis der Verschränkung zwischen Grundrechtsschutz und militärischen Pflichten in sich aufnimmt, kann sie, wie Dürig empfiehlt[7], als Leitbild dienen, auf das in Zweifelsfällen zurückgegriffen werden kann[8].

2. Die konstitutive Bedeutung des Art. 17 a GG

Mit diesen Erkenntnissen ist noch nicht die Streitfrage entschieden, ob Art. 17 a GG deklaratorische oder konstitutive Bedeutung zukommt[9]; denn, auch wenn man Art. 17 a GG konstitutive Bedeutung zumißt, ist es, wie die Konstruktion von Maunz-Dürig zeigt[10], durchaus ohne Selbstwiderspruch möglich, die Zulässigkeit von Einschränkungen gemäß Art. 17 a GG, so wie oben geschehen, davon abhängig zu machen, daß sie von der institutionellen Anerkennung des Militärs gedeckt werden.

---

[5] Vgl. oben. So im Ergebnis auch *Mann*, DÖV 60, S. 410 und *Maunz-Dürig*, Anm. 21 zu Art. 17 a GG. *Lerches* Differenzierung zwischen der „unbedenklichen allgemeinen Erforderlichkeitsbindung an die Statuserfordernisse" (a. a. O., S. 464) und der beschränkten Geltung des Erforderlichkeitsgebots im übrigen (dazu auch *Lerche*, Übermaß und Verfassungsrecht, S. 218, S. 219) braucht in diesem Zusammenhang nicht weiter nachgegangen zu werden.

[6] Zum Begriff: *Baudissin* in „Die Neue Gesellschaft", II, 1, S. 25 f.; derselbe in „Der deutsche Soldat in der Armee von morgen", S. 315 f.; *Picht*, Wiederbewaffnung; *Karst*, Wehrkunde 1954, S. 427; *Jaeger*, Festschrift für Apelt, S. 121 f.; *Waldmann*, Soldat im Staat, S. 65 f.; *Cunis* in „Die Neue Gesellschaft", 1964, S. 213 und *Wagemann*, ebenda, S. 214.

[7] *Maunz-Dürig*, Anm. 5 zu Art. 17 a GG.

[8] Vgl. auch *Lerche*, Grundrechte des Soldaten, a. a. O., S. 451, S. 454.

[9] Vgl. *Mann*, DÖV 60, S. 412 und demgegenüber *Maunz-Dürig*, Anm. 20, 21 zu Art. 17 a GG sowie *von Mangoldt-Klein*, Art. 17 a, II, 1.
Vgl. auch *Lerche*, Grundrechte des Soldaten, a. a. O., S. 477.

[10] *Maunz-Dürig*, Anm. 19, 20 zu Art. 17 a GG.

Zunächst ist der oben für das Beamtenverhältnis erkannte Satz festzuhalten, daß, wenn das Grundgesetz eine Institution, die herkömmlicher- und notwendigerweise eine besondere Pflichtbindung der eingegliederten Personen mit sich bringt, als solche anerkannt hat, in dieser institutionellen Anerkennung gleichzeitig eine grundsätzliche Anerkennung derjenigen Grundrechtsbeschränkungen zu sehen ist, die durch die Institution erfordert werden — wobei sich der Umfang dieser inzidentiellen Anerkennung nach den obigen Grundsätzen bestimmt[11]. Auch wenn sich das Grundgesetz bezüglich des Soldatenverhältnisses auf eine institutionelle Anerkennung beschränkt hätte, wären Beschränkungen der Kommunikationsrechte im Soldatenverhältnis deshalb zulässig gewesen[12]. In diesem Sinn ist Art. 17 a GG deklaratorisch[13].

Die Frage kann nur sein, ob der Umfang der im Soldatenverhältnis zulässigen Beschränkungen der Kommunikationsgrundrechte durch den ausdrücklichen Vorbehalt des Art. 17 a GG verändert wurde[14].

Sie kann in einem doppelten Sinn gestellt werden. Man kann fragen, ob Art. 17 a GG gegenüber der Rechtslage, wie sie allein aufgrund der im Grundgesetz vorgesehenen ausdrücklichen Gesetzesvorbehalte und Schranken, insbesondere aufgrund Art. 5 Abs. 2 GG, für die Kommunika-

---

[11] Siehe oben und für das Soldatenverhältnis *Lerche*, Grundrechte des Soldaten, a. a. O., S. 460, S. 461.

[12] So auch *Maunz-Dürig*, Anm. 18, 21 (Fußnote 3) und 22 zu Art. 17 a GG im Anschluß an die im Rechtsausschuß des Bundestags überwiegend vertretene Meinung (vgl. *Römer*, JZ 56, S. 193).

[13] Diese Frage, nämlich ob es bei Vorliegen einer institutionellen Anerkennung des Militärs eines ausdrücklichen Gesetzesvorbehalts bedurfte, um Beschränkungen der Grundrechte durch das Soldatenverhältnis zu ermöglichen, ist zu unterscheiden von der im Zusammenhang mit der Ratifizierung des EVG-Vertrages entstandenen Streitfrage, ob es überhaupt einer grundgesetzlichen Behandlung des Militärs bedurfte.
Verneinend damals die Stellungnahme der Bundesregierung („Der Kampf um den Wehrbeitrag", Bd. II, S. 5 f., S. 26) und die Gutachten von Erich *Kaufmann* (ebenda, S. 42 f., S. 60, S. 61, S. 62), *von Mangoldt* (ebenda, S. 72 f., S. 86), *Scheuner* (ebenda, S. 94 f., S. 148, S. 149), Werner *Weber* (ebenda, S. 177 f., S. 187);
bejahend die Gutachten von *Klein* (ebenda, S. 456 f., S. 502), *Smend* (ebenda, S. 559 f., S. 576), *Maunz* (ebenda, S. 591 f., S. 600) und *Löwenstein* (ebenda, S. 337 f., S. 395).
Diese Streitfrage ist durch die Verfassungsänderung vom 26. 3. 1954 (BGBl. I, S. 45) und die vom 19. 3. 1956 (BGBl. I, S. 111) überholt.

[14] *Dürigs* Auffassung (*Maunz-Dürig*, Anm. 19, 20 zu Art. 17 a GG), schon deshalb, weil Art. 17 a GG die aus „dem besonderen Gewaltverhältnis des Wehrdienstverhältnisses fließenden Grundrechtsschranken in äußere Eingriffsermächtigungen umforme", sei Art. 17 a GG nicht deklaratorisch sondern konstitutiv, kann in dieser Allgemeinheit nicht geteilt werden, — um so weniger, als *Dürig* (*Maunz-Dürig*, Anm. 19, 20 zu Art. 17 a GG) selbst annimmt, daß Art. 17 a GG von der institutionellen Anerkennung des Militärs im Grundgesetz her ausgelegt werden müsse.

I. Die Kommunikationsgrundrechte im Soldatenverhältnis

tionsrechte bestanden hätte, etwas Neues bringt. Und man kann fragen, ob Art. 17 a GG den Umfang der zulässigen Kommunikationsrechtsbeschränkungen gegenüber der Rechtslage verändert, wie sie bestanden hätte, wenn sich das GG auch im Falle des Militärs auf eine institutionelle Anerkennung beschränkt hätte.

Auszugehen ist dabei von der herrschenden, sich auf die Entstehungsgeschichte des Art. 17 a GG beziehenden Auffassung, daß Art. 17 a GG die im Wehrverhältnis einschränkbaren Grundrechte abschließend aufzählen wollte[15]. Wie sich aus der Entstehungsgeschichte aber ergibt[16], hat die enumerative Fassung des Art. 17 a GG lediglich den Sinn, einen Rückgriff auf *ungeschriebene*, etwa aus der institutionellen Anerkennung des Militärs fließende Grundrechtsschranken auszuschließen. Keineswegs war es die Absicht des Verfassungsgebers, die bereits im GG enthaltenen *geschriebenen* Gesetzesvorbehalte und Grundrechtsschranken für den Soldaten außer Kraft zu setzen. Daraus folgt, daß Art. 17 a GG Beschränkungen der Kommunikationsrechte, die auf besondere Gesetzesvorbehalte gestützt werden können, grundsätzlich nicht berührt[17], sondern lediglich die Berufung auf die institutionelle Anerkennung des Militärs insoweit ausschließt, als es sich um Kommunikationsrechte handelt, die in Art. 17 a GG nicht aufgeführt sind[18]. Das gilt auch im Fall des Art. 5 Abs. 2 GG[19].

Im Verhältnis der einzelnen Kommunikationsrechte zu Art. 17 a GG ergibt sich damit folgendes:

a) Art. 17 a GG und die Meinungsfreiheit des Art. 5 Abs. 1 Satz 1 GG

Art. 5 Abs. 2 GG enthält einen umfassenden Schrankenvorbehalt. Wie oben im Rahmen des beamtenrechtlichen Teils ausgeführt, ent-

---

[15] *Hamann*, Art. 17 a, A; *v. Mangoldt-Klein*, Art. 17 a, II, 2; *Maunz-Dürig*, Anm. 20 zu Art. 17 a GG; *Maunz*, Staatsrecht, S. 166.
[16] Vgl. *Römer*, JZ 56, 193.
[17] So auch *Hamann*, Art. 17 a GG, A, *Maunz-Dürig*, Anm. 11 zu Art. 17 a GG (anderer Ansicht allerdings für Art. 5 Abs. 2 GG — vgl. Anm. 27, 28 zu Art. 17 a GG); *Merker*, Beilage zum Bundesanzeiger vom 6. 6. 1956, S. 4; *Mann*, DÖV 60, S. 412; — grundsätzlich anderer Auffassung Hildegard *Krüger*, ZBR 56, S. 312.
[18] Vgl. *Maunz-Dürig*, Anm. 20 zu Art. 17 a GG.
[19] Anderer Auffassung *Maunz-Dürig*, Anm. 27, 28 zu Art. 17 a GG, der Art. 17 a GG im Verhältnis zu Art. 5 Abs. 2 GG als „verdrängende lex specialis" konstruiert.
Dagegen wie hier der Rechtsausschuß des Bundestages (vgl. *Römer* JZ 56, S. 193). Wenn dort eine Minderheit die Auffassung vertrat, die durch das Soldatengesetz vorgesehenen Beschränkungen der Meinungsfreiheit würden durch Art. 5 Abs. 2 GG nicht getragen, und wenn daraufhin Art. 5 Abs. 1 Satz 1 GG, erster Halbsatz in Art. 17 a GG aufgenommen wurde (*Römer*, a. a. O.,), dann ergibt sich daraus, daß nach Auffassung des Ausschusses Art. 5 Abs. 2 GG neben Art. 17 a GG Gültigkeit haben sollte.

spricht es dem Wesen der „allgemeinen Gesetze" im Sinn des Art. 5 Abs. 2 GG, daß innerhalb des Art. 5 Abs. 2 GG alle Rechtsgüter, die mit der Meinungsfreiheit konkurrieren können, gegenüber deren zentralem Wert abgewogen werden können und müssen. Ebenso wie im Fall des Beamtenverhältnisses ist es deshalb gleichbedeutend, ob man die institutionelle Anerkennung, die das Militär im Grundgesetz gefunden hat, im Rahmen des Art. 5 Abs. 2 GG würdigt, oder ob man unmittelbar von der institutionellen Anerkennung des Militärs und ihrer grundrechtsbeschränkenden Kraft ausgeht und diese im Rahmen der Gesamtverfassung, insbesondere unter Beachtung des zwischen Grundrechten und institutioneller Anerkennung geltenden Wechselwirkungsgrundsatzes auslegt; der zulässige Umfang von Beschränkungen der Meinungsfreiheit ist derselbe. Da nun aber Art. 17 a GG nur solche Beschränkungen der Kommunikationsgrundrechte zuläßt, die durch die institutionelle Anerkennung des Militärs durch das Grundgesetz gerechtfertigt werden, ergibt sich, daß, jedenfalls soweit die Meinungsäußerungsfreiheit (Art. 5 Abs. 1 Satz 1 GG, erster Halbsatz) in Betracht kommt, Art. 17 a GG sowohl gegenüber dem Rechtszustand, wie er nach Art. 5 Abs. 2 GG in Verbindung mit einer nur institutionellen Anerkennung des Militärs als auch gegenüber der Rechtslage, wie sie bestehen würde, wenn es einen Vorbehalt im Sinn des Art. 5 Abs. 2 GG nicht gäbe, sondern nur eine institutionelle Anerkennung des Militärs, keine Änderung bringt[20].

Insbesondere läßt Art. 17 a GG nicht etwa weitergehende Beschränkungen der Meinungsäußerungsfreiheit zu, als sie nach Art. 5 Abs. 2 GG zulässig wären. Die abweichende Meinung von Maunz-Dürig[21] entbehrt der Begründung und läßt ein tieferes Eingehen auf das Wesen des Art. 5 Abs. 2 GG vermissen. Wenn Lerche ebenfalls zu einem anderen Ergebnis kommt[22], so ist das ein Ausfluß seiner Konzeption der „allgemeinen Gesetze". Wie bereits dargelegt, sieht es Lerche als Merkmal der „allgemeinen Gesetze" an, daß sie sich jeder „eingriffsgleichen Wirkung" enthalten. Ausgehend davon, daß die Beschränkungen der Meinungsfreiheit im Wehrverhältnis so tiefgreifend sind, daß man ihnen „eingriffsgleiche Wirkung" nicht absprechen kann, sieht er es als die Funktion des Art. 17 a GG an, diese Sperre eingriffsgleicher Beschränkungen für das Soldatenverhältnis auszuräumen[23]. Da hier diese Sperre nicht als zum Wesen der „allgemeinen Gesetze" gehörend angesehen wird, entfällt folgerichtig auch die darauf Bezug nehmende besondere Bedeutung, die Lerche dem Art. 17 a GG beimessen will. Bezüglich der Meinungsäußerungsfreiheit hat Art. 17 a GG nur klarstellende Wirkung.

---
[20] So im Ergebnis v. *Mangoldt-Klein*, Art. 17 a, III, 1 b; *Köttgen*, Meinungsfreiheit des Soldaten, a. a. O., S. 71.
[21] *Maunz-Dürig*, Anm. 27, 28 zu Art. 17 a GG.
[22] Grundrechte des Soldaten, a. a. O., S. 476.
[23] a. a. O.

Die Informationsfreiheit (Art. 5 Abs. 1 Satz 1 GG, zweiter Halbsatz) wird in Art. 17 a GG nicht aufgezählt. Daraus wird gefolgert, daß diese Freiheit im Soldatenverhältnis überhaupt nicht beschränkbar sei[24]. Das ist unzutreffend. Art. 5 Abs. 2 GG bezieht sich auch auf die Informationsfreiheit. Nachdem die Einzelgesetzesvorbehalte und Schranken des GG unabhängig von Art. 17 a GG gelten, bewendet es auch für das Soldatenverhältnis dabei, daß die Informationsfreiheit der Schranke des Art. 5 Abs. 2 GG unterfällt. Die Aussparung der Informationsfreiheit aus Art. 17 a GG besagt nur, daß auf die institutionelle Anerkennung des Militärs — auch im Rahmen des Art. 5 Abs. 2 GG — eine Beschränkung der Informationsfreiheit nicht gestützt werden kann, daß eine Beschränkung der Informationsfreiheit aus spezifisch militärischen Gründen unzulässig ist. Insoweit kommt Art. 17 a GG denn aber auch konstitutive Bedeutung zu.

b) Art. 17 a GG und die Versammlungsfreiheit des Art. 8 GG

Soweit Art. 8 GG das Recht enthält, sich in geschlossenen Räumen zu versammeln, enthält Art. 8 Abs. 2 GG keinen Gesetzesvorbehalt. Art. 17 a GG ist insoweit eine Positivierung der aus der Entscheidung des Grundgesetzes für das Militär fließenden Beschränkungsmöglichkeiten. Die besondere Bedeutung, die Dürig[25] dieser Positivierung beimißt, daß nämlich nur wegen dieser Umformung der aus der Statusentscheidung sich ergebenden „immanenten Schranken" in „äußere Eingriffsermächtigungen"[26] Art. 19 Abs. 2 GG auf die Beschränkungen der Grundrechte im Soldatenverhältnis angewendet werden könne, kann ihr nicht zuerkannt werden. Auch im Beamtenverhältnis, wo eine solche Umformung nicht stattgefunden hat, gilt Art. 19 Abs. 2 GG[27]. Art. 17 a GG hat demnach in bezug auf das Recht, sich im Sinn des Art. 8 Abs. 1 GG in geschlossenen Räumen zu versammeln, bloß deklaratorische Bedeutung, wenn man auf die Rechtslage abstellt, wie sie bestanden hätte, wenn das Grundgesetz sich auf eine institutionelle Anerkennung des Militärs beschränkt hätte; er hat konstitutive Bedeutung, wenn man auf die Rechtslage abstellt wie sie bestanden hätte, wenn auch eine solche Anerkennung der Institution des Militärs nicht erfolgt wäre.

---

[24] v. Mangoldt-Klein, Art. 17 a, III, 1 c. Das ist auch die Konsequenz der von Maunz-Dürig, a. a. O., über das Verhältnis von Art. 5 Abs. 2 GG und Art. 17 a GG vertretenen Lehre.
[25] Maunz-Dürig, Anm. 20 zu Art. 17 a GG.
[26] Ebenda.
[27] Vgl. oben. Die Geltung des Art. 19 Abs. 2 GG im Soldatenverhältnis ist allgemeine Meinung. Vgl. von Mangoldt-Klein, a. a. O. mit Nachweisen; Maunz, Staatsrecht, S. 166; Mann, DÖV 60, S. 413; Lerche, Grundrechte des Soldaten, a. a. O., S. 478 mit Nachweisen.

Für Versammlungen unter freiem Himmel enthält Art. 8 Abs. 2 GG einen herkömmlichen Gesetzesvorbehalt. Er gilt neben Art. 17 a GG. Art. 17 a GG ist deshalb unter jedem der beiden möglichen Gesichtspunkte insoweit nur deklaratorisch.

c) Art. 17 a GG und die Vereinigungsfreiheit des Art. 9 GG

Art. 9 GG wird in Art. 17 a GG nicht aufgeführt, und zwar, wie die Entstehungsgeschichte zeigt[28], mit Absicht.

Daraus folgert die überwiegende Meinung, daß Art. 9 GG auch nicht auf interpretativem Wege in Art. 17 a GG hineingelesen werden dürfe, daß insoweit ein Rückgriff auf ungeschriebene, aus der institutionellen Anerkennung des Militärs fließende Grundrechtsschranken ausgeschlossen sei[29]. Dem wurde oben schon grundsätzlich zugestimmt. Sowenig ein sachlicher Grund ersichtlich ist, die Vereinigungsfreiheit anders zu behandeln als die übrigen Kommunikationsrechte[30], so würde es doch die Loyalitätspflicht der Auslegung verletzen, wollte man die wenige Jahre alte ausdrückliche Vereinbarung zwischen Regierungs- und Oppositionsparteien des Bundestags bezüglich der Aussparung des Art. 9 GG aus Art. 17 a GG[31] für ein Nichts erachten. Grundsätzlich sind Einschränkungen der Vereinigungsfreiheit im Soldatenverhältnis unter Berufung auf die institutionelle Anerkennung des Militärs im GG nicht zulässig; insoweit ist Art. 17 a GG konstitutiv.

Für das Verhältnis von Vereinigungsfreiheit und politischer Treupflicht ist freilich darauf hinzuweisen, daß der Verfassungsgeber ebensowenig wie bei der Aufnahme des Art. 8 GG in den Art. 17 a GG, so bei der Aussparung des Art. 9 GG aus dem Art. 17 a GG an den Fall der politischen Treupflicht gedacht hat. Wie Römer berichtet[32], ging man bei der Aufnahme des Art. 8 GG in den Art. 17 a GG davon aus, daß es wünschenswert sei, „in Spannungszeiten die Möglichkeit zu haben, durch einfaches Bundesgesetz ein Versammlungsgesetz für Soldaten zu erlassen und sie damit von politischen Verwicklungen fernzuhalten. Durch die Bestimmungen des Soldatengesetzes werde das Grundrecht des Art. 8 GG allerdings noch nicht berührt, so daß insofern eine besondere Verfassungsbestimmung nicht notwendig gewesen wäre[33]."

---

[28] *Römer*, JZ 56, S. 194.
[29] *von Mangoldt-Klein*, a. a. O.; *Maunz-Dürig*, Anm. 10 zu Art. 17 a GG; *Ule*, Öffentlicher Dienst, a. a. O., S. 619; *Salzmann*, a. a. O., S. 126.
[30] Vgl. auch *Lerche*, Grundrechte des Soldaten, a. a. O., S. 471.
[31] *Römer*, JZ 56, S. 194.
[32] a. a. O.
[33] a. a. O.

I. Die Kommunikationsgrundrechte im Soldatenverhältnis

Man nahm also den Art. 8 GG rein vorsorglich in den Art. 17 a GG auf, um in besonderen Situationen die Versammlungsfreiheit der Soldaten in besonderer Weise drosseln zu können. An die dauernden Beschränkungen, die dem Soldaten hinsichtlich seiner Versammlungsfreiheit durch § 8 SoldG auferlegt sind, dachte man nicht. Wenn nun die Regierungsparteien „aus ähnlichen Erwägungen"[34] eine Aufnahme des Art. 9 GG in den Art. 17 a GG befürworteten, im Ergebnis dann aber der Opposition entgegenkamen und diese Forderung fallen ließen, so fragt sich doch, ob, mangels einer dahingehenden Intention des Verfassungsgebers, der oben aus der Entstehungsgeschichte des Art. 17 a GG grundsätzlich gezogene Schluß auch auf das Verhältnis zwischen Vereinigungsfreiheit und politischer Treupflicht des Soldaten Anwendung finden kann.

Die Frage kann nicht etwa im Hinblick auf Art. 9 Abs. 2 GG dahingestellt bleiben. Dort wird zwar das in Art. 9 Abs. 1 GG enthaltene subjektive öffentliche Recht des einzelnen auf Vereinigung[35] insofern beschränkt[36], als es sich um Vereinigungen handelt, die sich nach Zweck oder Tätigkeit gegen die verfassungsmäßige Ordnung[37] richten; aber, wie jetzt allgemein anerkannt ist[38], bezieht sich Art. 9 Abs. 2 GG grundsätzlich nicht auf den Fall, daß die Vereinigung, die der einzelne gründet oder der er beitritt, eine politische Partei ist. Gerade in diesem Fall aber gewinnt die politische Treupflicht praktisch besonderes Interesse. Tatsächlich sind für den Beitritt zu politischen Parteien und die Tätigkeit für sie Beschränkungen im Sinn des § 8 SoldG nur zulässig, wenn man annimmt, daß trotz Art. 17 a GG insoweit eine Berufung auf die institu-

---

[34] *Römer*, a. a. O. und *Maunz-Dürig*, Anm. 29 zu Art. 17 a GG.
[35] *von Mangoldt-Klein*, Art. 9, III, 1; *Hamann*, Art. 9, A 2; *Wernicke* in Bonner Kommentar Art. 9, II, 2, a, je mit Nachweisen.
[36] Vgl. *von Mangoldt-Klein* und *Wernicke*, a. a. O.
[37] Welcher Begriff den der freiheitlichen demokratischen Grundordnung unstreitig enthält. Dafür, daß er mit ihm identisch: *Maunz-Dürig*, Anm. 47 zu Art. 18 GG. Dafür, daß er weiter ist, als der freiheitlichen demokratischen Grundordnung: *v. Mangoldt-Klein*, 18, III, 4 b; *Wernicke* in Bonner Kommentar Art. 18, II, 1, d; *Schafheutle*, JZ 51, S. 612; *von der Heydte* in „Die Grundrechte" II, S. 488; BVerwGE 1, 186; siehe auch BVerfG JZ 57, 168.

Soweit es sich um Vereinigungen im Sinn des Art. 9 GG und nicht um politische Parteien handelt, trifft § 8 SoldG deshalb auf einen grundrechtsfreien Raum. Der von der herrschenden Lehre (BVerwGE 4, 189 und BVerwGE 6, 334, je mit Nachweisen) anerkannte Satz, daß Art. 9 Abs. 2 GG nicht jede beliebige Behörde ermächtige, die Voraussetzungen des Art. 9 Abs. 2 GG im Einzelfall festzustellen und dementsprechend zu handeln, sondern daß es eines Ausspruchs des Verbots der Vereinigung durch die hierfür zuständige Stelle bedarf, kann den Dienstherrn nicht daran hindern, aufgrund § 8 SoldG Beschränkungen auch bezüglich der noch nicht für verboten erklärten Vereinigungen festzusetzen. Was für noch nicht für verfassungswidrig erklärte politische Parteien gilt (vgl. oben) muß erst recht für Vereinigungen nach Art. 9 Abs. 2 GG gelten.

[38] *Maunz-Dürig*, Anm. 38 zu Art. 21 GG mit Nachweisen.

tionelle Anerkennung des Militärs und die dadurch inzidenter gesetzten Grundrechtsschranken möglich ist.

Meines Erachtens kann die Respektierung des historischen Willens des Verfassungsgebers nicht weiter reichen, als ein solcher Wille bestand. Da der Verfassungsgeber bei Ausklammerung des Art. 9 GG aus Art. 17 a GG an den Fall der politischen Treupflicht nicht gedacht hat, kommen insoweit die Folgerungen, die aus dieser Ausklammerung grundsätzlich zu ziehen sind, nicht zur Anwendung[39]. Soweit es durch die institutionelle Anerkennung des Militärs im Grundgesetz gedeckt wird, sind Beschränkungen der Vereinigungsfreiheit aufgrund der politischen Treupflicht deshalb im Soldatenverhältnis auch dann zulässig, wenn es sich um Beschränkungen der Tätigkeit in und für politische Parteien handelt. Die Rechtslage entspricht damit auch insoweit der für das Beamtenverhältnis festgestellten.

II. Folgerungen für das Verständnis des § 8 SoldG — die politische Loyalitätspflicht der Soldaten

Konnten die für die politische Loyalitätspflicht im Beamtenverhältnis gefundenen verfassungsrechtlichen Grundsätze weitestgehend für das Soldatenverhältnis übernommen werden, so führt die strukturelle Verschiedenheit der beiden Verhältnisse doch zu teilweise unterschiedlichen praktischen Ergebnissen. Insbesondere wird sich zeigen, daß die materielle Verschiedenheit, die zwischen dem Dienstverhältnis des Wehrpflichtigen und dem des freiwillig dienenden Berufssoldaten und Soldaten auf Zeit besteht, ihre Auswirkungen auch auf Rechtfertigung und Umfang der politischen Loyalitätspflicht hat, entgegen dem insofern nicht differenzierenden Wortlaut des § 8 SoldG.

1. Die Unzulässigkeit von Propagandapflichten des Soldaten

Zunächst aber, und das trifft Wehrpflichtige und Berufssoldaten (Soldaten auf Zeit) gleichermaßen, ist festzustellen, daß § 8 SoldG ebensowenig wie die §§ 52 Abs. 2 BBG, 35 Abs. 1 Satz 3 BRRG im Sinn einer Propagandapflicht verstanden werden darf.

Der Wortlaut („Eintreten für die Erhaltung der freiheitlichen demokratischen Grundordnung") ließe sich ebenso wie der der beamtenrecht-

---

[39] Wie denn auch *Lerche*, Grundrechte des Soldaten, a. a. O., S. 471, 490, 494, bei grundsätzlicher Respektierung des Willens des Verfassungsgebers, dennoch diejenigen Einschränkungen der Vereinigungsfreiheit zulassen will, die sich aus der Entscheidung des GG für das Militär zwingend ergeben.

lichen Bestimmungen im Sinn einer Auslegung verstehen, nach der der Soldat auch kommunikativ für die Erhaltung der freiheitlichen Demokratie zu wirken hätte. Eine solche Auslegung wird aber durch die Entscheidung des GG für das Militär, die über Art. 17 a GG (und bezüglich des Art. 9 GG unmittelbar) den Umfang der im Soldatenverhältnis zulässigen Beschränkungen der Kommunikationsrechte bestimmt, ebensowenig gerechtfertigt, wie die Entscheidung des GG in Art. 33 Abs. 4 und 5 GG für das Beamtenverhältnis eine solche Auslegung der §§ 52 Abs. 2 BBG, 35 Abs. 1 Satz 3 BRRG rechtfertigen konnte. Insoweit wird auf die obigen Ausführungen Bezug genommen.

Über sie hinaus ist noch zu bedenken, daß die Bundeswehr, die anders als das Beamtentum, in Gestalt der Wehrpflicht, eine Allgemeinheit von Staatsbürgern für eine begrenzte Zeit erfaßt[40], um sie darauf wieder in den allgemeinen Staatsbürgerstatus zu entlassen, dadurch unausweichlich eine Erziehungsaufgabe erfüllt. Mit diesem Erziehungsauftrag, der ja kein anderes Ziel haben kann als das des (wehrtüchtigen) Staatsbürgers der freiheitlichen Demokratie, wäre es unvereinbar, wenn gerade von seiten der Bundeswehr der Grundpfeiler einer freiheitlichen Demokratie, die unmanipulierte freie öffentliche Meinungsbildung angenagt würde. Eine Manipulation des öffentlichen Meinungsbildungsprozesses, und sei es auch zur Stärkung freiheitlich demokratischen Gedankenguts, wird durch Art. 73 Nr. 1 GG, Art. 17 a GG nicht gedeckt[41].

Wie im Beamtenverhältnis gilt dieser Satz absolut, d. h. innerhalb und außerhalb des Dienstes: Weder in seinem außerdienstlichen Leben noch innerhalb der Truppe ist der Soldat als Einzelperson verpflichtet, für die Verbreitung und Festigung freiheitlich demokratischer Überzeugung kommunikativ tätig zu werden.

Das gilt auch in dem durch die jüngsten Bundeswehraffären nähergerückten Fall, daß es innerhalb der Truppe zu Mißständen solchen Ausmaßes kommt, daß von einer Gefährdung des freiheitlich demokratischen Geistes innerhalb der Bundeswehr gesprochen werden kann[42]. In diesen

---

[40] So auch *Lerche*, Grundrechte des Soldaten, a. a. O., S. 481.
[41] Im Ergebnis ebenso *Scherer*, SoldG, Anm. 2, 3 zu § 8 SoldG. Die abweichende Meinung von *Lerche*, Grundrechte des Soldaten, a. a. O., S. 481 f., wurde schon wiedergegeben; hier ist noch darauf hinzuweisen, daß *Lerche*, a. a. O., S. 484, zwar verlangt, daß die (von ihm für zulässig erachteten) Demonstrationspflichten sich eines „allgemeinen Gesetzes" im Sinn des Art. 5 Abs. 2 GG bedienen müßten, dabei aber auf das von ihm selbst als Bestandteil des Begriffs der „allgemeinen Gesetze" erkannte Gebot des Reflexgesetzes nicht eingeht.
[42] Einfache Gesetzesverletzungen im Soldatenverhältnis wie auch die Verletzung von Grundrechten im Einzelfall stellen noch keine solche Gefährdung dar, vgl. *Lerche*, Grundrechte des Soldaten, a. a. O., S. 486.

Fällen wird zwar der Soldat nicht untätig bleiben dürfen, sondern muß die Vorfälle dem nächsthöheren Vorgesetzten anzeigen[43], unter Umständen, wenn dies keinen Erfolg verspricht, kann auch einmal eine Pflicht zur Flucht an die Öffentlichkeit bestehen; eine Pflicht aber, im Wege der Kommunikation, etwa durch einen ausdrücklichen Protest, in diesen Fällen für die Wiederherstellung freiheitlich demokratischer Zustände zu wirken, besteht nicht. Die Schaffung und Erhaltung des Geistes in der Bundeswehr, der für die Truppe eines freiheitlichen demokratischen Staates verfassungsmäßig geboten ist, ist grundsätzlich Sache der Regierung, des Parlaments und seines Wehrbeauftragten, Art. 45 b GG. Der Soldat kann verpflichtet sein, durch eine (die Kommunikationsrechte nicht berührende) Anzeige bestimmter Vorfälle diesen Organen Gelegenheit zum Einschreiten zu geben. Eine eigene Verantwortung des Soldaten in dem Sinn, daß er durch seine eigene Kommunikation versuchen müßte, den Geist der Bundeswehr im Sinn freiheitlich demokratischer Gesinnung zu beeinflussen, besteht nicht.

2. Die politische Loyalitätspflicht des Soldaten

Ist ein Verständnis des § 8 SoldG als Propagandapflicht ausgeschlossen, so bietet es sich wie bei den §§ 52 Abs. 2 BBG, 35 Abs. 1 Satz 3 BRRG an, seinen zulässigen Sinn darin zu sehen, daß er dem Soldaten gebietet, durch seine Kommunikation keine Störung für das vom Grundgesetz gewollte Funktionieren der Bundeswehr und des militärischen Dienstverhältnisses zu schaffen (Loyalitätspflicht).

a) Die politische Loyalitätspflicht der Berufssoldaten und Soldaten auf Zeit

Hinsichtlich der Berufssoldaten und Soldaten auf Zeit kann insofern grundsätzlich auf die obigen Ausführungen zur politischen Loyalitätspflicht der Bundesbeamten verwiesen werden. Die dort entwickelten Grundsätze zur Begründung und Begrenzung der politischen Loyalitätspflicht treffen auch das Verhältnis dieser aufgrund freiwilliger Verpflichtung und für einen längeren Zeitraum dienenden Soldaten. Nicht weniger als der Dienst des Beamten empfängt auch der dieser Soldaten eine inhaltliche Ausprägung durch Art. 79 Abs. 3 GG. Wie der Dienst des Beamten von Verfassungs wegen ein Dienst an der Erhaltung und Festi-

---

[43] Ebenso wohl *Scherer*, Anm. 3 zu § 8 SoldG. Von einer Pflicht zur Anzeige geht auch § 14 Abs. 4 SoldG aus, wenn er die Verschwiegenheitspflicht durch die Pflicht begrenzt, für die Erhaltung der freiheitlichen demokratischen Grundordnung einzutreten.
Die Anzeigepflicht fällt jedoch nicht in den Rahmen der vorliegenden Arbeit. Die von *Lerche*, Grundrechte des Soldaten, a. a. O., S. 503, angezogenen Gedanken sind dabei sicherlich zu beachten.

II. Die politische Loyalitätspflicht des Soldaten

gung der freiheitlichen Demokratie ist, so ist der des Soldaten Dienst zum Zwecke der Verteidigung der kraft Verfassungsgebotes notwendig freiheitlich demokratischen Bundesrepublik. Wie für den Beamten fordert die Grundentscheidung des Art. 79 Abs. 3 GG auch für den Soldaten, daß er seinen Dienst im Geist der freiheitlichen Demokratie versieht. Daraus folgen für seine politische Kommunikation während des Dienstes wie außerhalb des Dienstes dieselben Beschränkungen wie für den Beamten.

Die Formulierung des § 8 SoldG bezeichnet die danach an diese Personen zu stellenden Anforderungen einigermaßen zutreffend. Der unterschiedliche Wortlaut der Regelung im Beamten- und Soldatenrecht („bekennen" in §§ 52 Abs. 2 BBG, 35 Abs. 1 Satz 3 BRRG und „anerkennen" in § 8 SoldG) hat für Berufssoldaten und Soldaten auf Zeit keine praktische Bedeutung[44]. Dieser Auffassung war im übrigen auch der Verteidigungsausschuß des Bundestages, der, als er das in der Regierungsvorlage zu § 8 SoldG enthaltene Wort „bekennen" durch das Wort „anerkennen" ersetzte, u. a. ausführte:

„Der Ausschuß war übereinstimmend der Auffassung, daß an Berufssoldaten und Soldaten auf Zeit Anforderungen gestellt werden müßten, die dem Bundesbeamtenrecht entsprechen[45]."

Sind so die maßgebenden Grundsätze für die politische Loyalitätspflicht der Beamten und Berufssoldaten (Soldaten auf Zeit) dieselben, so führt die verschiedenartige Struktur der beiden Dienstverhältnisse doch zu einer unterschiedlichen Abgrenzung der Bereiche, die einerseits für Beamte, andererseits für Soldaten als dienstlich bzw. als außerdienstlich bezeichnet werden müssen.

Für den Beamten endet der Dienst regelmäßig mit dem Ablauf der täglichen Dienstzeit. Mit Ausnahme etwa der kasernierten Bereitschaftspolizei, für die insoweit ähnliches gilt wie für die Berufssoldaten (Soldaten auf Zeit), beginnt danach ein Bereich der Freizeit, des Privatlebens, der keine unmittelbare Verknüpfung mit dem dienstlichen Bereich hat.

Der Berufssoldat (Soldat auf Zeit) verbringt einen erheblichen Teil seiner Freizeit im räumlichen Bereich der Bundeswehr (§ 18 SoldG) gemeinsam mit anderen Angehörigen der Truppe und unter dem grund-

---

[44] Anderer Ansicht *Köttgen*, Meinungsfreiheit des Soldaten, a. a. O., S. 68 und *Lerche*, Grundrechte des Soldaten, a. a. O., S. 486, S. 487, der meint, es wäre zwar zulässig gewesen, die freiwillig dienenden Soldaten ebenso zu behandeln wie die Beamten; darauf sei aber bewußt verzichtet worden.
[45] Zitiert bei *Brandstetter*, Handbuch des Wehrrechts, Nr. 200 bei § 8 SoldG; der Ausschuß war der Auffassung, dies ergebe sich aus § 37 Abs. 1 Ziff. 2 SoldG (*Brandstetter*, ebenda).

sätzlichen Geltungsanspruch der dienstlichen Reglementierung (vgl. § 15 Abs. 2 SoldG). Man wird auch für die politische Loyalitätspflicht davon ausgehen müssen, daß insofern der für das innerdienstliche Verhalten des Beamten erkannte Satz, daß jegliche Erklärung gegen die freiheitliche demokratische Grundordnung und jeder Zweifel an ihr unzulässig ist, anzuwenden ist. Der das außerdienstliche Verhalten des Beamten beherrschenden Grundsatz, daß dem Beamten streng private Erklärungen gegen die freiheitliche Demokratie wie Erklärungen, die eine ernsthafte und bestimmte Stellungnahme gegen die freiheitliche Demokratie noch nicht darstellen, nicht verboten werden können, kann hier nicht Platz greifen, da eben ein Raum wirklich privater Existenz für den Berufssoldaten (Soldaten auf Zeit) insoweit nicht besteht und die Kommunikation des Soldaten nicht nur mittelbar, über den Vertrauensgedanken, sondern unmittelbar in den sachlichen Dienstbereich ausstrahlt.

Aber auch wenn der Berufssoldat (Soldat auf Zeit) seine Freizeit außerhalb der dienstlichen Anlagen und Unterkünfte verbringt, besteht gegenüber der Situation des Beamten für ihn dann ein Unterschied, wenn er in Uniform ist. Für den Teilbereich des Art. 8 GG zieht § 15 Abs. 3 SoldG hieraus die Konsequenz, indem er dem Soldaten, unabhängig von der jeweils vertretenen politischen Richtung, in Uniform jegliche Teilnahme an politischen Versammlungen untersagt. Was das Kommunizieren gegen die freiheitliche demokratische Grundordnung betrifft, so ist diese Vorschrift als Ausdruck eines allgemeinen, alle Kommunikationsgrundrechte beherrschenden Rechtsgedankens anzusehen. Es wurde schon erwähnt, daß Lerche die Auffassung vertritt, das Verbot des § 15 Abs. 3 SoldG bewege sich im grundrechtsfreien Raum, weil die Kommunikationsrechte grundsätzlich nur die Äußerung der je eigenen Meinung garantierten, während bei Äußerungen in Uniform der Anschein einer amtlichen Äußerung erweckt werde[46]. Ob das in dieser Allgemeinheit zutrifft, kann dahingestellt bleiben. Jedenfalls besteht die Gefahr einer Verwechslung zwischen amtlicher und privater Äußerung oder doch die Gefahr, daß falsche Vorstellungen über den in der Bundeswehr herrschenden Geist entstehen. Diese Gefahr zwingt dazu, für das Verhalten des in Uniform befindlichen Berufssoldaten (Soldaten auf Zeit) *in der Öffentlichkeit* grundsätzlich die Geltung der für das innerdienstliche Verhalten geltenden Maßstäbe anzunehmen. Es kommt also nicht darauf an, ob aus seinen Äußerungen eine ernsthafte und bestimmte Stellungnahme gegen die freiheitliche Demokratie herausgelesen werden kann. Vielmehr hat er jeden, auch den leisesten Zweifel an den Grundsätzen der freiheitlichen Demokratie in diesem Fall zu unterlas-

---

[46] *Lerche*, Grundrechte des Soldaten, a. a. O., S. 481.

sen. Darüber hinaus trifft ihn die für das außerdienstliche Verhalten des Beamten erkannte Pflicht zur Distanzierung von Angriffen anderer gegen die freiheitliche Demokratie, mit denen er vernünftigerweise identifiziert werden kann. Auch wenn der Berufssoldat (Soldat auf Zeit) in Uniform ist, bleibt, vorausgesetzt, daß er sich außerhalb der dienstlichen Unterkünfte und Anlagen befindet, der Bereich der streng privaten Kommunikation, d. h. das Gespräch, die Korrespondenz mit Angehörigen und persönlichen Freunden, unangetastet.

Verbringt der Berufssoldat (Soldat auf Zeit) seine Freizeit außerhalb der dienstlichen Unterkünfte und Anlagen in Zivil, so steht er dem Beamten völlig gleich.

b) Die politische Loyalitätspflicht des Wehrpflichtigen

Auf das Dienstverhältnis des Wehrpflichtigen lassen sich die für das Beamtenverhältnis entwickelten Gedanken weder zur Begründung der politischen Loyalitätspflicht noch zur Bestimmung ihrer Grenzen anwenden[47].

Der Verteidigungsausschuß des Bundestags führte zu § 8 SoldG aus:

„Der Ausschuß hat sich entschlossen, entsprechend den Beschlüssen des Rechtsausschusses das in der Regierungsvorlage enthaltene Wort „bekennen" durch „anerkennen" zu ersetzen. Der Ausschuß ging dabei von der Auffassung aus, daß diese Bestimmung auf alle Soldaten, also auch auf die Wehrpflichtigen Anwendung findet. Bei den aufgrund des Wehrpflichtgesetzes eingezogenen Soldaten kann ein Bekenntnis zur freiheitlichen demokratischen Grundordnung ernstlich nicht verlangt werden. Andernfalls besteht die Gefahr, daß das Bekenntnis zu einem Lippenbekenntnis wird. Jedoch muß von allen Soldaten, wie von allen Staatsbürgern gefordert werden können, daß sie die im Grundgesetz der Bundesrepublik Deutschland verankerte freiheitliche demokratische Grundordnung als verbindlich ansehen. Sie können ja auch die Rechte in Anspruch nehmen, die ihnen das Grundgesetz als Staatsbürgern gewährt. Der Unterschied zu der in § 52 Abs. 2 BBG gefundenen Regelung, in der das Wort „bekennen" verwendet wird, ergibt sich daraus, daß das Beamtenrecht es nur mit Personen zu tun hat, die sich freiwillig für den Beruf des Beamten entscheiden und von denen daher auch Pflichten erwartet werden können, die über die allgemeinen Verpflichtungen des Staatsbürgers hinausgehen[48]."

---

[47] *Köttgens* Argument (Meinungsfreiheit des Soldaten, a. a. O., S. 67), statusrechtliche Bedürfnisse verlangten eine Gleichbehandlung beider Gruppen von Soldaten, der Wehrpflichtigen und der Berufssoldaten (Soldaten auf Zeit), ist nicht zwingend. Auch abgesehen von der politischen Loyalitätspflicht treffen Berufssoldaten und Soldaten auf Zeit andere (höhere) Verantwortlichkeiten als den Wehrpflichtigen. Das Soldatengesetz geht in § 37 Abs. 1 Ziff. 2 auch bezüglich der politischen Loyalitätspflicht von einer Ungleichbehandlung beider Gruppen von Soldaten aus.

[48] Zitiert bei *Brandstetter*, a. a. O., Nr. 200 zu § 8 SoldG. Voll übernommen von *Rittau*, SoldG, Anm. 2 zu § 8 SoldG.

Das erweckt in zweifacher Hinsicht Bedenken:

Einmal scheint es, als sei der Ausschuß davon ausgegangen, den Beamten treffe aufgrund § 52 Abs. 2 BBG eine Bekenntnispflicht in dem Sinn, daß er positiv erklären müsse, für die freiheitliche Demokratie zu sein. Das ist, wie festgestellt, nur in ganz begrenztem Sinn richtig. Der zulässige Inhalt der beamtenrechtlichen politischen Loyalitätspflicht wäre wahrscheinlich zutreffender mit dem Wort „anerkennen" umschrieben worden.

Gerade mit dem Ausdruck „anerkennen der freiheitlichen demokratischen Grundordnung" scheint der Ausschuß aber gar keinen spezifischen Sinn zu verbinden. Wenn er bemerkt, der Wehrpflichtige müsse „wie jeder andere Staatsbürger" (!) die freiheitliche demokratische Staatsordnung als verbindlich ansehen, scheint es, als leugne er jede besondere Verpflichtung des Wehrpflichtigen überhaupt, so daß ihm, wie jedermann, bis zu den Grenzen der Art. 9 Abs. 2 GG, Art. 18 GG und Art. 21 Abs. 2 GG sowie der „allgemeinen" Strafgesetze jede Art politischer Kommunikation erlaubt wäre. Das kann der Ausschuß jedoch nicht gewollt haben. Man muß wohl annehmen, daß der Ausschuß die staatsbürgerliche Pflicht von jedermann, die freiheitliche Grundordnung als verbindlich anzusehen, mit einer Rechtspflicht verwechselt hat und auf diese Weise zu seinen Gleichsetzungen gekommen ist[49]. Tatsächlich besteht eine solche Pflicht für jedermann rechtlich nur, soweit sie sich aus den Art. 9 Abs. 2 GG, Art. 18 GG und Art. 21 Abs. 2 GG sowie aus den „allgemeinen" Strafgesetzen ergibt[50]. Wenn für den Wehrpflichtigen — im Ergebnis der Verfassungslage entsprechend — eine besondere Pflicht zum „Anerkenntnis" der freiheitlichen demokratischen Grundordnung (und zum Eintreten für ihre Erhaltung) geschaffen wurde, so geht das über die jedermann treffenden Pflichten hinaus.

Hinsichtlich des Inhalts der den Wehrpflichtigen treffenden besonderen Pflichten ist wie folgt zu unterscheiden:

a) Die politische Loyalitätspflicht und das Verhalten des Wehrpflichtigen im Dienst

Im Dienst und während der in dienstlichen Unterkünften und Anlagen verbrachten Freizeit (vgl. § 15 Abs. 1 und 2 SoldG) ist dem Wehrpflichtigen schlechthin jede sich gegen die freiheitliche Demokratie wendende

---

[49] In einem ähnlichen Mißverständnis die Denkschrift „Vom künftigen deutschen Soldaten", S. 38: „Mitgliedschaft oder Betätigung in Organisationen, die im Widerspruch zur freiheitlichen Lebensordnung stehen, sind dem Soldaten, wie jedem anderen Staatsbürger (!) verboten."
[50] Siehe oben.

II. Die politische Loyalitätspflicht des Soldaten

oder sie in Zweifel ziehende Kommunikation untersagt[51]. Das folgt, wie im entsprechenden Fall des Beamten, unmittelbar aus dem Gedanken, daß es mit dem verfassungsmäßigen Funktionieren der Bundeswehr, deren wesentlicher Sinn es heute ist, die freiheitliche Demokratie in der Bundesrepublik zu schützen und die nach der Verfassung vom Wert der freiheitlichen Demokratie beherrscht sein muß, unvereinbar wäre, wenn im Körper der Bundeswehr selbst die freiheitliche demokratische Grundordnung noch diskutiert werden dürfte. Das Grundgesetz läßt diese Diskussion im Rahmen des allgemeinen staatsbürgerlichen Meinungsbildungsprozesses zu. Innerhalb der zum schlagkräftigen Schutz dieser liberalen Ordnung bestimmten Bundeswehr kann sie nicht mehr statthaft sein. Dem Interesse an möglichst weitgehender Gewährung der Kommunikationsrechte steht hier ein elementares Bedürfnis der Bundeswehr gegenüber, das, im Hinblick auf das Effektivitätsprinzip, den Vorrang verdient. Es ist schlechterdings nicht einzusehen, wie die Bundeswehr ihren Verfassungsauftrag, im Geist der Armee eines freiheitlich demokratischen Staates eben diesen Staat zu schützen, gerecht werden soll, wenn sie im Rahmen des Dienstbetriebs duldet, daß dieses Schutzziel kommunikativ angegriffen oder in Frage gestellt wird. Dieses Mindestmaß ideologischer Gleichschaltung muß man den psychologischen Bedürfnissen einer schlagkräftigen Armee zum Opfer bringen.

Man kann im übrigen wohl kaum zweifeln, daß es verfassungsrechtlich zulässig gewesen wäre, wenn der Gesetzgeber für die Wehrpflichtigen innerdienstliche politische Meinungsäußerungen auch im Rahmen der freiheitlichen demokratischen Grundordnung stärker eingeschränkt hätte, als dies durch die §§ 15, 17 SoldG geschehen[52]. Eine Beschränkung hinsichtlich der gegen die Fundamente der Bundeswehr gerichteten politischen Äußerungen muß um so viel mehr zulässig sein. Bezüglich der parteiorientierten Kommunikation sind dabei die oben im beamtenrechtlichen Teil zu Art. 21 Abs. 2 GG entwickelten Gedanken voll zu übernehmen.

Ist also der Grundsatz der, daß im Dienst und innerhalb der in dienstlichen Unterkünften und Anlagen verbrachten Freizeit der Wehrpflichtige sich grundsätzlich jeder gegen die freiheitliche Demokratie wendenden oder sie auch nur in Frage stellenden Äußerungen zu enthalten hat, so ist angesichts des durchschnittlichen Alters der Wehrpflichtigen noch darauf hinzuweisen, daß ein Verstoß gegen diese Pflicht disziplinarrecht-

---

[51] Die feinen Abstufungen des § 15 SoldG können, da sie sich nur auf solche Kommunikation beziehen, die auf dem Boden der freiheitlichen Demokratie stattfindet, keine Anwendung finden.
[52] Ob eine vollständige Entpolitisierung der Bundeswehr zulässig gewesen wäre, kann offenbleiben; zweifelnd *Lerche*, Grundrechte des Soldaten, a. a. O. S. 458.

lich nur geahndet werden kann, wenn der Wehrpflichtige diesbezüglich schuldhaft handelt. Versteigt er sich beim politischen Gespräch mit Kameraden, wie es § 15 Abs. 1 Satz 2 und § 15 Abs. 2 SoldG zulassen, in Meinungen, die nicht mehr auf dem Boden der freiheitlichen Demokratie stehen, so ist diesem Erfordernis besondere Aufmerksamkeit zu schenken.

β) Die politische Loyalitätspflicht und das Verhalten des Wehrpflichtigen außer Dienst

Außerhalb des räumlichen Bereichs der Bundeswehr, d. h. während des Urlaubs oder im brieflichen Verkehr mit Personen außerhalb der Bundeswehr, kann die Kommunikationsfreiheit des Wehrpflichtigen aus diesen Gründen nicht ohne weiteres beschränkt werden. Die Truppe selbst, der Geist in ihr, wird durch solch externe Kommunikation nicht unmittelbar berührt; andere Rechtfertigungsgründe sind notwendig.

Der für die Beamten (und entsprechend: für die Berufssoldaten und Soldaten auf Zeit) insoweit entwickelte Gedanke des Vertrauens, der Gedanke, daß der Beamte (Berufssoldat, Soldat auf Zeit) durch außerhalb des Dienstes gegen die freiheitliche Demokratie gerichtete Kommunikation das Vertrauen stören würde, daß er seinen Dienst jederzeit im Geist der freiheitlichen Demokratie ausüben wird, kann auf den Wehrpflichtigen nicht angewandt werden. Schon die kurze Dauer des Wehrpflichtverhältnisses und die untergeordnete, eigene Initiative weitgehend ausschließende Stellung des Wehrpflichtigen lassen eine Betonung des Vertrauensmoments nicht tunlich erscheinen. Entscheidend ist aber folgender Gedanke: Der Beamte oder Berufssoldat (Soldat auf Zeit) wird vom Staat durch auswählenden Einzelakt bei Erfüllung der in §§ 7 BBG, 4 BRRG, 37 SoldG normierten Voraussetzungen in den Staatsdienst[53] aufgenommen. Der Staat hat deshalb ein berechtigtes Interesse daran, zu überwachen, ob er im Sinn dieser Bestimmungen die „richtigen Leute" angestellt hat. Dem dient eine auf den Vertrauensgedanken gestützte politische Loyalitätspflicht, indem sie dem Staat die Möglichkeit eröffnet, bei Zweifeln in die politische Zuverlässigkeit des Beamten (Berufssoldaten, Soldaten auf Zeit) in diesem Sinn, denselben zu verwarnen und schlimmstenfalls aus dem Dienst zu entlassen. Die Einziehung der Wehr-

---

[53] Vgl. in diesem Zusammenhang die Entscheidung des OVG Lüneburg (OVGE Lüneburg und Münster, Bd. 13, S. 443), die, wenn auch unter dem ganz anderen Aspekt der Versicherungspflicht, Berufsbeamten- und Berufssoldatentum unter dem Begriff des besonderen Dienst- und Treueverhältnisses des Staatsdieners begreift, das auf einer *Sozialpartnerschaft* beruhe, und davon das Wehrpflichtverhältnis, als auf einer allgemeinen Grundpflicht aller Staatsbürger beruhend, absetzt. Siehe auch *Ule*, Öffentlicher Dienst, a. a. O., S. 545.

II. Die politische Loyalitätspflicht des Soldaten

pflichtigen ist ihrem Wesen nach darauf gerichtet, *alle* wehrtüchtigen Staatsbürger zu erfassen. Für die Einziehung ist es unerheblich, ob der einzelne Wehrpflichtige die Gewähr dafür bietet, daß er seine soldatischen Pflichten gewissenhaft und im Geist der freiheitlichen Demokratie erfüllen wird. Der Staat vertraut insofern darauf, daß er die Befehlserfüllung seitens des Wehrpflichtigen durch den militärischen Zwangsapparat durchsetzen wird. Wenn dem aber so ist, so ist es nicht möglich, an den Wehrpflichtigen auch noch Anforderungen der Vertrauensbewahrung zu stellen wie an Beamte und Berufssoldaten (Soldaten auf Zeit); sonst würde gegen die, vom Grundgesetz vorausgesetzte Struktur des Wehrpflichtverhältnisses verstoßen[54].

Es dürfte auch nicht zulässig sein, Beschränkungen der außerdienstlichen Kommunikation des Wehrpflichtigen mit dem Gedanken zu rechtfertigen, daß es die Geschlossenheit und damit die Schlagkraft der Bundeswehr erhöhen müsse, wenn der Wehrpflichtige auch hinsichtlich seines (ohnehin sehr eingeschränkten) außerdienstlichen Lebens aus dem allgemeinen Kommunikationsprozeß und den darin zulässigen Zweifeln am Wert der freiheitlichen Demokratie herausgelöst und auch insofern einer freiheitlich demokratischen Uniformität unterworfen würde[55]. Die tatsächliche Seite dieses Arguments kann dahingestellt bleiben. Selbst wenn diese Herauslösung zu einer Erhöhung der Schlagkraft der Bundeswehr führen würde, so steht dem Interesse daran nicht nur das Interesse des einzelnen Wehrpflichtigen an möglichster Bewahrung seiner Kommunikationsfreiheit entgegen, das besonders beachtlich ist, weil der Wehrpflichtige sich dem auf ihn ausgeübten Druck nicht durch Austritt aus dem Dienstverhältnis entziehen kann, sondern auch das allgemeine Interesse einer freiheitlichen Demokratie daran, daß eine Allgemeinheit von Staatsbürgern nicht während eines Zeitraums von anderthalb oder zwei Jahren *völlig* aus der Normalposition dieser Staatsform, das ist der Position des Staatsbürgers, herausgelöst wird[56]. Dieses Interesse hat

---

[54] Es ist der Klarstellung halber hier noch einmal darauf hinzuweisen, daß es sich bei dieser Differenzierung zwischen Wehrpflichtigen und Berufssoldaten (Soldaten auf Zeit) nicht um eine Anlehnung an die oben abgelehnte Theorie von der grundrechtsbeschränkenden Kraft der freiwilligen Unterwerfung handelt. Wie oben schon dargelegt, ist für den Umfang der den Soldaten treffenden Kommunikationsbeschränkungen allein entscheidend der Inhalt der institutionellen Anerkennung des Militärs. Insoweit kann aber dem GG nicht unterstellt werden, es habe die offen zutage liegende strukturelle Verschiedenheit zwischen dem Dienstverhältnis des Berufssoldaten (Soldaten auf Zeit) und der Wehrpflichtigen nicht berücksichtigen wollen.
[55] Allgemein und ohne Differenzierung zwischen innerdienstlicher und außerdienstlicher Kommunikation stellt auf die Werte der Geschlossenheit und Schlagkraft der Bundeswehr ab *Salzmann*, a. a. O., S. 100.
[56] Hierauf spielt auch *Krause* in „Der deutsche Soldat in der Armee von morgen", S. 298, S. 299, an, wenn er davon spricht, daß der Bürger durch den Wehrdienst zum Staat hingeführt werden müsse. Siehe auch *von der Heydte*, ebenda, S. 205.

seinen Niederschlag nicht nur in der verfassungspolitischen Formel vom „Staatsbürger in Uniform" gefunden, es ist auch vom Verfassungsgesetzgeber dadurch anerkannt worden, daß er die Informationsfreiheit nicht in den Katalog des Art. 17 a GG aufgenommen hat. Offenbar ging er davon aus, daß der Soldat jedenfalls passiv, als Leser der Presse und Empfänger von Radio- und Fernsehsendungen, mit dem allgemeinen Kommunikationsprozeß in einem Mindestausmaß verbunden bleiben müsse, wie denn dies auch nicht anders möglich ist, wenn das Wahlrecht des Soldaten seinen Sinn behalten soll[57].

Meines Erachtens ergeben sich vielmehr nur die zwei folgenden Schranken aus der Verfassungslage:

Die außerdienstliche Kommunikation des Wehrpflichtigen kann einmal insoweit beschränkt werden, als sie wegen ihrer Form eine derart intensive mittelbare Wirkung auf die Stellung des Wehrpflichtigen innerhalb der Truppe hat, daß sie einer innerdienstlichen Kommunikation gleichgeachtet werden muß. Hierunter fällt vor allem die Kommunikation durch die öffentlichen Medien. Ein Zeitungsartikel, in dem der Wehrpflichtige Zweifel an der freiheitlichen Demokratie äußert und der innerhalb der Truppe gelesen werden kann, hat praktisch dieselbe Wirkung wie eine entsprechende mündliche Äußerung innerhalb der Truppe. Er kann deshalb ebenso wie diese zulässigerweise verboten werden. Dasselbe gilt für Beiträge in Funk, Film und Fernsehen. Dagegen vermag eine bloß passive Mitgliedschaft in Parteien und Vereinigungen grundsätzlich nicht eine solche, einer innerdienstlichen Äußerung gleichwertige Wirkung zu entfalten, weil sie nicht dazu bestimmt ist, eine unbestimmte Vielzahl von Personen anzusprechen. Daß in der Truppe bekanntwerden kann, der Wehrpflichtige sei Mitglied einer gewissen, nicht auf dem Boden der freiheitlichen Demokratie stehenden Vereinigung oder Partei, ändert daran nichts. Solange der Wehrpflichtige innerhalb des räumlichen Bereichs der Truppe eine den Zielen der betreffenden Organisation entsprechende Kommunikation nicht betreibt und auch nicht demonstrativ auf seine Mitgliedschaft Bezug nimmt, zeigt er an, daß er die innerhalb der Truppe geltenden inhaltlichen Beschränkungen für die politische Kommunikation respektiert.

Wenn der Wehrpflichtige eine über die bloße Mitgliedschaft hinausgehende Aktivität in solchen Vereinigungen entfaltet (wozu ihm der Dienst allerdings regelmäßig keine Zeit lassen wird), so ist jeweils zu prüfen, ob diese Aktivität eine so starke Öffentlichkeitswirkung hat, daß sie einer innerdienstlichen Äußerung gleichzuachten ist. Das wäre z. B. zu bejahen, wenn der Wehrpflichtige namentlich in öffentlichen Aufrufen

---

[57] Auf diesen Zusammenhang weist auch *Lerche*, Grundrechte des Soldaten, a. a. O., S. 471 hin.

II. Die politische Loyalitätspflicht des Soldaten

und Manifesten einer solchen Gruppe in Erscheinung träte. Es wäre regelmäßig zu verneinen, wenn sich die Aktivität auf interne Tätigkeit in den Organen der betreffenden Organisation beschränkt. Im übrigen muß die Frage in jedem Einzelfall entschieden werden.

Die außerdienstliche Kommunikation des Wehrpflichtigen kann weiter dahin beschränkt werden, daß dem Wehrpflichtigen untersagt wird, *in Uniform* eine gegen die freiheitliche Demokratie gerichtete Kommunikation zu betreiben. Entsprechend den diesbezüglich für Berufssoldaten und Soldaten auf Zeit entwickelten Gedanken muß gelten, daß die Gefahr einer Verwechslung zwischen amtlicher und privater Stellungnahme oder doch die Gefahr, daß falsche Vorstellungen über den in der Bundeswehr herrschenden Geist entstehen, den Staat berechtigt, durch ein Verbot irgendwelchen Mißdeutungen vorzubeugen, wie sie entstehen können, wenn der Wehrpflichtige außerhalb des räumlichen Bereichs der Bundeswehr aber in Uniform von seinen Kommunikationsrechten Gebrauch macht. Dieses Verbot kann sich seiner Natur nach nicht auf Äußerungen des Wehrpflichtigen im engen Familienbereich, insbesondere gegenüber seinen Familienangehörigen erstrecken, weil insofern die Gefahr von Mißdeutungen in der Öffentlichkeit nicht besteht.

Damit sind die zulässigen Beschränkungen der Kommunikationsrechte des Wehrpflichtigen abschließend umschrieben. Der Wehrpflichtige hat sich während des Dienstes und während der in dienstlichen Unterkünften und Anlagen verbrachten Freizeit jeder die freiheitliche Demokratie ablehnenden oder sie in Zweifel ziehenden Kommunikation zu enthalten. Außerhalb des räumlichen Bereichs der Truppe gilt dasselbe, solange der Wehrpflichtige in Uniform ist und es sich nicht um streng private Kommunikation handelt. In beiden Fällen handelt es sich um bloße Schweige-(Unterlassungs-)Pflichten. Die feineren, eigene Initiative erfordernden Pflichten, die sich für Berufssoldaten (Soldaten auf Zeit) wie für den Beamten aus dem Vertrauensgedanken ergeben, treffen ihn nicht. Im übrigen ist dem Wehrpflichtigen eine Beteiligung an der im Rahmen der Art. 9 Abs. 2 GG, Art. 18 GG, Art. 21 Abs. 2 GG sowie der „allgemeinen" Strafgesetze zulässigen Diskussion über den Wert der freiheitlichen Demokratie nur insoweit untersagt, als seine Kommunikation ihrer Form nach derart öffentlichkeitsintensiv ist, daß sie einer innerdienstlichen Äußerung praktisch gleichkommt[58].

---

[58] Für ein Verständnis der politischen Loyalitätspflicht des Soldaten als bloße Schweigepflicht, allerdings für Wehrpflichtige und Berufssoldaten (Soldaten auf Zeit) gleichermaßen, auch *Köttgen*, Meinungsfreiheit des Soldaten, a. a. O., S. 67.
Völlig anderer Auffassung *Hamel*, Die Bedeutung der Grundrechte im sozialen Rechtsstaat, S. 18, der es „unrichtig, ja widerspruchsvoll" findet, wenn „um der Freiheit der Meinungsäußerung willen vom Soldaten nicht ein Be-

kenntnis zur freiheitlichen demokratischen Grundordnung, sondern nur deren Anerkennung" verlangt werde.

Seine Auffassung basiert auf dem (als Auslegung des positiven Verfassungsrechts) unhaltbaren Satz, daß „nur wer sich zu Menschenrechten bekenne, Grundrechte ausüben könne und daß jede Geltendmachung eines Grundrechts das Bekenntnis zu Menschenrechten einschließe" (a. a. O., S. 7; ebenso *Hamel* in „Von den Grundrechten des Soldaten", S. 81 und 85; vgl. dazu schon Wieacker, ebenda S. 85). Freilich könne ein ausdrückliches Bekenntnis nur da verlangt werden, wo es sachlich geboten sei. Dies sei aber beim Soldaten, der sein Leben für die Werte des Staates einzusetzen habe, der Fall (Die Bedeutung der Grundrechte im sozialen Rechtsstaat, S. 18).

Hamels Gedankengang wurzelt in der Vermischung zweier grundsätzlich verschiedener Fragestellungen. Es ist ein beachtlicher Gedanke, wenn man sagt, daß jede Berufung auf ein Grundrecht ein Bekenntnis zu diesem enthält. Das hat aber mit der Frage eines ausdrücklichen Bekenntnisses zu den Grundrechten nicht das geringste zu tun. Im einen Fall geht es darum, den Sinngehalt einer Berufung auf ein Grundrecht zu klären. Im anderen um die positiv-rechtliche Frage, ob der einzelne zu bestimmten Erklärungen gezwungen werden kann. Ein Rechtssatz des Inhalts, daß die Inanspruchnahme von Grundrechten deren ausdrückliche Anerkennung voraussetze, besteht nicht (vgl. Art. 18 GG!). Ebensowenig läßt sich für die Soldaten eine Bekenntnispflicht im Sinn eines ausdrücklichen Bekenntnisses daraus herleiten, daß „sie ihre ganze Person für die Grundwerte des Staates einzusetzen" hätten. Denn das, inwieweit sie ihre Person für die Grundwerte des Staates einzusetzen haben, das ist gerade die Frage, die im Hinblick auf das verfassungsrechtliche Verhältnis zwischen Kommunikationsrechten einerseits und Anerkennung des Militärs durch das Grundgesetz andererseits gelöst werden muß. Eine vorgefaßte Formel über das Wesen des Soldatentums kann hier nicht weiterhelfen.

Ablehnend gegenüber *Hamels* Konzeption auch *Lerche*, Grundrechte des Soldaten, a. a. O., S. 484, Anm. 126.

Literaturverzeichnis

Anschütz, Gerhard: Die Verfassung des deutschen Reichs, Neudruck 1960.

Arndt, Adolf: Das Reichsbeamtengesetz, 4. Aufl. 1931.
— Muß der Beamte die Zugehörigkeit zu einer politischen Partei offenbaren?, JZ 56, S. 80 f.

Bachmann, J. U.: Wohlerworbene Beamtenrechte und institutionelle Garantie des Berufsbeamtentums, ZBR 54, S. 363 f.

Bachof, Otto: Die Rechtsprechung des Bundesverwaltungsgerichts, JZ 62, S. 350 f.

Bachof, Otto: Freiheit des Berufs, in: „Die Grundrechte", Bd. III, 1. Halbband, S. 155 f.

Baring, Martin: Der öffentliche Dienst in Mitteldeutschland, ZBR 61, S. 257 f.

Baudissin, Wolf Graf: Das Leitbild des künftigen Soldaten, in: „Die Neue Gesellschaft", II, 1, S. 25 f.
— Grundsätze der Menschenführung und Einordnung, Korreferat, gehalten auf der Tagung des Instituts zur Förderung öffentlicher Angelegenheiten Frankfurt am 10./12. 1952 in Rhöndorf, abgedruckt in: Der deutsche Soldat in der Armee von morgen, 1954, S. 315 f.

Berger, H.: Können Beamte angewiesen werden, private Veröffentlichungen ihrem Vorgesetzten zur Genehmigung vorzulegen?, in: „Der Bonner Bundesbeamte", 1956, Nr. 5, S. 1 f.

Bettermann, Karl August: Die allgemeinen Gesetze als Schranken der Pressefreiheit, JZ 64, S. 601 f.

Bluntschli, J. C.: Allgemeines Staatsrecht, 1851.

Bochalli, Alfred: Bundesbeamtengesetz, Kommentar, 2. Aufl. 1958.

Böttcher, Reinhard: Zur Auslegung der Begriffe „Bekennen" und „Eintreten" in §§ 52 BBG, 8 SoldG, Bay. BtZ 60, S. 82 f.

Bonnard, Roger: Précis élémentaire de droit administratif, 1940.

Bonner Kommentar zum Grundgesetz von J. H. Abraham, O. Bühler, B. Dennewitz, E. Kern, R. Laun, W. Meder, B. Meissner, E. Menzel, R. Schneider, H. U. Scupin, K. G. Wernicke.

Bourdoncle, René: Fonction publique et liberté d'opinion en droit positif français, 1957.

Brand: Rechte und Pflichten der Beamten in „Die Grundrechte und Grundpflichten der Reichsverfassung", herausgegeben von Nipperdey (zit. Grundrechte [Nipperdey]), Bd. II, 1930, S. 210 f.

Brandstetter, Elmar: Handbuch des Wehrrechts.

v. Brauchitsch, M.: Verwaltungsgesetze für Preußen.

v. Calcker: Die Amtsverschwiegenheit im deutschen Staatsrecht, Festgabe für Otto Mayer, 1916, S. 119 f.

Copic, Hans: Berufsverbot und Pressefreiheit, JZ 63, S. 494 f.

Corvin: The Constitution of the United States, Analysis and Interpretation, 1953.

Dagtoglou, Prodzomos: Motiv der Pressekritik und Pressefreiheit, DÖV 63, S. 636 f.

Dietz, Heinrich: Wehrgesetz, Kommentar, 1936.

Distel, Josef: Die Meinungsfreiheit der Beamten, DDB 58, S. 83 f.

Dürig, Günther: Die Verwirkung von Grundrechten nach Art. 18 des Grundgesetzes, JZ 52, S. 513 f.
— Der Grundsatz von der Menschenwürde, AöR 81, S. 117 f.
— Zum Lüth-Urteil des Bundesverfassungsgerichts, DÖV 58, S. 197.

Echterhölter, Rudolf: Zur Problematik des Art. 18 GG, JZ 53, S. 656 f.

Eckhardt, E.: Die Grundrechte vom Wiener Kongreß bis zur Gegenwart, 1913.

Ehmke, Horst: Grenzen der Verfassungsänderung. 1953.

Eichler: Politische Rechte und Beamtenpflichten, Diss. Erlangen, 1931.

Ermacora, Felix: Das Besondere Gewaltverhältnis in der österreichischen Rechtsordnung, DÖV 56, S. 529 f.

Evers, Hans Ulrich: Beamter und Politik in Festgabe für Heinrich Herrfahrdt, Marburg 1961, S. 19 f.

Feuchte, Paul: Das demokratische Prinzip und die Rechtsprechung in Verfassungssachen, DÖV 64, S. 433 f.

Fischbach, Oskar, Georg: Das Bundesbeamtengesetz, Kommentar, 3. Aufl. 1964.
— Zur Neugestaltung des Beamtenrechts, DÖV 51, S. 453 f.

Fleiner, Fritz: Institutionen des deutschen Verwaltungsrechts, 4. Aufl. 1919.

Fleiner-Giacometti: Schweizerisches Bundesstaatsrecht, 1949.

Forsthoff, Ernst: Lehrbuch des Verwaltungsrechts, 9. Aufl.
— Verfassungsrechtliche Prolegomena zu Art. 33 Abs. 5 GG, DÖV 51, S. 460 f.
— Die Umbildung des Verfassungsgesetzes, Festschrift für Carl Schmitt, 1959, S. 35 f.
— Begriff und Wesen des sozialen Rechtsstaats, VVDtStRL 12, S. 8 f.

Fourrier, Charles: La liberté d'opinion du fonctionnaire, essai de droit publique comparé: France, Grande-Bretagne, Etats-Unis, URSS, Allemagne, Suisse, Belgique, etc. ..., 1957.

Füsslein, Rudolf: Vereins- und Versammlungsfreiheit, in „Die Grundrechte" (herausgegeben von Neumann-Nipperdey-Scheuner — zit.: Die Grundrechte) Bd. II, S. 425 f.

Fuss, Ernst, Werner: Pressefreiheit und Geheimnisschutz, NJW 62, S. 2225 f.

Gauf, H.: Die hergebrachten Grundsätze des Berufsbeamtentums, ZBR 61, S. 97 f.

Geiger, Willi: Bundesverfassungsgerichtsgesetz, Kommentar.

v. Gerber, Carl, Friedrich: Über öffentliche Rechte, 1852.
— Grundzüge des Staatsrechts, 3. Aufl. 1880.

Giacometti, Zaccaria: Die Demokratie als Hüterin der Menschenrechte, in „Jahresbericht der Universität Zürich, 1953, 1954", S. 3 f.
— Die Freiheitsrechte als Kodifikation der Freiheit, in „Jahresbericht der Universität Zürich, 1954, 1955", S. 3 f.

Giese, Friedrich: Die Grundrechte, 1905.
— Die Verfassung des Deutschen Reiches, 4. Aufl. 1921.

Giese-Schunck: Das Grundgesetz für die Bundesrepublik Deutschland, 7. Aufl., 1965.

Gönner, N. Th.: Der Staatsdienst aus dem Gesichtspunkt des Rechts und der Nationalökonomie betrachtet, 1808.

Golsong, Heribert: Das Rechtsschutzsystem der Europäischen Menschenrechtskonvention, 1958.
— Die europäische Konvention zum Schutze der Menschenrechte und Grundfreiheiten, JöR NF 10, S. 123 f.

Grabendorff, Walter: Beschränkung der staatsbürgerlichen Rechte des Bundesbeamten, DÖV 51, S. 550 f.
— Zum Regierungsentwurf eines Bundesbeamtengesetzes, DÖV 51, S. 489 f.
— Nochmals: Das Recht des Beamten auf Mitgliedschaft und Tätigkeit in einer demokratischen Partei, ZBR 56, S. 139 f.
— Staatsidentität und Erlöschen der Beamtenverhältnisse, ZBR 57, S. 153 f.

Grewe, Wilhelm: Die politischen Treupflichten der Angehörigen des öffentlichen Dienstes, in „Politische Treupflicht im öffentlichen Dienst", 1951, S. 35 f.

Grisel, André: La liberté d'opinion des fonctionnaires en droit fédéral suisse, 1937.

Großmann, Karl Heinz: Inhalt und Grenzen des Rechts auf freie Meinungsäußerung im Spiegel der Entscheidungen des Supreme Court of the United States, in JöR, NF, 10, S. 181 f.

Hamann, Andreas: Das Grundgesetz, 2. Aufl. 1961.

Häntzschel, Kurt: Das Grundrecht der freien Meinungsäußerung und die Schranken der allgemeinen Gesetze des Art. 118, I der Reichsverfassung, AöR, NF. 10, S. 228 f.
— Darf der Beamte einer revolutionären Partei angehören?, Reichs- und Preußisches Verwaltungsblatt, 1930, S. 512.
— Das Recht der freien Meinungsäußerung, in: Handbuch des Deutschen Staatsrechts (zit.: HdBdDtStR) Bd. II, 1932, S. 651 f.

Hamel, Walter: Die Bedeutung der Grundrechte im sozialen Rechtsstaat, 1957.
— Glaubens- und Gewissensfreiheit, in: Die Grundrechte (Neumann-Nipperdey-Scheuner) Bd. IV, 1. Halbband, S. 37 f.

Hamelbeck, Bernhard: Soldatengesetz, Kommentar, 1956.

Heffter, A. W.: Beiträge zum Staats- und Fürstenrecht, 1829.

Heinemann, Gustav: Die Rechtsordnung des politischen Kampfes, NJW 62, S. 889 f.

Heinemann und *Posser*: Kritische Bemerkungen zum politischen Strafrecht in der Bundesrepublik, NJW 59, S. 121 f.

Heller, Hermann: Staatslehre (herausgegeben von Gerhard Niemeyer) 1934.

Hennis, Wilhelm: Meinungsforschung und repräsentative Demokratie, Recht und Staat, Heft 200, 201, 1957, S. 19 f.

Herzog, Roman: Grundrechtsbeschränkungen nach dem Grundgesetz und Europäische Menschenrechtskonvention, Diss. München 1958.
— Das Verhältnis der Europäischen Menschenrechtskonvention zu späteren deutschen Gesetzen, DÖV 1959, S. 44 f.

Hesse, Konrad: Die verfassungsrechtliche Stellung der politischen Parteien, VVDtStRL 17, S. 11 f.

v. d. Heydte, Friedrich August, Freiherr: Problem einer neuen Wehrverfassung, Referat auf der Tagung des Instituts zur Förderung öffentlicher Angelegenheiten Frankfurt am 19./20. 5. 1953 in Andernach, abgedruckt in „Der deutsche Soldat in der Armee von morgen", 1954, S. 189 f.
— Freiheit der Parteien, in „Die Grundrechte" (Neumann-Nipperdey-Scheuner), Bd. II, S. 457 f.

Heyland, Carl: Deutsches Beamtenrecht, 1937.

Holder, Christian: Die Freiheit der Person nach der MRK, NJW 53, S. 531 f.

Huber, E. R.: Der Streit um das Wirtschaftsverfassungsrecht, II. Teil, DÖV 56, S. 135 f.
— Quellen zum Staatsrecht der Neuzeit, Bd. I, 1949.

Hubrich, E.: Die parlamentarische Redefreiheit und Disziplin, 1899.

Jellinek, Georg: System der subjektiven öffentlichen Rechte. 2. Aufl. 1905.

Jellinek, Walter: Verwaltungsrecht, 3. Aufl. Neudruck 1948.

Jézé, Gaston: Das Verwaltungsrecht der Französischen Republik, Übersetzung, 1913.
— Les principaux généraux du droit administratif, 1926.

Johanny, Carl: Partei und Staat, o. J.

Jüsgen, W.: Die hergebrachten Grundsätze des Berufsbeamtentums, DÖV 51, 474 f.

Kägi, Werner: Rechtsstaat und Demokratie in Giacometti-Festgabe S. 107 f.
— Rechtsfragen der Volksinitiative auf Partialrevision, in „Verhandlungen des Schweizerischen Juristenvereins", Heft 4 (1956), S. 739 a f.

Kalisch, Werner: Grundrechte und Berufsbeamtentum nach dem Bonner Grundgesetz, AöR 78, S. 334 f.

Kaufmann, Erich: Rechtsgutachten im Auftrag der Bundesregierung zum deutschen Wehrbeitrag, abgedruckt in „Der Kampf um den Wehrbeitrag", Bd. II, S. 42 f.

Klein: Gutachten im Auftrag der Niedersächsischen Landesregierung zum deutschen Wehrbeitrag, abgedruckt in „Der Kampf um den Wehrbeitrag", Bd. II, S. 456 f.

Kemper, Gerd: Pressefreiheit und Polizei (Berliner Abhandlungen zum Presserecht, Heft 2) 1964.

Klinkhardt, Volker: Das Bundesbeamtengesetz, Kommentar, 1962.

Köhl, Guido: Die besonderen Gewaltverhältnisse im öffentlichen Recht, 1955.
— Zur Frage des besonderen Gewaltverhältnisses, ZBR 57, S. 121 f.

Koellreutter, Otto: Politische Treupflicht und Berufsbeamtentum, DÖV 51, S. 467 f.

Köttgen, Arnold: Das Berufsbeamtentum und die parlamentarische Demokratie, 1928.
— Die Meinungsfreiheit des Soldaten, in „Von den Grundrechten des Soldaten" 1957, S. 62 f.
— Kommentare zum Grundgesetz, AöR, NF 46, S. 65 f.

Krause: Grundsätze der Erziehung und Auslese, Vorbericht zur Tagung des Instituts für öffentliche Angelegenheiten Frankfurt am 7./8. 5. 1952 in Andernach, abgedruckt in „Der deutsche Soldat in der Armee von morgen", 1954, S. 293 f.

Kröger, Klaus: Das Recht der freien Meinungsäußerung der Beamten im politischen Bereich, Diss. Freiburg, 1961.
— Verfassungsrechtliche Grundfragen des Rechts der Beamten auf „parteipolitische Meinungsäußerungen" AöR 88, 121 f.

Krüger, Herbert: Die Einschränkung von Grundrechten nach dem Grundgesetz, DVBl. 50, S. 625 f.
— Der Wesensgehalt der Grundrechte i. S. des Art. 19 GG, DÖV 55, S. 597 f.
— Rechtsstaatliche Gesetzgebungstechnik, DÖV 56, S. 550 f.
— Das Besondere Gewaltverhältnis, VVDtStRL 15, S. 109 f.

Krüger, Hildegard: Die Grundrechte im besonderen Gewaltverhältnis, ZBR 56, S. 310 f.

Laband, P.: Das Staatsrecht des Deutschen Reiches, 2. Aufl. 1888, 1891.

de Laubadère, André: Traité élémentaire de droit administratif, 1957.

Leibholz, Gerhard: Der Begriff der freiheitlichen demokratischen Grundordnung und das Bonner Grundgesetz, DVBl. 51, S. 554 f.
— Zum Begriff und Wesen der Demokratie in „Strukturprobleme der modernen Demokratie", 1958, S. 142 f.

Lepper, Manfred: Die verfassungsrechtliche Stellung der militärischen Streitkräfte im gewaltenteilenden Rechtsstaat, 1962.

Leisner, Walter: Die schutzwürdigen Rechte im Besonderen Gewaltverhältnis, DVBl. 60, S. 617 f.

Lerche, Peter: Grundrechte des Soldaten in „Die Grundrechte" (Bettermann-Nipperdey-Scheuner) Bd. IV, 1. Halbband, S. 447 f.
— Übermaß und Verfassungsrecht, 1961.

Löffler, Martin: Dürfen Pressebetriebe bestreikt werden? NJW 62, S. 1601 f.

Löwenstein, Karl: Rechtsgutachten im Auftrag der SPD-Bundestagsfraktion zum deutschen Wehrbeitrag, abgedruckt in „Der Kampf um den Wehrbeitrag", Bd. II, S. 337 f.
— Verfassungsrecht und Verfassungspraxis der Vereinigten Staaten, 1959.

Malz, Heinrich: Das Beamtenverhältnis als besonderes Gewaltverhältnis, ZBR 64, S. 97 f.

v. Mangoldt: Gutachten im Auftrag der Bundesregierung zum Deutschen Wehrbeitrag, abgedruckt in „Der Kampf um den Wehrbeitrag", Bd. II, S. 72 f.

v. Mangoldt-Klein: Das Bonner Grundgesetz, 2. Aufl. 1957.

Mann, Siegfried: Grundrechte und militärisches Statusverhältnis, DÖV 60, S. 410 f.

Maunz, Theodor: Deutsches Staatsrecht, 15. Aufl. 1966.

Maunz-Dürig: Grundgesetz. Kommentar.

Maunz-Sigloch-Schmidt-Bleibtreu-Klein: Das Bundesverfassungsgerichtsgerichtsgesetz, 1. Lieferung 1965.

Mayer, Otto: Deutsches Verwaltungsrecht, 3. Aufl., 1924.
— Zur Lehre vom öffentlich-rechtlichen Vertrag, AöR 3 (1888), S. 1 f.

Meyer, G.: Lehrbuch des Deutschen Staatsrechts, 2. Aufl. 1885.

v. Mohl, Rudolf: Das Staatsrecht des Königreichs Württemberg, Bd. I, 2. Aufl., 1840.

v. Münch, Ingo: Freie Meinungsäußerung und besonderes Gewaltverhältnis, Diss. Frankfurt, 1957.
— Freie Meinungsäußerung des Beamten, ZBR 59, S. 305 f.
— Die Einflußnahme der politischen Parteien auf Beamtenernennungen und -beförderungen, ZBR 60, S. 245 f.

Neesse, G.: Zur Meinungsfreiheit des Beamten, Bay. BtZ. 56, S. 65 f.

Neis, K.: Das vorläufige Polizeivollzugsbeamtengesetz des Bundes, ZBR 53, S. 157 f.

Nipperdey, Hans, C.: Boykott und freie Meinungsäußerung, DVBl. 58, S. 445 f.

Nischk, K.: Das Bundesbeamtengesetz. Kommentar.

Ossenbühl, Fritz: Probleme und Wege der Verfassungsauslegung, DÖV 65, S. 649 f.

Perwo: Das Recht des Beamten auf Mitgliedschaft und Tätigkeit in einer demokratischen Partei, ZBR 56, S. 110 f.

Picht: Wiederbewaffnung, 1954.

Piloty: Streitfragen aus dem Beamtenrecht (2 Gutachten) AöR 33, S. 1 f.

Plog-Wiedow: Kommentar zum Bundesbeamtengesetz. Loseblattsammlung. Erscheint fortlaufend.

Pölitz, K. H. L.-F. *Bülau:* Die Verfassungen des deutschen Staatenbundes seit dem Jahre 1789 bis auf die neueste Zeit, I. Abteilung 1847.

v. Pölzl, J.: Lehrbuch des bayerischen Verfassungsrechts, 5. Aufl. 1877.

Poetzsch-Heffter: Handkommentar der Reichsverfassung, 3. Aufl. 1928.

Raesch, Otto: Die staatsrechtliche und staatspolitische Stellung der deutschen Wehrverfassung seit dem Bismarckschen Reich, 1937.

Rehm, H.: Die rechtliche Stellung des Staatsdienstes in Hirths Annalen, 1884, S. 565 f. und 1885, S. 65 f.

Reismüller, J. G.: Das Monopol des Bundesverfassungsgerichts aus Art. 18 des Grundgesetzes, JZ 60, S. 532 f.

Richner, Erich: Umfang und Grenzen der Freiheitsrechte der Beamten nach schweizerischem Recht, 1954.

Ridder, Helmut, K.: Meinungsfreiheit in „Die Grundrechte" (Neumann-Nipperdey-Scheuner) Bd. II, S. 243 f.

Ridder, Helmut, K: Urteilsanmerkung zum Beschluß des Bundesverfassungsgerichts vom 25. 1. 1961 (JZ 61, 535 f.), JZ 61, S. 537 f.

Rittau, Martin: Soldatengesetz, Kommentar, 1957.

Ritter, Gerhard: Staatskunst und Kriegshandwerk, Bd. I, 1954.

Römer: Bundesdisziplinarordnung. Kommentar. 1954.
— Die neue Wehrverfassung, JZ 56, S. 193 f.

v. Rönne, L.: Das Staatsrecht der Preußischen Monarchie, Bd. III, 4. Aufl. 1882.

Rosin, H.: Souveränität, Staat, Gemeinde, Selbstverwaltung, in Hirths Annalen, 1883, S. 265 f.

Rothenbücher, Karl: Das Recht der freien Meinungsäußerung, VVDtStRL 4, S. 1 f.

Roth-Stielow, Klaus: Die Ausgleichsfunktion des Art. 19, II zwischen Pressefreiheit und Ehrenschutz, NJW 63, S. 1860 f.

Salzmann, Joachim: Der Gedanke des Rechtsstaats in der Wehrverfassung der Bundesrepublik, 1961.

Schafheutle: Das Strafrechtänderungsgesetz, JZ 51, S. 656 f.

Schätzel, Walter: Der internationale Schutz der Menschenrechte in Festschrift für Giese, 1953, S. 215 f.

Scherer, Werner: Soldatengesetz. Kommentar, 2. Aufl. 1960.

Scheuner, Ulrich: Politische Betätigung von Beamten gegen die freiheitliche demokratische Grundordnung, in: „Politische Treupflicht im öffentlichen Dienst", 1951, S. 65 f.
— Grundfragen des modernen Staates in „Recht, Staat, Wirtschaft", Bd. III, S. 126 f.
— Der Staat und die Verbände (Referat vor dem Bundesverband der deutschen Industrie), 1957.
— Gutachten im Auftrag der Bundesregierung zum deutschen Wehrbeitrag, abgedruckt in „Der Kampf um den Wehrbeitrag", Bd. II, S. 94 f.
— Erfahrungen und Probleme des geltenden Beamtenrechts für die politische Stellung des Beamten, in: „Die politischen Pflichten und Rechte des Beamten", Heft 4 der beamtenpolitischen Schriftenreihe des Deutschen Beamtenbundes, 1962, S. 15 f.

Schmitt, Carl: Verfassungslehre, Neudruck 1954.
— Inhalt und Bedeutung des zweiten Hauptteils der Reichsverfassung in Handbuch des Deutschen Staatsrechts (HdBdDtStR), Bd. II, 1932, S. 572 f.

Schmitt, Walter, Oskar: Der Begriff der freiheitlichen demokratischen Grundordnung und Art. 79 Abs. 3 des Grundgesetzes, DÖV 65, S. 433 f.

Schneider, Peter: Widerstandsrecht und Rechtsstaat, AöR 89, S. 1 f.

Schönke-Schröder: Strafgesetzbuch. 10. Aufl. 1961.

Schütz, Erwin: Das Dienstvergehen, DöD 62, S. 21 f.

Schulze, Hermann: Das Preußische Staatsrecht, Bd. I und II, 1872, 1877.

Schumpeter, J. A.: Kapitalismus, Sozialismus und Demokratie, 1950.

Schwenk, Edmund, H.: Umfang und Wirkung von Meinungs- und Pressefreiheit, NJW 62, S. 1321 f.

Semler, Paul — *Senftleben*, Otto: Wehrgesetz vom 21. 5. 1935. Kommentar, 1936.

Smend, Rudolf: Das Recht der freien Meinungsäußerung, VVDtStRL 4, S. 51 f.
— Bürger und Bourgeois im deutschen Staatsrecht, 1933.
— Verfassung und Verfassungsrecht, 1928.
— Gutachten im Auftrag der Niedersächsischen Landesregierung zur Frage des deutschen Wehrbeitrags, abgedruckt in „Der Kampf um den Wehrbeitrag", Bd. II, S. 559 f.
— Staatsrechtliche Abhandlungen. 1955.

Spanner, Hans: Anmerkung zum Urteil des OVG Münster vom 19. 7. 1962, DÖV 63, S. 29 f.

Stahl, F. J.: Die Philosophie des Rechts, Bd. I und II (2 Abteilungen), 2. Aufl. 1845—1847.

Stein, Erwin: Die verfassungsrechtlichen Grenzen der Rechtsfortbildung durch die Rechtsprechung, NJW 64, S. 1745 f.

Stuckart-Hoffmann: Handbuch des Beamtenrechts. 1938.

Süsterhenn, Adolf: Die Europäische Konvention zum Schutz der Menschenrechte und Grundfreiheiten, DVBl. 55, S. 753 f.

Telküve, E.: Beamtenrecht in Belgien, ZBR 64, S. 1 f.

Thiele, Willi: Der Standort des Berufsbeamtentums, DöD 62, S. 21 f.
— Widerspricht das besondere Gewaltverhältnis dem demokratischen Rechtsstaat?, DöD 63, S. 101 f.
— Entwicklungstendenzen im Beamtenrecht, DöD 62, S. 41 f.
— Wo liegen die dem Beamten gezogenen Schranken der Meinungsfreiheit, DöD 59, S. 103 f.

Thieme, Werner: Die besonderen Gewaltverhältnisse, DÖV 56, S. 52.
— Der öffentliche Dienst in der Verfassungsordnung des Grundgesetzes. 1961.
— Der Beamte im sozialen Rechtsstaat, ZBR 60, S. 169 f.
— Meinungsfreiheit und Beamtenrecht, DDB 64, S. 58 f., S. 73 f.

Thilo, G.: Die preußische Disziplinargesetzgebung.

Thoma, Richard: Der Polizeibefehl im badischen Recht, Bd. I, 1906.
— Die juristische Bedeutung der grundrechtlichen Sätze der deutschen Reichsverfassung im allgemeinen, in: Die Grundrechte und Grundpflichten der Reichsverfassung (Nipperdey — zit. Grundrechte [Nipperdey]), Bd. I, S. 1 f.
— Grundrechte und Polizeigewalt, in „Festgabe für das Preußische Oberverwaltungsgericht", 1925, S. 183 f.
— Das Reich als Demokratie, in „Handbuch des Deutschen Staatsrechts" (HdBdDtStR), Bd. I, 1930, S. 186 f.

Ule, Carl, Hermann: Politische Treupflicht im öffentlichen Dienst, DVBl. 51, S. 340 f.
— Das besondere Gewaltverhältnis, VVDtStRL 15, S. 133 f.
— Öffentlicher Dienst, in: Die Grundrechte (Bettermann-Nipperdey-Scheuner), Bd. IV, 2. Halbband, S. 537 f.

Vedel, Georges: Droit Administratif. 1958, 1959.

Vervier, Heinrich: Meinungsäußerungsfreiheit im Beamtenrecht, AöR, NF. Bd. 6, S. 1 f.

Wacke, Gerhard: Grundlagen des öffentlichen Dienstrechts. 1957.

Wagemann, Eberhard: Ohne Staatsbürger in Uniform, in: „Die Neue Gesellschaft", 1964, S. 213.

Waldmann, Eric: Soldat im Staat. 1964.

Waline, Marcel: Droit administratif, 7. Aufl. 1957.

v. *Weber*, Hellmuth: Die Durchsetzung der Grundrechte der Europäischen Menschenrechtskonvention in der deutschen Strafrechtspflege, MDR 55, 386 f.

Weber, Werner: Rechtsgutachten im Auftrag der Bundesregierung zur Frage des deutschen Wehrbeitrags, abgedruckt in „Der Kampf um den Wehrbeitrag", Bd. II, S. 177 f.

Weiss, Claus: Die europäische Konvention zum Schutz der Menschenrechte und Grundfreiheiten, Heft XV der Forschungsstelle für Völkerrecht und ausländisches öffentliches Recht der Universität Hamburg, 1954.

Wendt, Peter: Zur Frage der innerstaatlichen Geltung und Wirkung der europäischen Konvention zum Schutz der Menschenrechte, MDR 55, S. 658 f.

Wertenbruch, Walter: Recht-Staat-Beamtenethos, ZBR 60, S. 242 f.

Wiebringhaus, Hans: Die Rom-Konvention für Menschenrechte in der Praxis der Straßburger Menschenrechtskommission. Kommentar. 1959.

v. *Winterfeld*: Zur Rechtsprechung in Staatsschutzsachen, NJW 59, S. 745 f.

Wolff, H. J.: Verwaltungsrecht, II. Ein Studienbuch. 1962.

Zachariä, H. A.: Deutsches Staats- und Bundesrecht, Teil I und II, 2. Aufl. 1853, 1854.

— Die deutschen Verfassungsgesetze der Gegenwart, nebst Fortsetzungsband, 1855 (1858).

Zickler, H. J.: Das Associationsrecht der Staatsbürger in den deutschen constitutionellen Staaten und die Lehre von dem Verbrechen der unerlaubten Verbindungen und Versammlungen. 1834.

Zinn-Stein: Die Verfassung des Landes Hessen. Kommentar. 1954.

Zöpfl, Heinrich: Grundsätze des allgemeinen und des constitutionellen Staatsrechts, 4. Aufl. 1856.

Printed by Libri Plureos GmbH
in Hamburg, Germany